淀東老古話

吕善新　邵卫花 ● 记录整理

苏州大学出版社
Soochow University Press

图书在版编目(CIP)数据

淀东老古话 / 吕善新，邵卫花记录整理. --苏州：苏州大学出版社，2024.10. -- ISBN 978-7-5672-4929-5

Ⅰ. H173

中国国家版本馆 CIP 数据核字第 20244M94M1 号

| 书　　名：淀东老古话
| DIANDONG LAOGUHUA
| 记录整理：吕善新　邵卫花
| 责任编辑：杨　柳
| 装帧设计：吴　钰
| 出版发行：苏州大学出版社（Soochow University Press）
| 社　　址：苏州市十梓街1号　邮编：215006
| 印　　装：苏州工业园区美柯乐制版印务有限责任公司
| 网　　址：www.sudapress.com
| 邮购热线：0512-67480030
| 销售热线：0512-67481020
| 开　　本：787 mm×1 092 mm　1/16　印张：26　字数：385千
| 版　　次：2024年10月第1版
| 印　　次：2024年10月第1次印刷
| 书　　号：ISBN 978-7-5672-4929-5
| 定　　价：88.00元

凡购本社图书发现印装错误，请与本社联系调换。服务热线：0512-67481020

《淀东老古话》编委会

主　任　徐　俊（昆山市淀山湖镇党委书记）
副主任　杨梦霞（昆山市淀山湖镇党委副书记、
　　　　　　　　淀山湖镇人民政府镇长）
　　　　张晓东（昆山市淀山湖镇人大主席）
　　　　朱月强（昆山市淀山湖镇党委副书记）
　　　　彭永明（昆山市淀山湖镇党委副书记）
　　　　成　亮（昆山市淀山湖镇党委组织委员）
　　　　郎雪萍（昆山市淀山湖镇党委宣传委员）
　　　　吕善新（昆山市淀山湖镇党委原宣传委员）
委　员　（按姓氏笔画为序）
　　　　吕　成　朱　茜　庄晓丽　孙惠萍　陆川明
　　　　陈雅敏　邵卫花　金　豪　顾引新　郭婷婷
　　　　韩姗姗

编撰办公室

主　　任　吕善新
副 主 任　邵卫花
编撰成员　吕善新　邵卫花　沈正德　夏小棣　陈海萍
　　　　　（以下按姓氏笔画为序）
　　　　　王忠林　朱波兴　张大年　张品荣　金国荣
　　　　　柳根龙　顾志浒　顾翼云　倪才孚　徐儒勤
摄　　影　邓卫兵　张勤强　吴嘉程　顾　军　唐晓明
录　　音　邵卫花　邓卫兵
视频制作　邓卫兵

留住亲切熟悉的乡音

——写在《淀东老古话》出版之际

昆山市淀山湖镇党委书记　徐　俊

方言，是中国多元地域文化的承载者，是民间思想最朴素的表现形式，也是含义最丰富、最有深度的语态。以方言交流，可以从对方开口的那一刻得到其基本信息，如金家庄人一开口就是"顾朱能合"，可见方言是刻在一个人骨子里的烙印。

虽然江浙沪同属于吴方言区，但各地的差异非常明显。苏州话把吴方言的吴侬软语表现得淋漓尽致，苏州人就连吵架也是软糯的。昆山虽然属于苏州，但除了周庄的方言与苏州吴江的方言近似之外，其他地方的方言与苏州话似乎搭不上边。即使在昆山，城南与城北，城东与城西，乃至与城中的语音语调等，也不完全一致。

淀山湖镇这个面积只有65平方千米的小镇，东片与西片、村与村之间的方言音义也不尽相同，真可谓"十里不同音，百里不同俗"。

淀山湖镇的方言与上海青浦区朱家角镇的方言相近。淀山湖镇的居民到青浦区购物，很多时候都被售货员误认为是青浦人。这或许与地域隶属的历史有关，因为朱家角镇以前曾隶属于昆山县。在青浦并入上海之前，淀山湖人"上街唧（到集市购买物品）"也都是去青浦或朱家角，因而两地的方言比较接近便在情理之中了。

随着社会发展、经济繁荣，人员流动性增大，普通话成了人们日常交流的语言，就连80多岁高龄的老太太若要与外地租客交流，也不得不讲起并不标准的普通话。自此，方言"生存"的语境越来越少，方言逐渐从人们的生活中消失。

故乡，是每个人的根系血脉，而乡音则是根系血脉最好的符号，是最纯真的表现。留住熟悉的乡音，让淀东（淀山湖）人说淀东话，让这个美好的符号流传在人们的日常生活中，是我们这代人义不容辞的责任。

方言，是一个地方的文化血脉。现在，方言虽然被弱化了，但它依然散发着独有的魅力，蕴含着特殊的功能。有时用普通话无法表达清楚的语义，只需要一个方言词汇，就囊括了不可言传只可意会的含义。

淀山湖人之所以特别喜欢沪剧、锡剧、越剧，就是因为其语言体系用的是吴语，听得懂、学得会、记得牢。

《淀东老古话》一书收集、整理、展示了流传于淀东地区的日常用语、谚语、俗语等内容，使得方言这一宝贵的非物质文化遗产能够更好地被保存和传承下来。淀山湖镇史志办的同志辛勤笔耕，终于成就了这本凝聚淀东人方言记忆的著作。在此，我代表淀山湖镇党委、镇政府向淀山湖镇史志办全体同志表示衷心的感谢！

这本书如何用、怎么用，需要大家出谋划策，群策群力。对方言的挽救，对方言的回归，既不是一朝一夕、一蹴而就的，也不是仅靠这本书就能实现的。今后，淀山湖镇可以多开展有利于方言传递、交流的活动，营造用淀东方言交流的语境和氛围，使方言成为本地人及新淀山湖人张口就来的语言，将这本书的作用发挥到极致，留住这些亲切、熟悉的乡音，让淀东方言更好地传承下去。

目 录

第一章　口传名称汇总 ··· 1

 第一节　男女老少 ··· 1

 第二节　水陆动物及其体表部位 ··· 11

 第三节　菜蔬果实 ··· 18

 第四节　乡土食物 ··· 19

 第五节　因时冠名 ··· 23

 第六节　方位、气象 ·· 27

 第七节　农家术语 ··· 32

 第八节　农具、渔具 ·· 37

 第九节　家具、房舍用具 ·· 46

 第十节　房屋结构 ··· 55

 第十一节　人体部位与器官 ··· 56

 第十二节　服装衣料 ·· 59

 第十三节　其他常用词条 ·· 61

第二章　乡间动作用词 ··· 69

 第一节　五官活动 ··· 69

 第二节　肢体行为 ··· 78

 第三节　情感表现 ··· 103

 第四节　烹饪之技 ··· 108

第五节	农渔作业	111
第六节	篇末补遗	113

第三章　老乡形容有词　126
　　第一节　气味状态　126
　　第二节　身体形态　137
　　第三节　为人处世　141
　　第四节　心理感受　153
　　第五节　五颜六色　160
　　第六节　情状各异　162

第四章　别类言词搜录　169
　　第一节　代词　169
　　第二节　副词　173
　　第三节　象声词　181
　　第四节　量词　183
　　第五节　连词、叹词、助词　184

第五章　口口祖传说谚语（气象农情类）　185
　　第一节　时令、节气与天气　185
　　第二节　气象识天　193
　　第三节　季节、日期与天气　204
　　第四节　物象识天　211
　　第五节　一年农事择要　213
　　第六节　传统农田作物　222
　　第七节　田野琐语点滴　228
　　附：与农谚相关的名词注释　232

第六章　口口祖传说谚语（修身齐家类）　235
　　第一节　乡邻个性百态　235

第二节	漫话家庭内外	251
第三节	劝导明理晓义	261
第四节	贬斥劣迹恶行	264
第五节	表明看法观点	267
第六节	闲谈日常生活	272

第七章　短语长句逞口才 279

第一节	一至二字	279
第二节	三字	286
第三节	四字	305
第四节	五字	330
第五节	六字	336
第六节	七字	342
第七节	八字	350
第八节	九字	356
第九节	十字	357
第十节	十一字	363
第十一节	十二字	364
第十二节	十三字	366
第十三节	十四字及以上	366

第八章　众说纷纭歇后语 371

第一节	一画	371
第二节	二画	372
第三节	三画	373
第四节	四画	375
第五节	五画	377
第六节	六画	380

第七节　七画 ··· 383

第八节　八画 ··· 386

第九节　九画 ··· 388

第十节　十画 ··· 391

第十一节　十一画 ··· 393

第十二节　十二画 ··· 396

第十三节　十三画 ··· 397

第十四节　十四画 ··· 397

第十五节　十五画 ··· 398

第十六节　十六画及以上 ·· 399

主要参考文献 ··· 401

后记 ·· 403

第一章　口传名称汇总

第一节　男女老少

扫码听音频

（一）称谓

太太：曾祖父（母），即父亲的祖父（母）或祖父和祖母的父（母）亲。这一辈分的长辈不管男女，人们都可以这样称呼。与太太对应的称呼关系：曾孙、曾孙女。

外公太太：外曾祖父，即母亲的祖父或外祖父和外祖母的父亲。与外公太太对应的称呼关系：外曾孙、外曾孙女。见面时，一般直呼"太太"。

外婆太太：外曾祖母，即母亲的祖母或外祖父和外祖母的母亲。与外婆太太对应的称呼关系：外曾孙、外曾孙女。见面时，一般直呼"太太"。

大大：祖父、爷爷，即父亲的父亲。与大大对应的称呼关系：孙子、孙女。

外公大大：外祖父，即母亲的父亲。与外公大大对应的称呼关系：外孙、外孙女。

阿婆、婆欤、婆阿：祖母、奶奶，即父亲的母亲。与阿婆对应的称呼关

系：孙子、孙女。

外婆：外祖母，即母亲的母亲。与外婆对应的称呼关系：外孙子、外孙女。

阿爸、爷：父亲、爸爸。与阿爸对应的称呼关系：伲子、囡吾。

姆妈：母亲、妈妈、娘。与姆妈对应的称呼关系：伲子、囡吾。

丈人：岳父，即妻子的父亲。别称"泰山"。与丈人对应的称呼关系：女婿。

丈母：岳母，即妻子的母亲。别称"泰水"。与丈母对应的称呼关系：女婿。

公阿爹：公公、公爹，即丈夫的父亲。与公阿爹对应的称呼关系：媳妇。

婆阿妈：婆婆，即丈夫的母亲。与婆阿妈对应的称呼关系：媳妇。

伯伯：伯父，即父亲的哥哥。与伯伯对应的称呼关系：阿侄、侄女。大伯，是第三方对父亲的哥哥的称呼。

妖妈（音"麻麻"）：伯父的妻子。与妖妈对应的称呼关系：阿侄、侄女。

爷叔：叔父、叔叔，即父亲的弟弟。与爷叔对应的称呼关系：阿侄、侄女。阿叔，是第三方对父亲的弟弟的称呼。

婶娘、婶婶：叔叔的妻子。在淀东地区，一般情况下，嫡亲的叔叔的妻子称为"婶娘"，非嫡亲的叔叔的妻子称为"婶婶"。与婶娘对应的称呼关系：阿侄、侄女。

夫夫：姑父，即父亲的姐夫或妹夫。与夫夫对应的称呼关系：阿侄、侄女。

嬷嬷：姑母，即父亲的姐姐。与嬷嬷对应的称呼关系：阿侄、侄女。

嗯娘：姑母，即父亲的妹妹。与嗯娘对应的称呼关系：阿侄、侄女。

娘舅、舅舅：母亲的兄或弟。与娘舅对应的称呼关系：外甥、外甥女。

舅妈：母亲兄或弟的妻子。与舅妈对应的称呼关系：外甥、外甥女。

大（音"度"）姨：母亲的姐姐。与大姨对应的称呼关系：姨甥、姨甥女。

娘姨：母亲的妹妹。与娘姨对应的称呼关系：姨甥、姨甥女。

姨父：母亲的姐夫或妹夫。与姨父对应的称呼关系：姨甥、姨甥女。

好爹：干爹，过房爷。与好爹对应的称呼关系：过房伲子、过房囡。

好娘：干妈，过房娘。与好娘对应的称呼关系：过房伲子、过房囡。

慢爷：继父。父亲亡故或父母离异后母亲的新配偶，一般叫"爷叔"或"老伯伯"，也有叫"阿爸"的。与慢爷对应的称呼关系：（一般称）伲子、囡吾。

慢娘：继母。母亲亡故或父母离异后父亲的新配偶，一般叫"嗯娘"或"婶娘"，也有叫"阿姨"的。与慢娘对应的称呼关系：（一般称）伲子、囡吾。

男人：丈夫，即女性的配偶。与男人对应的称呼关系：娘子、老婆。

娘子、家主婆：妻子，即男性的配偶。也有称"内人""伲屋里"的。与娘子对应的称呼关系：男人、官人。

阿哥、哥哥：哥哥。同辈中比自己大的男性。与哥哥对应的称呼关系：阿弟、弟弟、兄弟、姊妹、阿妹、妹妹。

阿姐、姐姐：姐姐。同辈中比自己大的女性。与姐姐对应的称呼关系：阿弟、弟弟、姊妹、阿妹、妹妹。

阿弟、兄弟：弟弟。同辈中比自己小的男性。与阿弟对应的称呼关系：哥哥、姐姐。

姊妹、阿妹：妹妹。同辈中比自己小的女性。与姊妹对应的称呼关系：哥哥、姐姐。

阿嫂：嫂嫂，即哥哥的妻子。与阿嫂对应的称呼关系：阿弟、弟弟、姊妹、阿妹、妹妹。

弟媳妇：弟弟的妻子。与弟媳妇对应的称呼关系：哥哥、姐姐。

姐夫：姐姐的丈夫。与姐夫对应的称呼关系：阿弟、弟弟、姊妹、阿妹、妹妹。

姊妹婿：妹夫，即妹妹的丈夫。与姊妹婿对应的称呼关系：哥哥、姐姐。

表哥：年长于自己的，姑母、姨母或舅舅的儿子。

表弟：年幼于自己的，姑母、姨母或舅舅的儿子。

表姐：年长于自己的，姑母、姨母或舅舅的女儿。

表妹：年幼于自己的，姑母、姨母或舅舅的女儿。

堂哥、堂兄：年长于自己的，爷叔、伯伯的儿子。

堂弟：年幼于自己的，爷叔、伯伯的儿子。

堂姐：年长于自己的，爷叔、伯伯的女儿。

堂妹：年幼于自己的，爷叔、伯伯的女儿。

（注：① 表亲第一代称"头表"；第二代称"二表"；三代以后称"远亲"，有个别名叫"蟹壳亲"。② 同理，堂兄妹亲第一代称"头房"，第二代称"二亲"）

（二）昵称

丫婷：小女孩。

老太婆：① 妻子。② 老年妇女。

老老头、老头子：① 丈夫。② 老年男子。

老娪妈：对年长妇女的尊称。

老伯伯：对年长男子的尊称。

老爷叔：对比自己父亲小的男子的尊称。

老娘：年长的接生妇女。乡间用来指"接生婆"。

老娘家：泛指老年人，不分性别。

后生家：年轻的男子、女子。

毛脚女婿：定亲未婚的未来女婿。同理，定亲未婚的未来媳妇称"毛脚媳妇"。

伲子：儿子。

独养伲子：独生子。若是女孩，称"独养囡"。

小官人：丈夫或未婚夫。

小娘子：妻子或未婚妻。

姑娘：丈夫的妹妹或姐姐，也称"姑母"。

阿舅：妻子的兄或弟。也说"舅老倌"。

阿姨：妻子的姐或妹（"阿"为入声）。此称谓并非通常意义上的"阿姨"。

男客客：成年男子。

女娘娘：已婚女子。一般指中年以上的女人。

小囡：小孩子。

度细：子女。

连襟：姐姐的丈夫和妹妹的丈夫之间的关系。

连襟道里：姐和妹之丈夫的合称。

伯姆道里：兄和弟之妻子的合称，指妯娌。

孻（音"奶"）末头：① 最小的儿子、女儿。② 也指老年所生的幼子。

老末拖、末拖：最后一个。

（三）有关特定人的说法

鬾（音"几"或"举"）：鬼，也写作"魋"。

赤佬：① 骂人的话，多指男性。② 两男性开玩笑时的戏称。

冲头：① 代人受过的人。② 莽撞却吃亏的人。

叨嘴：说话咬字不清的人。

𱎫（音"愣"）嘴：言语迟钝、说话不畅的人。

脚色：① 能干、厉害的人物。② 角色。③ 对人轻蔑的称呼，意同"家伙"。

掮客：旧时替人介绍买卖，从中赚取佣金的人。

眿细：高度近视的人。

烂料坯、滥料坯：多用来比喻无用的或贪吃懒做、铺张浪费、不讲卫生的人。

懒坯：懒惰的人。

老弆（音"举"）：① 指精明的人、内行的人。② 形容人精明，内行。

弆：收藏、保藏。例：迭桩事体叫伊做起来～咯。此处引申为某人深藏着丰富

的经验。

老卵：骂人的话，一般指不尊重别人的人（贬义词）。

老蟹、老百脚：对奸刁、有计谋、有一定年龄的人的称呼。

老枪、老烟枪：嗜烟如命的人。

老狐狸：比喻狡猾的人。

老来俏：年老而爱打扮的人，多用于妇女，含幽默或讥讽意。

老古板：墨守成规、拘谨守旧的人。也说"老古板欠"。

老鳖三：① 指人。例：该个～，门槛精来。② 指一事物，不明言其名，听者自能会意。

老克腊：熟悉和了解旧社会黑、白两道，富有社会阅历和生活经验的人。也指涉世较深，见过世面，对吃喝玩乐、穿着打扮内行的人。

老瘾（音"验"）头：上瘾程度很深的人。

老甲鱼：骂人的话，用来骂门槛特别精的人，或骂年纪较大的男子。

老面皮：形容脸皮厚的人，有时也有自嘲的意思。

老门槛：对某种事情或工作富有经验的人，即老手。

老实头：老实人，即诚实的人。

老油条：用来称处世圆滑而工作疲沓的人。

瘄（音"喝"）度：① 哮喘病。② 患有哮喘病的人。

歁歌、小歁歌：① 小孩。② 形容顽皮、办事不牢靠的人。

聋聱（音"彭"）：聋人。

嫩头：初出茅庐、入世不深的人。

精乖：精明、善于算计、机灵、机警的人。

精刮：过于精明、尖钻、会算计的人。

精怪：① 传说中的一种鬼怪。② 比喻门槛极精的人。

百晓：无所不知的人，含讥讽意。也说"老百晓"。

姘头：婚外恋的对象。

曲细：用来称见识少而容易被人愚弄的人（骂人的话）。也说"阿曲细"。

杀坯：① 该杀的人（骂人的话）。② 戏称。小杀坯，是长辈对小辈的喜爱之称。老坯，则是骂老人的话。

伛（音"欧"）背：驼背。伛：弯腰。

死货：该死的人（骂人的话）。也说"死货色"。

死人：比喻不灵活的人。也说"活死人""死尸"。

恩手：扒手。

跑堂：旧时饭馆中的服务员。

小开：① 旧时厂主或店主的儿子。② 有身份、有钱的年轻人。

小人：① 子女。② 小孩。③ 卑鄙的人。

洋盘：① 傻瓜，遇事上当受骗而不曾察觉之人。② 用来讥称对新鲜时髦的东西不了解的人。③ 又指出高价买物上当的人。

阿木林：呆头呆脑、反应迟钝的人。

阿无卵：说话办事都不认真思考、不明事理、不近人情的人。也说"阿胡乱"。

白鼻头：① 坏人、奸刁的人。② 爱占便宜，只想进、勿肯出的人。③ 谄媚比他强的人，看不起比他弱的人。④ 挑拨离间、搬弄是非的人。

白相人：① 旧时用来称不务正业的人。② 喜欢游玩的人。

白皮虫：比喻此人到哪里，哪里就遭殃。

唠势狗：虚张声势、色厉内荏的人。

冷蹿狗：乘人不备，搞突然袭击，令人措手不及的人。

搂火棒：原指烧火的工具，现比喻挑拨离间、制造矛盾、引起事端的人。

奶油小生：相貌俊秀，但缺乏阳刚之气的年轻男子。

半吊子：① 不通事理、说话随便的人。② 知识不丰富或技术不熟练的人。③ 做事不彻底、有始无终的人。④ 说话不直爽、搬弄是非的人。

暴出道：① 比喻刚刚踏上社会的人，或初次从事某种职业的人。② 也指刚满师出道的人。

蹩脚货：能力差的人。也说"绝世货"。

懊糟货：① 破烂货。② 品格不好的人。

抢手货：原指货物等很受欢迎引得人们争相购买，也指那些很能干、很受欢迎的人。

吭脚蟹：比喻孤独无助的人。

出气筒：被人当作发泄怨气的人。

雌孵雄：指两性人。

大肚皮：指怀孕的妇女或发福的男人。

大好佬：大人物，了不起的人物，一般用意正好相反。例：① 谅你也不过靠着人家骗碗饭吃，也不是什么~。② 伊迭个~（含贬义）。

大块头：① 身材魁梧的人。② 也指家境厚实之人。

大舌头：说话含混不清的人。

丑脱货、堕落货、撂脱货：原指丢弃的物品，现常指令人不屑的人。

光榔头：没头发或理光头的人，又用来称幼年儿童。

乖人头：指精明，很会把握时机的人。

肮三货：① 没有本领或下流的人。② 也指质量差的东西。

好户头：老实人、本分人。

汉榔头：女性的婚外情人。

厚皮脸：厚颜无耻的人（用以谴责）。也说"厚面皮"。

黄伯伯：比喻记性差、办事不牢靠的人。例：托人托个~。

活寡婆：跟丈夫长期分居，没有夫妻生活的妇女。

几赤乖：对女性小辈的爱称。

搅家精：捣乱家庭的人，败家的人，搅得家里不得安宁的人。

搅乱头：不做好事、喜欢搬弄是非的人（贬义词）。

贱骨头：甘愿被人任意欺负、耍弄的人。

贼骨头：小偷。

懒骨头：懒惰的人。

滥好人、烂好人：待人一团和气，不肯、不会得罪人的人。

滥小人：做人、处世不上路的人，说话不算数、前说后赖、被世人唾弃的人。

落脚货：原指货物中剩余的待处理品，后引申为没本事的人。

马浪荡：游手好闲、不干正经活的人。

木人头：呆板、反应迟钝的人。也说"木头人"。

陌路人：路上碰到的不相识的人。例：视同~。

陌生人：生疏、不熟悉的人。

有心人：有某种志愿、肯动脑筋的人。例：世上无难事，只怕~。

牛皮糖：① 形容说话做事不干脆利落的人。② 比喻软磨硬泡、纠缠不休的人。

强盗坯：只配做强盗的料子，用于骂行为举止蛮横、不讲理的人。

强告化：用强硬的手段索要钱物的乞丐。

轻骨头：生性轻浮、不检点的人。

三脚猫：① 对某种知识或某种技术什么都懂一点，但什么都不精的人。② 不精通、不熟练的技艺，只能勉强做。

十三点：言行不正常的人，疯疯癫癫、傻里傻气的人。

三只手：扒手。

万事通：① 什么事情都知道或通晓。② 什么都知道或通晓的人，也叫"百事通""老百晓"。

瘦骨鏖：用来称呼很瘦的人。

嚗（音"毒"）头：言行背离世情、死板固执的人。

书嚗头：书呆子，死读书的人。也说"书毒头"。

替死鏖：旧时，人们以为死于非命者，其魂一定要找一个和自己同样死法且死于同一地点的亡者，自己才能投胎转世。这个人就是"替死鏖"，引申为替别人顶罪、受罚。

夜叉小鏖：骂野孩子或脸上很脏的孩子的话。夜叉：佛教指恶鬼，后用来比喻相貌丑陋、凶恶的人。

拖油瓶：旧时对再嫁妇女带到后夫家去的儿女的侮称。

煨灶猫：原指紧挨在灶前取暖的猫，后引申为没有精神的人。例：侬这个人像只~咯，要打起精神来。

下作坯：比较下流的人，不干正事的人。

小百戏：小孩子。

小傜皮：对顽皮小孩的戏称。

小热昏：① 旧时街头卖唱的人。② 也指说话轻松，让人发笑，但不能当真的人。

小敲卵：用来称言谈举止轻狂、冒失而没有多大能耐的男青年。

盐钵头：对吃菜偏咸的人的戏称。

杨树头：立场不稳、左右摇摆的人。也叫"墙头草"。

羊白犟：很倔强、认死理的人。

药罐头：原指煎药的罐头，现指身体欠佳、长年吃药的人。

猪头腮：不明白事理、糊里糊涂的人。

滑头码子：油滑、不老实的人，对年少的人也称"小滑头"。

开眼瞎子：不识字的人。也说"亮眼瞎子""睁眼瞎子"。

好人活狲，死人活卵：看着人蛮文静，实际上是个活跃分子。

软脚蟛蜞：原指刚脱壳的蟛蜞，比喻生软骨病的人，后比喻胆小怕事、意志薄弱、没有骨气的人。

软耳朵：容易轻信别人的话，没主见的人。

软骨头：比喻没有骨气的人。

缩头乌龟：胆小怕事、临阵脱逃的人，整天缩着脖子的人，也用来称妻子有外遇而不敢吭声的丈夫。

小八拉子、小八癞子：地位低而微不足道的人，一般指小人物，也指小孩。

挚亲：血缘最近的亲戚，现常用"至亲"。

心腹：① 心里头。② 亲信的人。

脆花小姐：一碰就哭的女孩。

斜撇雄鸡：① 雄鸡求偶，歪斜着翅膀，比喻好色的人。② 形容走路歪歪斜斜，如喝醉酒的样子。

脱底棺材：有钱就花光，不管以后日子的人，或工作极不负责任的人。

走方郎中：旧时指四处奔走、行医卖药的人。也叫"江湖郎中"。

蝲蟽（音"搭"）胡子：络腮胡子。

吃饱三尾雌：比喻躯体肥胖或吃得过饱而懒于动弹的人。

馋馋（音"虫"）：特别馋、贪吃的人。

馋坯：意同"馋馋"。

跳家偣：比喻在戏场（或人多的地方）忙前忙后，忙着与自己毫不相关的事的人。

顶头货：脾气倔强之人，喜欢与人顶撞之人。

软脚蟹：比喻软弱无能之辈。

活死人：只比死人多一口气，毫无能耐，遇事一筹莫展的人。詈骂迟钝呆板、没用的人。

梗骨头：性格倔强、不听话的人。

第二节 水陆动物及其体表部位

扫码听音频

白虱：虱子。

百脚：蜈蚣。

蚕宝宝：蚕。

蜈蚣

蚕

截毛蜂、刺毛蜂：①带刺毛虫，刺毛有毒性。有花刺毛、扁刺毛等品种。②借喻头发未梳平、竖起来。例：头发乱来像~。

胡蜂：一种体形较大的蜂。有长脚胡蜂、铁头胡蜂等品种。

蛘（音"羊"）子：米象，陈年的米面里长出的黑色小虫子。

格蜢、蛤猛、蚱蜢：蚂蚱。

叫蝈蝈：蝈蝈。

黄沙地鳖、黄硝地鞭、秃灰蛇：蝮蛇。

活狲：猴子。

蛣（音"吉"）蛛、结蛛：蜘蛛。

蟢蛛：蜘蛛的一种，多在桌子下面或墙壁间活动，旧时以为是喜事的预兆。

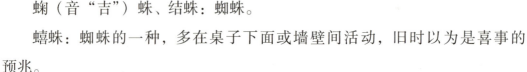
米象

蛣（音"吉"）蛛荡网丝：蜘蛛网。

蝼蛄：学名"蝼蝈"。一种生活在泥土里，昼伏夜出，专吃农作物的嫩茎的昆虫。

癞团、癞蛤蟆：蟾蜍。

蚂蟥："水蛭"的统称。

蛤蚂蚁：蝌蚪。

田鸡：青蛙。

山鸡：牛蛙。

老逋（音"婆"）鸡：老母鸡。

蟾蜍

鹈鸡：一种常栖息在水边或树丛中的鸟，一般冬天在淀山湖里比较多见。

老乌（音"丫"）：乌鸦。

水老乌（音"丫"）：抓鱼的鱼鹰。

鹁鸽：鸽子。

青蛙

翅扇、翅扇膀、翅扇夹：禽鸟的翅膀。也说"翅扇翻"。

毪毛：细软的毛。

蟊虻、牛虻、虻蝇：牛身上的飞虫。

偷瓜汉：刺猬。

猡猡：猪的叫声，指代猪。

蠓蚋子：飞蠓。一种小飞虫，呈黑色或褐色，有点像蚊子，会叮咬人。

四脚蛇：壁虎。

赤链蛇：身上有红黑条纹的蛇。

跳搏虫：硬壳小虫，其翻身朝天后能弹跃一尺多高。大约在夏至到来吃豆间出现。

曲蟮：蚯蚓。

牤牛：公牛。

响蟟：黑褐色的蝉，也叫"知了"。雄性的蝉能发声，反之，"哑板"雌性的蝉不能发声。

蛘（音"羊"）夹：天牛。

约时谈：一种小型的蝉，呈青绿色，极少有淡灰色的，鸣声像音"约时谈"，故得名。

知了

天牛

香酿虫、香延（蚿）虫：形似蜈蚣，一二厘米长的小虫，有臭味，黄色而细长、多足。

在绩、馋䗛、蛣蛐：蟋蟀。

三尾雌：雌蟋蟀，身体比雄蟋蟀肥大。

决立郎、决立王：形似蟋蟀，个头比

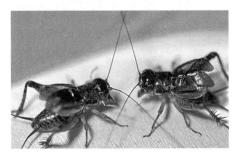
蟋蟀

蟋蟀大，不喜斗的一种昆虫。也叫"油葫芦"。

螳螂：全身呈绿色或土黄色，头呈三角形，触角呈丝状，胸部细，有翅两对，前腿呈镰刀状。

螳螂

蟛蜞：与蟹相似，比蟹小，能食用，味不如蟹。

蟹（音"哈"）：多指河蟹、湖蟹、淀山湖清水蟹。十月前后长足、长壮的，被称为"大闸蟹"。

水统蟹：刚换壳，没有长足、壳（骨架）的螃蟹，体软充满水，被借喻为软弱无能者。

豆腐蟹：刚脱壳的蟹。也叫"肉蟹"。

蟹蛉：蟹螯，螃蟹的一对大钳子。现多写作"蟹钳"。

蟹厣（音"掩"）：蟹腹部的薄壳。

蟹毈（音"芳"）：蟹黄。

柴虾：河虾。

螺蛳：淡水螺的统称，一般个头较小。可供四季采食。清明节前的螺蛳最为肥美，故域内有"清明螺蛳抵只鹅"的说法。个体较大、生活在田里的叫"田螺"。田螺多在秋季稻熟期藏身于田间。

螺蛳

厣垫：螺类介壳口圆片状的盖。

蚌：生活在江、河、湖、沼里的贝类。种类很多，常见的一类喜欢生活在流动的河水里，另一类喜欢生活在水面平静的池塘里（易寄生水蛭）。大部分能在体内自然形成珍珠。肉可食。

蚌

蜒蛐：似蜗牛一样的、没有壳的软体动物。

乌龟（音"鸡"）：爬行动物。身上长有非常坚硬的甲壳，受袭击时可以把头、尾及四肢缩回龟壳内（除海龟和鳄龟外），长江中下游各省的产量较高。因其甲壳由十三块六角形组成，故又有人戏称"十三块六角"。

乌龟

甲鱼：鳖，又称"团鱼"，戏称"园菜"。

黑必鬼：一斤（1斤＝500克）不到的小黑鱼。也叫"黑卵头"。

甲鱼

鳗鲡：鳗鱼。

黄鳝：鳝鱼。

河鳅：泥鳅。

群带鱼：带鱼。

梅鲚鱼：个体较小，体形长而扁、薄，至尾部向后逐渐尖小，嘴短突出，背鳍短，臀鳍延长与尾鳍相连，胸鳍的前部有游离丝状鳍条六根。

带鱼

白鲦鱼、翘嘴：亦名"翘嘴红鲌"。体侧扁而修长，嘴上翘，下唇肥厚，腹部角质棱仅在腹鳍与臀鳍之间，体呈银灰色，各鳍均呈灰色或灰黄色。

梅鲚鱼

红鱼、红料：亦名"蒙古鲌"。红鱼的外形特征与白鱼基本相似，不同的是它个体较小，口斜裂不上翘，体形不像白鱼那么扁，略呈扁圆，各鳍均呈红色，臀鳍软，鳍条数与侧线鳞也比白鱼少。

红鱼

白鲢：俗称"鲢鱼"，是淀山湖镇"四大家鱼"之一，本地重要鱼种。体形侧扁而略高，腹部较窄，鳞细，腹鳍前后均有鳞，眼睛位置很低，身上没有斑纹，腹呈白色，故又名"白色鱼"。

白鲢

花鲢：亦名"鳙鱼""胖头鱼""大头鲢鱼"，是淀山湖镇"四大家鱼"之一，本地重要鱼种。体形似白鲢，不同的是花鲢的胸鳍直伸越腹鳍基底，体色较暗黑而头特大。

花鲢

鲫鱼：是淀山湖地区水域中的中型鱼类。体侧扁而高，上颌无触须，背鳍、臀鳍中最长的硬棘后缘有锯齿。有银鲫与乌鲫（黑鲫）两个不同的品种。银鲫背呈银白色，俗称"白背鲫鱼"，喜栖于硬质水底；乌鲫背呈暗黑色，腹部银白或带微黄，俗名"黑壳鲫鱼"。

鲫鱼

鳑鲏鱼：银灰色，多带橙黄色或蓝色斑纹。生活在淡水中，吃水生小植物，卵产在蚌壳里。

鲦鲈鱼：亦名"穿条鱼"。身体小，侧扁，呈条状，灰白色。生活在淡水中。

鲤鱼：体形侧扁而大，略似三角形，腹部圆，鳞大，口能伸缩，有长短须各一对，体色金（青）黄，上深下浅。

鲤鱼

青鱼：体长，头阔平，腹圆，尾扁，呈亚圆筒形。背鳍和臀鳍的硬棘都没有锯齿，口部也无触须，体色青黑，故又名"乌青""黑青"。

青鱼

草鱼：是淀山湖镇"四大家鱼"之一，本地重要鱼种。体形长，侧扁而适中，呈长筒形，头平，腹宽、圆且大。鱼鳞大却易掉，故又名"厚子鱼"，呈青黄（灰）色，颜色比青鱼淡得多。

鲆鱼、鲆格郎：体呈银灰色或淡黄色，侧上方有一纵行大黑斑，体侧、背鳍、尾鳍上分布着不规则的小黑点。体形修长而侧扁，略似棒形，头长又尖，口下有短须一对，背鳍上有光滑的硬棘。

鳊鱼：是淀山湖镇"四大家鱼"之一，本地重要鱼种。体侧扁，近似菱形，头比较尖小，腹部角质棱完全，呈银灰色。

鳊鱼

鳜鱼：体侧扁，口大且能伸缩，背鳍分布于前、后两块，但基部相连。前部有强棘，长度超过后部软鳍条，腹部呈白色，体表有鲜明的色斑。又称"老太婆鱼"。

鳜鱼

鮠鲻鱼、汪娘鱼：头扁，呈银灰色，口边有须，形状像鲇鱼，身上无鱼鳞，但有黄黑花纹，腮边、腹鳍处有尖刺，背上也有尖刺。

鳍鳢鱼：一种口大、头略扁、身有细鳞、体呈灰黑色的鱼。经常伏在河边浅滩上，喜食小鱼。体长不过五六寸（1寸≈3.33厘米）。味鲜美，尤其在油菜花盛开时，味道最佳，所以也叫"菜花鳍鳢鱼"。

䰾鱼：斑鱼，泡泡鱼。背青灰，有斑纹，腹白，鼓气时呈球状。

箬鳎鱼：刺少味美。上海人称"肉鳎鱼"。

鱼颔腮：鱼腮，鱼的呼吸器官。

第三节　菜蔬果实

扫码听音频

别卜：枇杷。

白蒲枣：新鲜的枣子。

白果：银杏果。

勃萄：葡萄。

荸荠：马蹄。

草头：各种野菜的统称。

长生果：花生。

番芋：红薯。

番茄：西红柿。

饭粟、番麦：玉米。

哈菜：苋菜。

汉草：红花草。

碛磧古银杏

金花头：又名"金花菜""大草"，形状与红花草相似。

粽箬：包粽子用的箬竹的叶子。

茭白：菰的嫩茎。经菰黑粉菌寄生后膨大而成。

鸡毛菜：地上刚长出来的很细且轻软的菜，这是一种较为形象的叫法，其实就是小青菜。

胶菜：大白菜，也称"胶州大白菜"，因为江南一带的大白菜是从胶州运输来的。

卷心菜：根据其形状分为汤婆子菜和牛心菜。

苦草：益母草。

花蘂头：花蕾，没有盛开的花。

蓬哈菜：茼蒿。

莴苣笋：莴苣。

香瓜：甜瓜，品种较多，有青皮绿肉瓜、黄皮香瓜、"小白娘"等。

小圆：豌豆。

蒲桃：胡桃、核桃的总称。

小蒲桃：小核桃、山核桃。

洋芋艿：土豆。

马兰头：马兰，多年生草本植物。

野菜：专指荠菜。

菜苋、菜薹：蒜、韭菜、油菜生长到一定阶段时，中央部分会长出细长的茎，顶上开花结籽。嫩的可以当蔬菜吃。薹：淀东人叫"苋"。

菜梗（音"耿"）：蔬菜的茎。

枸杞：落叶灌木，叶子呈卵形或披针形，花呈淡黄色，果实叫"枸杞子"，红色浆果，嫩头叶可当菜食用，俗称"枸杞头"。

枸橘藜：蒺藜。

香橼：枸橼。

橌（音"活"）：桃、李等果子的内核，现多用"核"，但音不同。

栜（音"衣"）：物体内壁的薄膜或表层的包衣，如芦苇内壁有层栜可以用来做笛膜。

第四节　乡土食物

扫码听音频

瑿（音"医"）：指混浊的水经沉淀、静止后上面结的一层薄薄的膜状物。稀饭冷却后上面一层为粥瑿，豆浆汤里有豆腐瑿。

包子：北方人所谓的"包子"是有馅的，淀山湖人正好相反，将无馅的面粉制品称为"大包子"。

馒头：面粉制品，发酵后蒸或煎熟方可食用。北方人所谓的"馒头"是无馅的，而淀山湖人说的"馒头"是有馅的。

粽子：用竹叶、苇叶、粽箬等把糯米包住，扎成三角锥体、长棍形等，煮熟后食用。馅料种类多，可放猪肉、赤豆、红枣等。

馅饼：用糯米粉做成的实心饼。加菜（绿色蔬菜）的，叫"菜筋馅饼"。

惔面衣：将面粉糊摊开，放入油锅里制成的烙饼状食品。

惔粉：做法同"惔面衣"，原材料为粳米粉或糯米粉，或粳、糯混合的粉。

馅饼

光面：清汤面，没有任何浇头。

阳春面：光面的美称。

浇头面：指在光面上加了浇头的面，浇头又分为素浇和荤浇，即加素菜或荤菜；也有单浇和双浇之分，加一种浇头的为单浇，加两种浇头的为双浇（按《现代汉语词典（第7版）》应为"俏头"，但音不同）。

免青面：不放大蒜、葱的面。

重青面：多放大蒜、葱的面。

圆团：米粉做成的球状食物，大的有馅的叫"大圆团"，小的无馅的叫"小圆团"。也叫"汤圆"。

爆炒米、炒米花：爆米花。

枇杷梗：用面粉制作的，油炸而成的，颜色、形状与枇杷柄相似的一种甜点心。

馂（音"爱"）子：米面食品里的馅。

粢（音"刺"）饭：糯米做的饭。将用糯米饭做成的糕放在油中氽，称为"油氽粢饭糕"。或将糯米饭捏成团，中间放豆沙、芝麻等，称为"粢饭团"，味道极佳。

羹饭：祭祀亡人和祖先的饭菜。

定胜糕：以米粉为材料，用两头大、中间细的模具制作成锭子状的米糕，取其吉意。淀山湖人家大凡举行祝寿、造房、乔迁等喜庆活动都要准备这种糕来馈赠亲友。

定胜糕

海棠糕：将面粉调成糊状，内加红豆沙、猪油，表面放红丝、绿丝，用模具定型，烧煮而成，因形似海棠而得名，是淀山湖地区的传统甜点。

海棠糕

饭糇、饭糍：锅巴。

饭糍粥：往锅巴里放上水烧成的粥。

戫（音"芳"）：指蛋或蟹壳里面的黄。

回（音"还"）汤豆腐干：煮熟后搁一段时间再放回卤汁里去煮的豆腐干。比喻重回原处或重操旧业的人。

空心汤圆：没有馅的汤圆。比喻不落实的许诺。也叫"空心汤团"。

酒酿饼：传统小吃，以面粉和酒酿为主要原料制成的食品，有玫瑰、豆沙等馅。

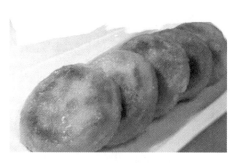

酒酿饼

烤馃：将糯米粉煮熟后推成薄片晾干，油炸而成的食品。

烂糊白菜、烂糊肉丝：煮得很烂的大白菜炒肉丝。

烤馃

瓠（音"练"）：瓜瓢。

螺蛳头粥：米粒尚未变烂，仍粒粒分明的粥。

麦鳌鲦（音"麦穿条"）：用面粉做成的像鳌鲦鱼状的面食。

面粙（音"拖"）蟹：粙意为一种烹饪方式，将鱼、虾、蟹等外面糊上面粉糊和蛋液，放在油里炸。面粙蟹是其中的一种，还有面粙虾、面粙带鱼等。

米糌、米糁（音"三"）：饭粒。

秦糖：麦芽糖。

水潽蛋：去壳后整个放在开水里煮的鸡蛋。

滚水：正在煮开或刚煮开的水。也叫"涫水"。

透水：①烧开的水。意同"涫水""滚水"。②露出水面，引申为走出困境、还清债务等。

焐（音"窝"）酥豆：一种煮得很酥的老蚕豆。

粞：较为细小的碎米。

麸豉（音"夫时"）：用麦子的皮（麸皮）做的一种酱，可用来浸渍瓜条等。

香头：葱、姜、蒜、香菜等调味料的统称。

烊粉粥：单用米粉或米粉加蔬菜烧成的糊状食品。

腌笃鲜：用鲜货、咸货和其他干货加水一起煮成的汤类食品。

油炸桧：油条。

虾糟：用糯米饭、老白酒及糠虾、小虾拌后放在甏中腌制而成的一种食品。

猪油筋：油渣。

柿酴：柿饼。

鱼腥虾蟹：水产品的统称。

水产养殖

精肉：瘦肉。

油肉：肥肉。

奶鞴肉：猪乳旁的肥肉。

白斩鸡：经白水煮后切开的鸡块。现多写作"白斩鸡"。

小菜：荤素菜肴的统称。

青头：绿叶蔬菜的统称。

时件：禽类内脏的总称，可炒，可做成汤。

荤腥：荤菜的统称。

和头：主菜的搭配料。如红烧鲫鱼里放少量的萝卜，萝卜就是和头。

味之素：味精。

烹头酒：烧菜的料酒，一般用黄酒。烧金花菜则用中高度白酒。

雄黄酒：用研磨成粉末的雄黄泡制的酒。雄黄的主成分是硫化砷，呈橘黄色，也叫"鸡冠石"。

吃溅（音"猜"）番：喜事正日过后，主家就宴席上的残羹剩肴再邀请亲戚、乡邻聚餐。溅：流体、半流体倾出或倾倒。

冬霜米：将白米存放在用稻草做的米囤中，来年便被称为"冬霜米"。冬霜米米质松，颜色变黄，也叫"老米""陈米"。

夜壶水：酒（贬义词）。

温暾水：① 不冷不热的温水。② 性子慢或说话不泼辣、不爽利的人。现俗称"温吞水"。

第五节　因时冠名

扫码听音频

半夜把、半夜三更：半夜前后的一段时间。

蓳早起：比正常时候提前起床。也说"蹠早起"。

摸夜午、摸夜乌：比正常时候收工晚。也说"搭夜作"。

夜作：夜间干的活。

辰光：时间。

该辰：现在这段时间。

过辰：前面一段时间。

开望（音"网"）、开往：刚才。

开初：开始的时候，起初。

老法头里：很久以前，古代。

老清早：清晨。

年常：年年，每年。

年头啷：正月开头几天。

小年夜：① 指除夕的前一天。② 也指腊月廿四（长工夜），长工吃年夜饭的日子。

大（音"度"）年夜：除夕夜。

年夜头：临近除夕的那个时间段。

今夜头：今天晚上。

明朝夜头：明天晚上。

过夜仔：前天晚上。

近来：最近这一段日子。

旧年：去年。

开年：明年。

今番：这一回。

今朝：今天。

萌（音"门"）早、明朝：现常写作"明早""明天"。

日（音"业"）脚：日子。

昨日（音"业"）：昨天。

大（音"度"）前日（音"业"）：大前天。

前日（音"业"）子：前天。

前年子：前年。

前一呛：前一段时间。

上日（音"业"）：昨日，昨天。

下日（音"业"）：下一日，次日。

后日（音"业"）：后天。

大（音"度"）后日（音"业"）：大后天。

上昼、上半日（音"业"）：上午。

上昼心里：上午当中的时间。

下昼、下半日（音"业"）：下午。

下昼心里：下午当中的时间。

老底子：① 从前。② 本来。

老里老早、老里八早：① 很早，一大早。也说"大清老早"。例：伊~就出去嘞。② 很久很久以前。

老早、老早头里：从前，过去，很早，早已。

日（音"业"）里：白天。也说"日里向"。

日（音"业"）中心里：主要指正午的一段时间。

中啷：中午。

夜快点：傍晚。

黄昏头：傍晚，比"夜快点"稍晚些。

夜里：晚上。

半夜把：半夜前后的一段时间。

黄梅里：江南一带特有的梅雨季，潮湿多雨。淀东人也把农忙季节称为"黄梅里"。

水黄梅：春夏之交收麦、收油菜籽、插秧的一段时间。

稻黄梅：秋天收稻、种麦、种油菜的一段时间。也说"旱黄梅"。

春长里：春天。

江南春色

三春唧、春三唧：二三月份。

六月里：夏天。

曘（音"业"）天工：夏天。曘：热。

秋长里：秋天。

寒长里：冬天。

冷天工：冬天。

先前：以前。

月生：出生的月份和日子。

月头：一个月的开头几天。

月底：一个月的末尾几天。

晏点：等一会儿。晏：晚。

晏一歇、晏歇：晚一会儿。

等脱歇：等会儿。

后首来：后来，接下来

末梢：最后或末脚、末拖。

起先：开始，起初，从前。也说"起先头"。

上趟：上一次。

下趟：下一次。

头一趟：首次。

压末一趟：最后一次。

下转：下一回，下次。

眼（音"岩"）门前：眼前，跟前。例：~几件事，够他忙的了。

有常时：有时。也说"有辰光"。

正日（音"业"）：俗指红白喜事、祝寿等举行仪式的当天。

日（音"业"）逐：日朝，每天。

第六节 方位、气象

扫码听音频

（一）方位

苘前、苘前头、前头：前面，前边。

外头：外面。

着外头：最外面。

里向：里面。

着里向：最里面。

着东面：最东面。

着西面：最西面。

着南面：最南面。

着北面：最北面。

上头：上面。

下头：下面。也说"下底头"。

前后头：前后。

后头：后面。

后底头：最后面。

当中横里：当中，中间。

半当中横里：时间或道路、线路的中间。

盲当中：①正中央。②指中途突然发生。例：这么大一个工程，只因某领导的一句话，就~停建了。

屁股头：最下面，或自己的后面。

脚下头：脚底下。

脚横头：脚旁边。

背后头：背后。

头顶心啷：头顶上。

隔壁头：左右邻居。

东隔壁：东隔壁的人家。

西隔壁：西隔壁的人家。

贴隔壁：紧挨的左右邻居。

前埭：前次，前面一排。反之为"后埭"。一般几排房子，前面一排的称"前埭"，后面一排的称"后埭"。

边头：旁边。

边边头：紧靠旁边。

边啷：旁边，沿边。

边边啷：紧靠沿边。

别埂：别处。埂：地之区处。

过埂：那边。

啊埂：哪里。

该埨：这里。

角落头里：两堵墙相接处的凹角。

门角落里：门背后的角落里。

对过：对面。

对对过：正对面。

北坝（音"海"）：位置在北面的一头。坝：河边。

南坝：位置在南面的一头。

西坝：位置在西面的一头。

东坝：位置在东面的一头。

过爿：那边。

该爿：这里。

横垛里：左、右向，一般指东、西向。例：~杀出个程咬金。

竖直里：前、后向，一般指南、北向。

蠲（音"化"）垛里：不在中间。

笪对过：当中偏左或偏右一点。也说"斜对过"。

斜垛里、斜刺里：不正的地方或方向。

四下里：四处。例：~一看，都是果树。

老坞堂：原来的地方。意同"老地方"。

街啷：市镇上。例：上~。

乡下头：乡下（离开市镇的农村）。

淀山湖镇红星村、小泾村

滩渡头：河埠，也指河边洗衣物的场所。一般都用砖、石或混凝土筑成台阶式。

田横头：田间。

（二）气象

拗春冷：倒春寒。

长溻雨：连续几天下雨，一般指雨季的雨。

起阵头：天晴时，乌云骤起，并下一会儿雨的过程。阵头：雷雨。

阵头雨：雷阵雨。

空阵头：只闻雷声不见雨。

还风阵：雷阵雨去了又来。

落雨：下雨。

防汛中

曚：日光不明。

朦：月光不明。

蒙：形容雨点很小的细雨。

霿花雨、蒙花雨：极细小、不能形成雨丝的雨。

雷响：雷声。

打响雷：打雷。

金闪锣（音"金线路"）：特别耀眼的闪电，指雷击前的闪电。

矘睒（音"霍显"）：闪电，指云与云或云与地之间发生的一种放电现象。"矘"与"㬎""㬎"义相近，可互用。

燊火：磷火。

着夜烧：火烧云，晚霞中火红的云彩。也引申为干活临结束前掀起的"小高潮"。

秋赖柴：立秋后间歇性的点滴雨（雨点大而稀）。

缸爿头云：指空气特别好，晴朗天空下的小块状的云。

黄梅天：梅雨季节。

回潮天：空气湿度高的天气。也说"还潮天"。

阴水天：空气湿度高，阴冷的天气。

落沙天：类似于有沙尘暴的天气。

跑马云：在天空移动得很快的云。

秋老虎：入秋后仍然很热的天气。

上阴：阴天。意同"阴水天"。

天好：指晴天，或少云、多云的天气。

雾露：雾。

歊（音"肖"）刮青天：晴空万里。歊：撒开，气升腾的样子。

旸（音"羊"）：① 指日出。② 晴天。例：~日头。

旸（音"羊"）日头：阳光灿烂的大晴天。

晹（音"亦"）：① 日无光，灯火暗。例：灯光~来。② 太阳在云中忽隐忽现。

夜茫茫：天气已晚。

日头里：太阳底下。

荫头里：太阳光被挡产生的阴影下。

雨头里：在雨里。

雾露里：在雾中。

雨湿迷迷：有零星小雨并带点雾。也说"雨溇迷迷"。溇：雨零貌。

云头啷雨：云掠过局部飘洒的雨。

蚝鲎：彩虹。

七簇星：北斗星。

偷牛暗：黎明前的黑暗。

第七节　农家术语

扫码听音频

坮：指猪、牛、羊圈里粪便和草、灰等混合积成的肥料。

垩壅：肥料。

圊水粪：厕所里或粪坑里带水的粪。圊：厕所（粪坑）。

清水粪：用清水稀释的粪。

齾口：器皿上的缺口。例：~碗。又写作"甋口"。

齃（音"额"）口：器物上的缺口。

记认：①记号，标志。②辨认。

凹凼：向内或向下陷进去的水坑。现多用"塘"。

河浜：较小的河流。

浜兜：一端不与其他河流相通的小河。

溇潭：小池塘。

溇潭

场化：地方，场所。

村窠：自然村落。

度城村度城（南厍）

墙埢（音"卷"）：围墙。

地头脚跟：地址，住址。

老岸：靠近江（河）滩的较阔的横田岸。也说"圩岸"。

堰基：拦水坝，较低的挡水构筑物。

䗰头：耕地上培成的一行一行的中间高、两边稍低、长条形的地块，在上面种植作物（多用作量词）。例：一~菜、三~麦。

畎头：田岸边可种植物的高地。例：垦~。

劥头：用铁搭等农具在田里套成三角形的土垄。也说"勒头"。

泥坺（音"拔"）头：田里的泥块。

埥滋头泥：相对黄泥，湿、黏，干后像砖头一样的泥。埥：青精土。

垆筑：农村用于堆放稻、稻草等所筑的高出地面的防水土坛。坛上面铺砖的，叫"砖垆筑"。

边埏（音"现"）：田旁边处。

拂插（音"蔡"）：田边的斜条、斜角。

埞埝（音"淀呆"）：①田里或浅水里用来挡水的土埂。②田间小路或田埂。

浩野：形容宽阔、通风和透光好的自然环境。

爱心码头

水脚：江港河里的水位。例：这几天，江里~枯来（指水少）。

水口：位置。一般指经营场所的位置。早先水网地区，商品运输主要靠水路，故集镇商户大多集中于河两岸的位置。

水浍：投物水中溅起的如花的水滴。现常用"水花"。

水凼：地面上积水的水坑、小水潭。

岔路：分叉的路。山歧称"岔"，水歧称"汊"。

㾮（音"刺"）栅：用木条、铁条、竹子等做成的类似篱笆且较坚固的东西。

柴穞（音"庐"）：柴堆。例：~上火烧处处着。

柴穞

柴紨（音"户"）：用两小把稻草梢头连成捆绑东西的绳子。

草把：用软的柴草盘绕起来，绾成便于在灶肚里烧的柴草结。

菜萁柴、豆萁：油菜、豆的茎。

三麦：元麦、大麦、小麦的统称。元麦也称"穤（音'内'）麦"。

麦穤头：麦穗。也说"麦穑头"。

水稻：种在水田里的稻，有粳稻、籼稻、糯稻等。

稻穤头：稻穗。也说"稻穑头"。

秡（音"茫"）：稻、麦等植物硬壳顶端的芒刺。也作"芒"。

稻捔：割下的稻子在田里被放成未捆的小堆。

抢穟：指比其他稻子抢先长出的稻穗。这样的稻穗往往不能长出结实的稻粒。

拎档：篮子、桶等可以手提的部分。例：篮咯～、水桶咯～。

家当：财产。

家生：家具及其他用具的总称。

细竹筱：细小的竹子或竹子的细枝。

架形：外表，姿态。

行径：行为举止（指坏的）。例：无耻～、啥个～。

尐尐（音"劳曹"）：什物。例：尐里～。

草纸：用稻草等原料制成的纸，泛指手纸。例：污～。

油纸：涂上桐油的纸，能防潮湿，常用来包东西。

料作：原材料。

相道：指人的举止、习气等。

运道：运气，命运。也形容运气好。

力道：力气，力量。

粒屑、粒率：碎末，碎屑。

么事：东西。

面情：情面。

饶（音"饶"）头：旧时布店里给顾客量好布后，会故意再放出一点布，以招揽顾客。饶头就是指那放出的布。现泛指商家在应给的货物外另加的零物，即多给的少量的东西。

人情：①礼品，礼金。②情面。

埲尘：灰尘。

墣垮：比灰尘稍粗但轻。一般农民把风车扇谷扇出来的尘和风头里扬乱柴最下风头的尘土称为"墣垮"。

檐尘：屋顶、墙壁上挂下来的灰尘。例：擔（掸）～，即把檐尘清除掉。

灰尘：尘土。

灰烬：物品燃烧后的灰和烧剩下的东西（化为灰烬）。

市面：①指某方面的情况。②指社会上。③场面。④生意。⑤活动地面。

头寸：①指尺寸。②旧指银行、钱庄等所拥有的款项，指银根。

乡邻：邻居。

亲眷：①亲戚。②眷属。

坟墩头：土堆起的坟墓。

坟窠庐：乱葬岗，即多个坟墓聚集之处。

惔毛柴：点着火把，烧燎田埂上的茅草。"惔"与"炗"音、义相似。

肉里钿：①本钱之外，又另外拿出来的钱。②不是本月的固定收入，而是原来的积累。

坟墩头

血汗钿：辛勤劳动得来的钱。

脚步钿：跑腿钱。

领市面：懂行情，能适应。反之，称"勿领市面"。

手条子：手腕、手段。例：①孟丽君人称"才女"，～倒着实结棍。②你狠，做事～辣咯。

同行（啢）种：同行业的人。例：我伲是～。

仙人跳：①旧时门上的一个带钩的部件，关门时自动钩住门上的横钉；开门时，拉上面的绳子，钩子脱出。②旧社会，男女串通好的骗人钱财的圈套。

硬头家生：专指较大型的家具。是床、柜子等的统称。

电线木：电线杆。

麻朹棍：杂树的枝条。也说"麻棯棍"。

泥水木竹：泥水匠、木匠、竹匠的统称。

百家司务、百家师傅：泥水匠、木匠、裁缝、剃头师傅的统称。意指吃"百家饭"的手艺人。

第八节 农具、渔具

扫码听音频

（一）农具

木船：行走水上、运载物品的木制运输工具。淀山湖镇主要有河扁子、尖梢船等。

双艕船、双趺船：船和船相靠合并为一体的临时组合船。趺：并行也。

摆渡船：专门用来渡人过河的船，一般都是小船。

毂渡船、掐渡船：通过拉住两岸间固定的绳索或链条，让船来回帮人渡河，是不需要摆渡人的船。

铴铴船：旧时一种定期行驶于城镇之间的载客运货的木船，每到一处，敲铴锣以招徕客户。也叫"铴铴班"。

峒（音"洞"）杍（音"基"）：木船两边用于挡水、可以拆装的艕板。在船艄上的叫"艄峒杍"。

舺艋：船头、船艄上铺的木板。也叫"平基"。

䟰（音"跳"）板：船泊岸后，置长板于船首与岸连接以通往来。

橹：用于划水使船前进的工具。有大橹、二（音"尼"）橹之分。

樯子：桅杆。

戗板：帆船滗戗时闸在船舷边的用具。也叫"翘板""翘头"。

水鈎（音"关"）：船舵。

三车：取水农具。有牛打水车、水风车、人力车（踏车、牵车，合称"人力车"）三种。

牛：役牛，耕田、耙田用的牲畜。

扼头：牛、马等拉东西时架在脖子上的器具。

橹人头：安在船艄边上的矮铁轴，顶部呈球形、与橹窆脐配合使用的支柱。

牛打水车

橹窆（音"垫"）脐：在橹中段下部挖出的浅孔，一般在浅孔中再垫一块中间挖有球形凹孔的硬木块。也叫"窆脐眼"。

秒田犁：深耕翻土农具，有大犁（旱犁）、小犁（水犁）之分。也叫"步犁"。

耙：水田平整土地时用的农具。古称"秒"。

抖田、牛篦机、田篦机：一米多长的长方形木框，上部横档为把手，下部安装铁刺（尖形铁条），将其插在水田土中，用牛拉，既可粉碎土块，又可平整田面。

犁

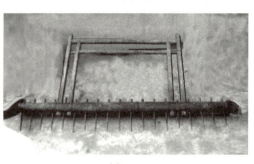

耙　　　　　　抖田

铁搭：最早的土地耕翻农具，垡田用。铁搭齿有尖齿、板齿、凿齿之别，亦有两齿、四齿、长齿、菱叶齿等种类。菱叶齿大铁搭专门莳田用。长齿铁搭、丁古郎、塘扒，有大小之别。长齿铁搭用于垡地（垡旱地），丁古郎专门用于整田拉烂泥，塘扒专门用于拉柴草之类。

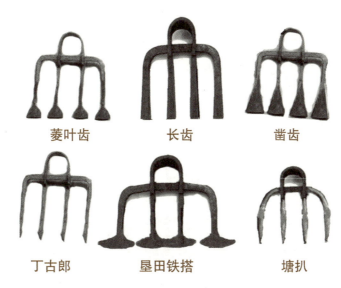

菱叶齿　　长齿　　凿齿

丁古郎　　垦田铁搭　　塘扒

拉草铁搭：用于扒拉河、湖里的草泥。

耝（音"时"）头：锄头，为中耕锄草农具。由于锄齿不同，锄头齿也有阔、窄之分，因此锄头有大小多种。现也写作"镃头"。

锄头

扁担：用于挑东西的工具。

木扁担：两头有钮的用于挑东西的木质工具。

竹扁担：竹质；二头细、中间粗，留有扁担头，两头留有角，用来替代扁担钮。中间放茎（毛茎梢）的，叫"有茎扁担"；中间不放茎的，叫"羊角扁担"。

翘龙扁担：用木头做的，两头翘起，挑河泥专用。

粪桶：木制圆形桶，中间和底用铁箍箍紧，稍呈上大底小状，用以装水、粪、泥浆等。

粪撩：用木头做的，形同凹勺，装长竹柄（约2米）。

粪桶　　　　　　粪撩

欠步：形如木制大匙，洿泥用。

乱撩：大粪撩，洿泥用。

耥：用于稻行间的中耕除草工具。耥有大耥、小耥之分。小耥又称"草鞋耥"，一般学做生活的小囡用。

稻床、掼床：掼稻脱粒工具。掼稻是男人的活。

耥　　　　　　稻床

马良、竹马：男人耘稻用的工具。

臂笼子、臂㰀子：用布或竹做的，男女适用，耘稻时套在手臂上。

竹节头袋：用竹篾编制的，男女适用，耘稻时套在手指上，既增加摩擦，又保护手指。

皮节头袋：用乳胶制成的，一般男女插秧时用。

风车：清理谷物的工具。由风箱、风扇（6张木叶片）、活门、车身、车肚、摇手柄、漏斗嘴、后屁股等物件组成。牵砻、掼稻、轧稻时用以清除砻糠、瘪谷、柴屑等。

箩、筜：竹编的器具，有的形状像坛子，有的形状像筐子。编得密的，用来盛放东西。有的作为农作工具，或用以装秧、装草等。

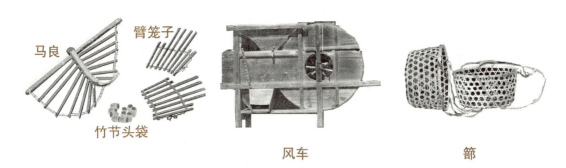

箅篮：用柳条或篾条编成的眼孔较大的大篮子。

鋬：器物上的提手部分。

箵（音"戗"）：笋筐等纵向插的起支撑、加固作用的竹片。横向的用以固定箵的叫"排襻"。

筛子：依据所用材料和用途，分为竹筛、铁筛、绷筛、绢筛、米筛、粉筛等。

篓头、落头：竹篾做的，用以盛放水产等物的容器，有鱼篓、蟹篓、黄鳝篓等。一般在捉鱼、虾时，别在腰间，便于放入。

匾、笾：圆形竹制品，用以存放、晾晒稻谷等。

团匾、针线匾：圆形竹、木制品，专放针、线，直径约1.2尺（1尺≈33.33厘米）。

栲栳：用柳条编的容器。又写作"筹筹"。

山笆：比栲栳小的容器，一般一栲栳是两山笆半。

笕（音"斗"）：用柳条编成的比山笆小的容器，一般一山笆是两笕。

升罗：用木头做的容器，四角形，上大下小有底，一般一斗相当于十升罗。

合：最小的计量单位，一般十合为一升（民国时期淀东就不用该计量单位了）。

遮苫：用稻草编成的草帘子，用于遮盖物料。

掮盖：盖身用厚毛竹片做成什条，长约 50 厘米，用皮条扎紧装上鞭冒头，盖柄头上打孔套入冒头成活络冒头，使盖冒头在孔内任意转动以拍打地上的东西，致其碎或落下来。

轧稻机：起初是两人机，除轴心、齿轮、套钩和滚筒上的铁刀外，其他都是木质的；后来发展到铁质的，有供两人以上使用的大型轧机，专用于脱粒。

掮盖

轧稻机

砻：木制大磨（用于磨谷成米），由直径 80—100 厘米的两片带斜齿的硬质木料木圆盘做成。

钩绳：长约 1.5 米的麻绳或稻草绳，其一头装毛竹钩子或树钩子，用于捆稻或稻柴等其他作物。

拉柴笆：用竹子做的，有 3—4 齿或更多齿，用以拉乱柴。

抄板：用竹子、木头做的，用于堆积谷物。

丫枪：有两齿，拨乱柴、扬乱柴用。

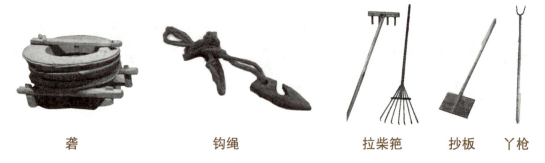
砻　　　钩绳　　　拉柴笆　抄板　丫枪

削柴棒：将一段小竹手柄以下的部分削成半片的棒头，用以削去稻柴上的谷粒。

笪、筻（音"大"）：①圆形，用竹做成六角眼筛去乱柴用。②用竹篾编成的边框浅、圆口平底的盛器。

土笪：状如畚箕，用竹、柳编成，用以装土、装秧、装有机肥等。

簟子：竹席。

晒簟子：指摊晒粮食等的席子。

篅（音"缠"）条：用竹子做的，由长3米以上、高0.6米的竹篾编成，用于放在匾上囤谷、米或麦子等。

从左到右依次为：笪、栲栳、篅条、斛子

斛子：木制容器（计量器），四角形，上小下大有底，一般一斛米约有75斤。

叉袋：用麻线编织而成，有两个提手（"耳朵"），一般一叉袋约装75斤。

洋线袋：麻袋。

洋面袋：布袋。

舂床：碾米农具。舂床就是碾床。舂床包括摇臼（球）、把手架、碾踏板、碾柱、压石，形似跷跷板，一踏一放使糙米去糠。

磨子：有大、小之分，三人牵磨的是大磨，由上、下直径约50厘米的两片石齿盘和中间的磨心、磨穴，以及磨扁担组成。

铲根据用途不同，可分为：

直铲、平铲：田岸铲，水田上水前用其把田岸边的杂草铲除。

舂床

不同种类的铲

开沟铲：有长、短两种，专为开沟用，多数安装踏柄。

清沟铲：有大、小两种，专用来清除沟底泥土。

抄铲：有大、小两种，专用来抄黄沙、水泥、稻谷、麦粒等。

板铲：铲面稍有凹凸弯曲，用于取土。

山刺：有一刺的，也有两刺的，用以挖砖头、墙脚。

锲子：镰刀，木柄有长短、大小之分，用以割草、割稻、割麦。

沉豆棒：用木头做的，种蚕豆时用于打洞，棒头尖，上装横档把手。

菜花柱：圆锥形，种油菜打潭用。

罱网：罱泥的大夹网。

山刺

沉豆棒　菜花柱

（二）渔具

纲网：大型渔具，布在河面上的一口大罾，由网、撑杆、盘车组成。

纲网

牵荡网：用绞车、盘车、卷扬机等牵引渔网捕鱼。

簖：拦在河中、连接两岸的竹篱笆，中间有簖门，可过来往船只，水下装有网箱捕捉鱼、蟹用。

丝网：有大、小不同的网格眼之分，以捕捉快鱼为主，如穿条鱼、白鱼、红鱼、鲤鱼、草鱼、黑鱼等。

麦钓：用竹签以小麦粒为饵钓鱼。麦钓专捕鲫鱼。

天笼：原指装有机关的捕兽木笼。现指用竹篾制成的，口部有倒刺，鱼虾进得去、出不来的笼子。

黄鳝笼：张黄鳝的笼子，现形容只进不出的人。

围网：类似裹网，但网大。捕捞方式是男人在船头上甩网后上下拉紧网绳并拖上船，一般在淀山湖里捕捞。

淀山湖畔

罩网：类似鸡罩大小的圆网。捕捞方式是鱼汛期在河（湖）边浅滩处罩鱼，用小海斗抄鱼。

牵网：大型渔具，在河一段或河面一段用长网拉牵围裹的捕鱼方式，多人合作进行。

黄鳝夹：用毛竹片做成的，专夹黄鳝、蛇之类的用具。

蟹搂子：给1米多长的毛竹片（宽2—3厘米）一头装上铁钩，扒蟹用。

黄鳝钓：捕黄鳝用。将一段20—30厘米的钢丝或雨伞骨磨尖，放火上烧，弯成钩子即成黄鳝钓。

扳罾：传统农户每家在滩渡张罾，罾有4根骨环，顶部系钩子，骨环脚系网，网1米见方，网中间系布专放饵，1—2小时后用长竹竿拉罾，网的大多是鳑鲏鱼之类的小鱼。

扳罾

罛网：一条约3米长的网（网眼有大有小），两头装竹竿。

箍鱼、钓黄鳝、刴蟹：农闲时节进行捕捞的方式。

鱼窠：秋天在河中用杂树枝搭鱼窠，待冬春围网捕捉。

鱼簎：古人以削尖竹（木）器为刺鱼具。鱼簎形"中"，现常用鱼叉。

簎：以叉刺泥（水）中搏取之。

第九节　家具、房舍用具

扫码听音频

（一）家具

床：供人睡觉的家具。

铺：包括铺架子、板或其他铺垫。

着地铺：用草在地上铺成的着地床。也叫"俍傷（音'浪荡'）铺"。

统铺：用木板铺成的，供多人睡卧的平板铺。

朓板：旧式床前的踏脚板。

蚊橱：蚊帐。

躺椅：用竹子做的，也叫"竹榻"。用木头做的，也叫"木榻"。还有藤编的，戤或困的低矮设施。

梳妆台：用以梳洗打扮的用具。

床

躺椅

梳妆台

箱子：有板箱、樟木箱、皮箱等不同种类，盛放衣物用。

衣橱：有两门橱、三门橱、两节头橱等不同种类，用以盛放衣物、钱财。

考篮：旧时参加科举考试时考生所带的篮子，呈长方形或椭圆形，用竹篾编制而成，漆成棕色，分两层藏笔墨纸砚。

衣橱

五斗橱：木制橱柜，有五个斗，专门用来盛放衣物。

被絮橱、被絮箱：木制箱子，专门用来盛放被絮。

盘：用木头做的扁而浅的圆形或长方形用具。

条箱：用木头做的长方形盘，结婚担盘专用。

五斗橱

（二）日常用具

篦机：类似梳子，但密度很大，用于篦头虱。也叫"篦子"。

木梳：木制梳子。现多为塑料梳子，也有牛角梳子。

火甄：用木头、竹子做的，婴儿睡觉用（底部可放火钵头增加温度）。

立囤：用竹子、木头、稻草做的，有圆形、方形、六角形的，周岁小孩站立用。

火钵头：放在囤等下面，起保暖作用。

坐车：用竹子、木头做的，小孩既能坐也能站立的用具。

草囤　　　　　　　　木囤　　　　　　　　坐车

脚炉：用铜做的，一般为圆形（有大、小之分），盖上有洞，内放未燃尽的灰，供脚取暖用。

手炉：用铜做的，有圆形、长方形的，盖上有洞，内放未燃尽的灰，供手取暖用。

汤婆子：用铜做的，圆形，内放开水，取暖用。

脚炉　　　　　　　　手炉　　　　　　　　汤婆子

油盏碟：照明用，小碟内盛放菜油，捻为灯草或纳底线。

洋油盏：照明用，内放火油，捻为纸条。

燎（音"了"）泡灯：带玻璃罩的煤油灯。燎泡：被烫伤或上火后，在皮肤或黏膜的表面形成的水泡。现借用其形状而名。

马灯：照明用，内放火油。

蜡烛：照明用，用蜡或其他油脂做的，中心有捻。

汽油灯：红白喜事或大型集会用，内放煤油，打气使煤油雾化后喷射至纱罩上燃烧发光的灯。

燎泡灯　　　　　　马灯　　　　　　汽油灯

纱罩：用亚麻等纤维编成网状，再在硝酸钍、硝酸锶溶液中浸制而成，遇热能发强光的物品。

熨斗：熨衣服用。

引线：缝衣针，做衣、纳鞋的用具（有大、中、小之分）。

剪刀：做衣、纳鞋的用具（有大、中、小之分），也可供作它用。

抵针箍：用铁或铜制成的圆箍形的用具，表面上布满一个个小坑，一般套在中指上。缝制鞋底或棉被时，用于抵住针尾，便于针穿过布料。

尺：用竹子、木头做的，叫"直尺"；用布、皮做的，叫"软尺"。

台子：有八仙桌、长台、圆台等不同种类，一般为木头做的，原料有红木、楠木、榆木等；也有竹、藤做成的，形态多样，做菜、吃饭或其他用。

长凳：用木头做的，一般长1米、宽7—8厘米、高30厘米，长条形，围在八仙桌旁。

椅子：按所用材料不同，分为竹椅、木椅、藤椅等。按用途又可分为座椅、躺椅等。

庿（音"阿"）太（音"摊"）：用木头、竹子做的，矮小凳，临时用。

朓（音"条"）：用木头做的，长约1.6米、宽约50厘米、高约50厘米，夏天傍晚吃饭、乘凉专用。

春凳：用木头做的，长约1.2米、宽约40厘米、高约40厘米，多用以代替朓的用途。

杌子：木制方凳，多数为正方形，也有长方形的，大的边长30—40厘米，小的边长20厘米，高约40厘米。杌子和春凳面的制作工艺与八仙桌相同。

套桶：用以放鞋子的圆形木桶，放在桄板另一头。也叫"鞋桶"。

脚桶：圆形，用木头做的，有大、中、小之分，洗衣服、洗脚用。

浴桶：圆形，木制大桶，洗澡专用。

豁笭：用竹子做的，清洁马桶用。

马桶：大小便用。

夜壶：男子夜间小便用。

夜壶箱：原用来放夜壶，置于桄板一头；后来多储放别的东西。

套桶

小脚桶

大脚桶

（三）家用工具

斧头：木工用具。

斫刀：连柄刀具，家庭劈柴工具。

凿子：木工用具，规格多样。

榔头：用木、铁、石头、皮做成的，用途不同，品种多样。

锯（音"甘"）子：有钢锯、木锯之分，断铁、木之类的工具。

刨：木工用具。

泥刀：泥水匠用具，砌砖用。

夹板：有铁质、木质之分，泥水匠粉刷用具。木质的，也叫"木蟹"。

捻凿：螺丝刀，有平口、"十"字之分，规格多样。

老虎钳、钢丝钳：泥水匠、木工用具。

扳头：泥水匠、木工用具，紧固件，规格多样。

墨斗：弹线用，木工用具。

墨筤：匠人画线自做的"笔"。

三角板：画角用的木工用具。

斗方：形状似三角板，但大，泥水匠排"宅脚"用。

水平尺：测水平用，泥水匠用具。

揲捻、撒镊：镊子。

钻头：打眼、钻洞的用具。

剞锥、镒钻：钻孔的工具。剞：用刀刺进去。

锉刀：手工工具，条形，多刃，主要用来对金属、木料、皮革等的表层做微量加工。

作凳：木工作业用具。

三脚马：木匠用，三只脚，上面有岔口，一般用于搁梁或长木。

桌台板：饮食业、缝纫业的作业用台。

料刀凳、料刀：铡草柴给牲畜作饲料。

布机：用木头做的，妇女织布用。

筵子：用竹子、木头做的，两头尖、中间粗，粗处有凹痕便于线纱、纺纱。现多称"纺锤"。

纺川、纺车：纺纱工具，用竹子、木头做的，圆环上绷线装筵子。

筘（音"扣"）：织布机上的主要机件之一，形状像梳子，用来确定经纱的密度，保持经纱的位置，并把纬纱打紧。

三椒（音"肘"）架、三脚架：以三根木头或竹扎成的架子，以前晒衣服搁竹竿用。

节节高：晾、挂衣物用。

酱缸：圆形浅底陶盆，做酱腌菜用。

扶梯：用竹、木做的登高用具。也叫"梯子"。

伞：有纸伞、布伞之分，避雨用具。

蓑衣：用草或棕叶做的雨衣。

箬帽：用竹与箬叶做成的避雨帽。

雨鞋：包括套鞋、钉鞋、木屐、避水鞋等。

锁：一般用于门、箱柜门上等。

凉帽：用麦秆或席草做成的避日头的帽子。

扇子：有纸扇、蒲扇、羽毛扇、折扇、团扇等不同种类，纳凉用品。

茶壶、塌壶：盛茶水的容器，有瓷质、铜质、陶质之分。

茶垩：水渍在茶杯上留下的茶垢。

炕（音"吊"）子：用来打酒或打酱油的量器，一般用竹筒或金属做成，呈圆筒状，上有长直柄作拿手。

铫子：水壶，浇水的器皿。也作"吊子"。

潮烟筒：长约15厘米，吸潮烟的用具。

水烟筒：高约10厘米，吸水烟的用具。

香烟嘴：初为铜质的，接香烟头用。

矮棒：拐杖。

溲粉桶：用木头做的，类似脚桶，但沿口木边小，专用于揉米粉。

舂臼：石制的，舂米用具。

石臼：石制的，打油灰用具。

砍斧：大斧头，装长柄，专用于砍树、劈硬柴。

秤、秤砣：称重用具。

石茄子：用石头做的，专用于系牛绳。

牛鼻桊（音"乱"）：穿在牛鼻子上的小铁环或小树棍，拴牛绳用。

（四）厨房用具

灶屋间、灶屋、厨房间：煮饭、烧菜、烧水的专用房间。

灶头：农村用砖砌的土灶。

风箱：连通灶膛，鼓风助燃用。

老虎灶：大型烧开水灶，一般为两眼一汤罐，燃料以砻糠、煤为主，配风箱。

蟹来灶：燃料为稻、麦、油菜的柴其及硬柴的三眼两门土灶，多数为地风灶，常配风箱。

灶头

两眼一豁镬灶：该灶两眼间的前方设一豁镬眼。家庭多用此灶，根据燃料配风箱。

两眼一汤罐灶：该灶两眼间靠前或靠灶墙设一汤罐眼，根据燃料配风箱。

两眼灶：两眼两门，单独灶膛，根据燃料配风箱。

硬柴灶：一眼一门，专烧硬柴。

行灶：一眼一门，可以搬动，有用黄泥陶土烧制的，也有用铁筒自做的，燃料以硬柴为主。

埿（音"泥"）涂灶：一眼一门，在地上用泥土糊成的或掘地穴而成的。

大镬子：一般直径在2尺以上。

中镬子：一般直径为1.8尺，用在各种灶头上。一般家庭称之为"大镬子"。

小镬子：一般直径为1.6尺，用在各种灶头上。小家庭专用。

豁镬：一般直径为1.2尺，用在各种灶头上。小家庭专用。

汤罐：不到1尺，专存用水。

镬盖：按镬子大小配的盖。过去常用木制的，现也有不锈钢、铝合金质的。

水缸：专存放清水的容器。现淀东人家中用上自来水，一般不设水缸。

铜勺：大的称"广勺"，小的称"铜勺"，更小的称"节勺"。材质有铜质、铝质的，也有铁质的。用以舀水、舀汤。

铜勺

簌筛：用木头做的，洗脸用。

面盆：洗脸用，有木、铜、搪瓷、不锈钢、合金等的。

面盆架子：放面盆用的。

铲刀：有大、小之分，原为铜的，带木柄，现多为不锈钢、铝合金的，式样多。

饭抄：盛饭的工具。

笊篱：用金属丝、竹篾等做成的能漏水的用具，配以长柄能用来捞东西。

刀、剪刀：有肉刀、菜刀、菜剪之分，有铁的、不锈钢的、合金的。

碗：有饇碗、大汤盏、汤盏、小碗之分，有瓷的，也有合金的等。碗的底称"碗饦（音'驼'）底"。

盆子、碟子、瓢（瓢羹）：盛放食品的用具，根据大小、式样分为多种。

砧凳板：有大、小之分，大砧有架子，切肉、切菜用。也叫"砧板"。

糕甑：蒸糕的器具，底部有许多小孔，放在镬上蒸食物。

筷：有竹子、木头、合金的，一般为本色，也有涂漆的。

筷箸笼：一般是用竹子做的，现也有塑料、木头、合金等的，放筷子用。

碗盏橱：用以存放碗碟、熟食及调料等。

钵头：有大、中、小之分，用以存放生、熟食。

甏：有大、中、小之分，用以存放米、面粉、咸菜、油、盐等。

缸：盛东西的器物，一般底小口大，有陶瓷、搪瓷、玻璃等各种材质的，旧时一般用以盛水、盛米、腌菜等。

筅（音"洗"）帚：用竹子做的，洗刷镬子用。

淘米饭箩：淘米、盛饭专用，有大、小之分，多为竹子做的，现也有金属和塑料的。

蒸饭笪：蒸生、熟食品，有竹子、合金的。

饭篮、饭烧箕：盛饭的用具，有盖子、档。

吊篮：用竹子做的，篮眼小，能透气，夏天专用于存放食物，有大有小，有圆形、长方形的，也有六角形的。也叫"罩篮"。

扫帚：清除垃圾的用具。

畚箕：清除垃圾的用具。

拖粪：拖把。

手巾、毛巾：用于洗脸。

灶抹布：清除灶头垃圾用布。

火钳：烧火用钳。

台罩：放在台上罩住食品的用具，有竹子、塑料、合金的，一般夏天用。

灰扒：木头做的，用于清除灶膛中灰。

蒸笼：竹制家用圆形小蒸笼，用于蒸圆团之类。

第十节　房屋结构

扫码听音频

山墙：左右搁栋梁的墙头。

正梁：做屋脊的梁。

边梁：前后壁脚顶部放的梁。

部桁：在正梁和边梁之间的梁。如房屋进深，还按部位分经梁等。

笤板：放在椽子上面、瓦下面的薄砖。

椽子：架于梁上，放笤板用的木棍。

窗：窗户。

天窗：开在屋顶两椽子之间的、用玻璃做成的、透光的窗。

户齿：控制两扇大门开、关的门框中的柱子。也叫"户枢"。

户槛：正门槛。

门槛：门框下部挨着地面的横木，也有用石头的。现引申为窍门、诀窍，或指找窍门或占便宜的本领。

门楣：门框上端的横木。

门框：门扇四周固定在墙上的框子。

檐头：房檐。从房檐上滴下来的水，叫"檐头水"。

廊檐：廊顶突出在柱子外边的部分。也叫"廊檐下"。

橑檐：屋檐。

戗角：斜对着墙的屋架。只有老式拖戗房子才有，包括宫殿、庙堂等。

矮䈎（音"达"）门：分上、下两截的门，上半可往里撑起或吊起，起到窗户的作用；下半为可开的门。

尖崊：尖峰，物体的顶尖部分。例：山~、塔~。

桫（音"山"）头：屋子的两头，指一屋面两头在山墙上边向外伸出的檐宇部分。

枅（基）：柱上横木，以承栋梁。

屋樑：两根梁之间的平面距离。

庀（音"披"）头：挨着正屋搭建的小屋，即大屋边的小屋。

瓦爿：放在管板上面、呈拱形的、铺于屋顶以防水的建筑材料。

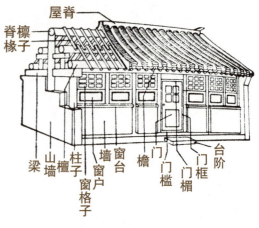

房子构造图

瓦甋：铺在屋檐边上的滴水瓦瓦头，呈圆形或半圆形，上有图案或文字。淀东人将盖瓦叫作"甋"，将底瓦叫作"瓵（音'滴'）水"。

瓦瓴（音"邻"）：屋面前后呈人字形的、凸出的部分。凹进的部分叫"瓦沟""出水"。

客堂间：客厅。

屋里：家里。

牐（音"刹"）板：① 店铺门前可移动、拆卸、装上的长方形门板。也叫"排门板"。② 水渠里用来阻断水流的闸板。

踢脚板：围在室内四周墙壁下，保护墙面和墙角的表面层，用宽木条、瓷砖、金属板材或水泥长条做成，一般高10—20厘米。也叫"踢脚线"。

第十一节　人体部位与器官

扫码听音频

百节百骹：指浑身关节。

百节百骨：指浑身筋骨。

背后头：① 背底里。② 指衣服后面。③ 后背。

济膪齿：上牙在后，下牙在前，下巴向前突出。也称"地包天"。

腮唾、馋唾：唾沫。

㗅（音"胡"）咙：喉咙。

印堂：指额部两眉之间。

㞞脸：脸，多用于贬义。例：勿要~。

大髈：大腿。

小髈：小腿。

胳肋：腋下。

耳（音"尼"）末：耳垢。

呃（音"尼"）：口、耳之间。面颊正处于口、耳之间，所以打耳光应是"打呃颊"。

节掐：指甲。例：手~。

济脚：左脚。

济手：左手。

顺脚：右脚。

顺手：右手。

筋节：肌肉和关节，引申为比喻文章言辞重要而有力的转折与承接处。

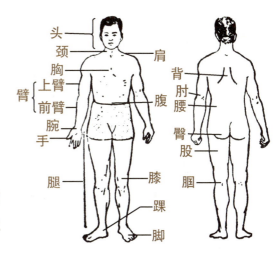

人的身体构造图

脚节掐：脚指甲。

死血：冻疮。

脚节头：脚指头。

脚骨䏶：脚踝。

脚板头：脚面。

脚馒头：膝盖。

枯䐑头：头（骂人话）。

肋棚骨：肋骨。

筋肉瘩子：皮肤上因受惊或受凉后起的似鸡皮状的疙瘩。也称"鸡皮疙瘩"。

臖（音"兴"）痒槲（音"活"）：一种肿痛，由于身体有炎症，淋巴系统做出的防御性反应，形成伴有疼痛的肿块。

痧子：麻疹。

寒毛、汗毛：指人身体上的毫毛。

面架子：脸盘。

噘（音"豁"）嘴：嘴不正。

䀹（音"太"）眼：目不明，下眼皮外翻。

面色：脸色。

面相：相貌，样子。

面皮：脸皮。

酒糟鼻头：因喝酒过多而引发的鼻子红肿。

齆（音"翁"）鼻头：堵塞而不通畅的鼻子。

庎（音"盖"）：痂。例：伤口上结了一层~。

屁股瓣：两股之间。

膀罅裆里（音"膀哈喇哩"）：胯下，腿缝。也说"膀豁辣"。

肉皶（音"鹊"）：手指甲旁破损而翘起的皮肤。

背爿：后背。例：伊格~宽来，力气肯定大。

身板：身体，体格。例：~蛮结实。

身坯：指人的身材。

身向里：身上。例：伊~有点勿爽，所以不肯出去。

污舻：皮肤上的污垢。

眼眵：眼屎。

眼眉毛、眉毛：生在眼眶上缘的毛。

眼睫毛：眼睛上下边缘的细毛。

第十二节　服装衣料

扫码听音频

蚌壳棉鞋：有左、右两个形似蚌壳鞋帮的棉鞋。

包衫：外衣，包在棉袄外的单衣。

抱被：用以包裹新生儿的棉或夹的小被头。

被头：被子。

被絮：棉花胎。

被横头：在被头的横边位置特地缝上避免被头弄脏的一块布。

被风筒：被窝，为睡觉叠成的长筒形的被子。

布袄：棉袄。

布条筋：布条。

贴边：缝在衣服里子边上的布条，一般跟衣服用同样的料子。

布衫：中式单上衣，亦为衬衫之类。

布衫裤子：泛指内衣内裤。

叉胸：围在婴幼儿胸前防止弄脏衣服的布。

饭带：与叉胸的作用相似，是大人用的衣具。

长出手：长袖衣服。

短出手：短袖衣服。

领头：衣领。

长衫：长袍。有单有夹，但夹层里没有棉花。

大襟衣裳：中式衣服，门襟开在右侧腋下。裳：指下身穿的衣服，类似现在的裙子，男女都能穿。衣：上身穿的，分外衣、内衣、大衣等。也叫"笪襟衣裳"。

剐襻：衣物上用以系住固定的构件。剐：钩也，例：~钩、门~鋬。

褶裥：衣服上打的褶痕。

苪裆裤：裆里不开口的裤子。

困衣困裤：睡衣睡裤。

裹胖：裹在小腿上的布制品，用以防护保暖。

马登子：马褂。

襽：袍子，与夹层的长衫相似，但夹层里有棉花等保暖填料。

棉衣棉裤：面子、里子中间有棉絮的外衣、长裤。

夹襟身、夹裤、夹布袄：有面子、里子的双层外衣。

裥：裙子或衣服上打的褶。

绢头：系在头上用以挡风遮阴的一种正方形的布。手帕，也称"绢头"，俗叫"小绢头"。

洋袜：袜子。

生布：透气的稀麻布，旧时用作蚊帐。

蒲鞋：四边不镂空的草鞋，供田间劳作之用。

芦花蒲鞋：稻草夹杂芦花的蒲鞋，保暖性能好，冬天穿。

脚式：与日本的木屐相似，底下有钉，一般雨天穿。也叫"木套"。

木屐板、脚板：按脚的形状，用木板制成的履，前面用皮条钉成棚状。一般男人在夏天穿。

上装：上衣。

套鞋：雨鞋。

头绳挂肩：绒线马甲。

头绳衫：绒线衣。

一口钟：斗篷。

纤巾：围巾。也说"系巾"。

揄（音"纤"）身：工作时围身用的布制衣罩。也叫"揄头""揄腰头"。与饭带相似。

襦裙：围在腰间的防护裙。中华人民共和国成立前及20世纪50年代，男女都穿用于防风，田间劳动时妇女大小便可遮羞用，所以淀东人戏称为"流动厕所"。

面子：① 衣被的外层。② 情面。③ 表面的虚荣。

夹里：衣被的里层。

灯芯绒：面上有绒条的棉织品，因绒条像灯芯而得名。

香云纱：一种提花丝织品，上面涂过薯莨汁液，适用作夏季衣料。

线呢：比绸厚实，以蚕丝或人造丝为经、以棉线为纬的纺织品。

直贡呢：一种精致、光滑的斜纹毛织品或棉织品，质地厚实，多用来做大衣和鞋的面子。

羽纱：一种薄的纺织品，用棉跟毛或丝等混合织成，多用来做衣服里子。

第十二节　其他常用词条

扫码听音频

缘分：泛指人与人或与事物发生联系的可能性。

年成：一年的收成。

年景：① 年成。② 过年的景象。

年馑：荒年。

道行：原指僧道修行的功夫，后泛指技能、本领。例：～深。

道道：① 办法，主意。② 门道，也比喻人的社会关系。例：伊路～粗来，即伊社会关系好。

渠道：① 人工开挖的水道。② 途径，门路。例：扩大商品流通的～。

路道：途径，门路。

路数：① 路子。② 招数。③ 底细。

二郎腿：坐的时候，把一条腿搁在另一条腿上的姿势。

死活：① 活得下去，活不下去，多用于自嘲。② 副词，就是。例：伊～

不肯讲出来。

行头：① 戏曲演员演出时的服装。② 泛指服装（含诙谐意）。例：偌～挺来。

门头：① 门第，指家庭的社会地位和经济状况的等级。例：会嫁人嫁人头，不会嫁人看～。② 一个家庭的正常交往和开支。例：～大来，即交往广、开支大。

门道：① 门路、门洞。② 做事的诀窍。

门风：一家或一族世代相传的道德准则和处世方法。

门面：面子，体面，外场面。

门腔：猪舌头。也称"门枪"。

上落：差别，出入。

小动作：① 特指为了某种个人目的，在背地里搞的不正当活动。② 小学生上课时不听课，低头做的与学习无关的动作。

小聪明：在小事情上显露出来的聪明（多含贬义）。例：耍～。

小九九：比喻算计。

小报告：私下里向领导反映的有关别人的情况（含贬义）。例：打～。

小意思：① 微薄的心意。② 微不足道的事。

小乐胃：享受（多指生活上做一些小小的改善）。

长发头浪：指青春发育期间。

长条子：多指高而瘦的身材。

长性：长久坚持。

户头：① 指人。② 指人的性格、品质等。③ 指账号。

火气：① 怒气，暴躁的脾气。② 人体中的热量。

义气：指由于私人关系而甘于承担风险或牺牲自己利益的气概。

手劲：手的力气。

手面：① 用钱的宽紧。② 做出来的东西（手工艺品等）好看与否。

心肠：① 心思，兴致。② 存心。

心思：① 念头。② 脑筋。③ 想做某件事的心情。

心相：① 心思，兴致。② 有耐心。反之为"无心相"。

心痱：饥饿使胃感不适。

心劲：① 想法，念头。② 思考分析问题的能力。③ 兴趣，劲头。

火萤头：光火的行径，指人发怒时的架形、势头（意同"声势"）。例：伊~大来，勿晓得是为啥。

白食：不出钱而得到的饮食。

白相干：玩具。

本事：本领。

能耐：技能，本领。

过门：① 女子出嫁到男家。② 暗示的话。③ 过关。④ 戏曲、歌曲前后由乐器单独演奏的部分。例：空~，意同"煞有介事"。

节疤：物体各段之间相连接的地方。

市面：① 场面。② 活动的地盘。

用场：用途。例：派~、有~。

用心：① 名词，怀着的某种念头。例：~良苦、别有~。② 形容词，指花费的心思、精力比较多。例：伊做整体蛮~咯。

头家：① 打牌时最先出牌的。② 游戏等第一个开始的。③ 比赛等获第一名的。

头里：① 前面。② 事前。③ 以前。

头塌：用手掌打人脑袋。例：打~。

外插花：另外加进去的，不是计划以内的开销或进账（收入）。

外快：正常收入以外的收入或收获。

用账：① 支出的账目。② 供支出的费用。

吃相：① 吃东西的姿态。② 行为（说话等）的表情。③ 嘴脸，形象。

当势：时机，情势。

当口：事情发生或进行的时候。

耳边风：在耳边吹过的风，比喻听过后不放在心上的话。

尖夵（音"年"）头：指下粗上细的物体的细尖处。

老古话：流传下来的古人老话，包括方言、俗语、谚语等。

风凉话：不负责任的冷言冷语。

悄悄话：低声说的、不让局外人知道的话。

现成话：不参与其事而在旁说得冠冕堂皇的话。

现成饭：已经做好的饭，比喻不劳而获的利益。

闲话：① 与正事无关的话。② 不满意的话。③ 动词，闲谈。

伋话：撒赖的话，发急的话。也说"穷心伋话"。

气话：在气头上说的过激的话，赌气的话。

瞎话：不真实的话，谎话。

笑话：① 能引人发笑的谈话或故事。② 供人当作笑料的事情。③ 动词，耻笑，讥笑。例：当众出丑，让人～。

屁话：指毫无价值或随意乱说的话（含厌恶意）。

空话：内容空洞或不能实现的话。

梦话：① 睡梦中说的话。② 指不切实际、不能实现的话。也说"话困话"。

废话：没有用的话。

胡话：神志不清时说的话。

谏话、谏言：诬赖的话，没有根据的话。

情话：① 男女之间表达情意的话。② 知心话。

呛舌话：插嘴快，插别人的话。

謅理：硬扯的没有道理的话。俗语有"謅理十八条，真理就一条"。

穷祸：闯祸。例：闯～，做了大错事。

吞头：样子，状态。也称"吞头势"。例：侬能咯样子，啥个～。

呛舌泡：因心急、性急，吃、喝烫的食物后嘴里起的泡。

爿：成片状的东西。例：竹～、木～、瓦～。现常用"爿"。

枕头风：老婆的话，一般为贬义词。

货色：本意是货物，引申义是个贬义词。例：㑚是啥那嘛个~。

派头：气派。

转弯角子：拐弯的地方。

疤瘢：疤痕，也比喻污点。

草台班：演员较少、设备简陋的戏班，常在农村或小城镇演出。也指早期演出没有剧本、唱幕表戏的团体（幕表戏：演出前由班主即时分派角色的戏剧形式）。草台班演出的戏叫"草台戏"。

六如墩戏台

訰头：讥讽、挖苦、嘲弄的话。也说"訰人""吃訰头"。

豁粹（音"豁辣"）：空隙、缝隙。

豁粹里：夹缝里。也说"瞎腊里""哈喇里"。

架形、加形：一般指人的外表，常带贬义。例：起什么~，我看㑚饭也要吃勿出快哉。

栈房：旅馆。也称"客栈"。

种气：父母遗传给子女的气质、基因，动物也如此。

口福：能吃到好的东西的福气。

眼福：能看到珍奇或美好的事物的福分。

耳福：能听到美妙的音乐、戏曲、曲艺等的福分。

挖耳丝：① 办法，窍门，一般为贬义。例：伊做生活有点~的。② 噱头。例：讲话勿要~。

老悭：身上的污垢、汗垢。也说"污狞"。例：身啷咯~，汰汰清爽。

窍开：①窍门。②有不为人知的秘密或者花招，存在有待揭开的问题等。例：这里厢有~。

陶成：分寸，规矩，格局。

望头：盼头，希望。

因头：①隐含着的某种意见。②略微显露的情况。③由头。也写作"音头"。

兴头：因为高兴或感兴趣而产生的劲头。例：~十足、~上。

花头：①花招。例：我看里面一定有~。②新奇的主意或办法。③花纹。

念头：心里的打算，想法。

推头：搪塞的理由，借故推托的借口。

瘾（音"验"）头：上瘾的程度。

懈（音"噶"）头：对某事、某人不感兴趣，不想做或不想接触。

桠枝：树木歧出的枝子。也写作"丫枝"。

垽（音"印"）：沉淀物的痕迹。例：~迹、~子、水~渍。

寒热：比正常体温高的体温。例：发~，指发高烧，发烧。

铑钿：对零碎钱的轻视称呼。例：伊身上勿晓得贱几个~。

几钿：多少钱。也说"几化铜钿"。

脚花：①走路的步伐。②脚力。

脚劲：两腿的力气。

脚路：①路径。②门路，后台。

谜谜子：谜语。例：猜~。

墒（音"尺"）：裂缝。例：长远勿落雨，烂泥地啷全是~。

宿货：①过时不易推销的货物。②不新鲜的货。③微不足道的人，无能的人。

淘伴：伴儿，同伴。

虚头：价格、情况等被夸大的部分。

压台戏：压轴子，比喻最后精彩的部分。

𣂢（音"帐"）：刺入皮肤里的竹、木上的刺。例：手上触仔一个~。

白花礞（音"莽"）头：物上的白醭。

搭档：合作的人。

惯常：习惯。

督病：毛病。

硬臊屁：空屁，指一无所有。

屁臊经：① 空话，不能兑现的话。② 什么也没有。也说"空屁"。

滋水：伤口处渗出的水。滋：（汗水等）渗出。

甏：① 熟睡中。例：我齐巧勒~头里，拨喊醒仔，眼睛也张勿开。② "甏"与"寱"方言虽同音，但义不同。"寱"是"睡觉"的意思。

寱、眮：淀东人称"睡一觉"为"困一眮（寱）"。

眮头：从入睡到醒过来之间的一段时间。

落场：① 下场，结局。② 把事情搞结束。

落场势：收场的台阶或机会。

愕子：疟疾。例：发~。

零头剁角：指零零碎碎，但可以利用的东西。

嫡亲：血统最亲近的。也说"至亲"。

磨苦运：厄运。

㳄：泡沫。

薄浪汤：薄粥或稀薄的汤。

噱头：① 引人发笑的话或举动。② 花招。例：摆~。③ 本事。④ 卖关子。

璺（音"纹"）路：① 陶瓷、玻璃等器具上的裂痕。② 物体上的皱纹或花纹。

毗（音"倍"）光：背对着太阳、月亮。毗：日、月始出，光明未感。

金饭碗：比喻稳定且待遇非常优厚的工作职位。也说"铁饭碗"。

泥饭碗：比喻不好的职业、职务。

泡货：体积大而分量轻的物品。

企口板：一侧有凹槽，另一侧有凸榫的木板，拼接后结合紧密而不翘起，多用作地板等。

魄力：指处置事情所具有的胆识和果断的作风。

魇㲘：发生梦魇。

撒手锏：比喻最关键的时刻使出的最拿手的本领。

扫堂腿：用一只脚猛力横扫，以绊倒对方，指武术招数。

拖鞋皮：把鞋后帮踩在脚后跟下，拖着走路。

差使：被派遣去做的事情。

行当：行业。

行话：行业语。

生相：相貌，长相。

生性：从小养成的性格、习惯。

私下里：背地里，不公开的场合。也说"私底下""背后头"。

第二章　乡间动作用词

第一节　五官活动

扫码听音频

吃（音"乞"）：咀嚼吞咽（包括吸、喝）。

沰（音"过"）：洗过后，用清水再洗一次。

沰嘴：吃药以后，用其他代替物或水冲淡药味。

咄：搭配菜肴下酒，下饭。例：咸菜~饭。

过：① 传染。例：伊该咯毛病要~人咯。② 同化。长期处在一起的人，在言语、行为、性格等方面较为相像。例：偌给伊~着啦哉。

嗀（音"霍"）：呕吐，引物从口出。俗语"嗀唾嗀唾"。

啰：呕吐。例：刚吃完药，都~出来了。

沃：快速地吃。例：我白米饭~仔一碗，还想吃。

叭（音"爬"）：用筷子把饭连续地拨到嘴巴里，称"叭饭"。例：不晓得伊有啥急事，端起饭碗~仔几口就走了。

唩（音"拖"）：动物用嘴来叼幼崽或猎物。例：黄鼠狼~仔一只小鸡，三蹿二跳就不见了。

戽（音"呼"）：① 用嘴汲。② 汲水灌田的农具，同"浒"。

呼：生物体把体内的气体排出体外，跟"吸"相对。

呴（音"吼"）：怀怒欲发，气极了的形态。

愊：发怒，因发怒而板起脸。例：刚刚蛮好的，一听到这句闲话伊马上~起面孔。现常用"火"。

噎：①食物堵住食管。例：吃得太快了，~着了。②因为迎烟（风）呛等而呼吸困难。

嗒（音"搭"）：吃，品尝，用手拿食物。与"啖""啗"义相似、音不同。例：~小菜、~点小酒。

侉：塞。例：伊饿煞哉，回到屋里捡起一块肉，就朝嘴里~。

咪：与"呷"义同，小口地喝，同"洇"。例：每晚~点小酒。

饫：①给动物吃东西。也说"畀（音'拨'）"。例：~猪猡食、~猫食。②把食物送到别人嘴里。例：小宝宝饿了，~点饭伊吃。

喝、饮（音"哈"）：把液体或流食咽下去。例：~水、~茶、~酒。

唭（音"忌"）：因身体原因，有些食物不能吃。

喑：①儿泣不止。②痛苦而不出声，称"喑嗦"。

啛（音"追"）草：反刍。偶蹄类的某些动物把粗嚼后咽下的食物再返回到嘴里细细咀嚼，然后咽下的现象。

嗖（音"滴"）：小声说。俗语"嗖哩咕噜""嗖哩笃碌"。

噤（音"禁"）：闭口不作声。例：你嘴~来，一点口风也不肯露。

涩：①有口不能说。俗语"涩嘴哑"。②形容词，像明矾或不熟的柿子那样使舌头感到麻木、干燥的味道。

谰（音"赖"）：所言不作为凭证。例：~话不话。

嘂（音"叫"）：高声大呼。嘂子：哨子。

砑：①啃，用牙齿将物品的皮啃掉。②不管他人愿意与否，厚着脸皮参与他人的活动。③碾、磨，用平整的硬东西碾压或摩擦某物使平滑。如泥水匠、木匠用水泥或油灰将墙缝、船缝补上。

龁（音"牙"）：①极慢地吃。例：伊一~一~，格顿饭要吃到啥辰光呀？② 蚕食。

㧱、㗅（音"束"）：吮吸。例：~螺蛳。

呛：因水或食物进入气管而引起的咳嗽。

㖠（音"转"）：不呕而吐。例：~奶，即婴幼儿回奶。

啌：用非善意的话为难人或看人笑话。与"呛"义同。

馋：吃得过饱，肚发胀。例：吃~哉，以后不想吃了。

鲠：卡。例：鱼骨头（等）~在喉咙里。

㾓（音"茄"）：挤入，嵌入。例：鱼骨头~勒拉牙齿缝里。

哑：吮吸。

哑嘴：仔细辨别、琢磨、体会味道或人家说话内含的意思。

告：① 告诉，用于下对上或平行。② 请、邀，淀东人家办喜事请亲戚、朋友。例：~亲戚、~朋友。

诰：告诉（用于上对下）。

垫饥、垫垫饥：少吃点东西解饿。

尝新：① 吃一点儿试试。② 吃应时的新鲜食品。③ 吃从来没有吃过的食品或有名的食品，也说"尝鲜"。

嗄（音"萨"）：吃，尝。例：~~瘾头、~~嘴（尝尝味道）。

馌饭：下饭。例：姥姥迭两日还有点小菜好~，明朝只能吃淡饭哉。

涒（音"吞"）食：食多而脾胃不适。一般指牲畜，若指人则是戏谑。

䭇食：因吃得太多，不消化而停食。

餕祭：原指祭奠、祭祀时用酒酹地，现指吃（贬义词）。例：生活勿做，独想~。

漍（音"郭"）：液体因摇晃而流出。例：① 当心水~出来。② 吃饭前，用热水把豌~一~。③ ~嘴，即吃过东西后，用清水清洗口腔。

馂：打嗝。

嗝格嘟：打嗝。

打咽恶：恶心，打嗝。也说"打嗌喔"。

打喷嚏：鼻黏膜受到刺激，急剧吸气，然后很快地由鼻孔喷出并发出声音。

抢羹饭：争夺祭祀的饭菜，比喻狼吞虎咽地抢着吃。

嘿、嗨：① 叫、唤，表示打招呼。② 称呼。例：论辈分他要~我姨妈。

嚼：① 牙齿磨碎食物。② 胡说八道，胡言乱语。③ 形容词，啰唆，唠叨。例：① ~白糖，即重复，唠叨。② ~白~白。

嘞嘞：唠叨。例：你~来一遍，~去一遍，啰唆来。

诌：诬赖，批评人语言不符合事实。例：① 伊~我的不是。② ~嘴乱舌，即所说的话激起人们愤怒，要吵架。

訑：讥讽，嘲笑，挖苦。

诼（音"卓"）：① 骂，讥刺。例如：伊讲闲话勿上路，我要~伊几句，触触伊霉头。② 用严词责怪人（多指针对别人）。例：我~勒伊几句闲话也讲勿出来。

诇（音"显"）：许给。例：~伊一张戏票，今朝一定要拨伊哉。

誎（音"色"）：轻声说话且连续不断。例：伊闲话~勒~勒多来。

誎（音"啦"）：说话不算数，不认账，不肯兑现，或说了却说"觖说"。

誟：与"张"通，争辩。

诔：唆使，引诱别人干不正当、不能干或有损于他人的事。

諿（音"靴"）：指用言语去激人，引诱其做不合适的事，与"诔"义相似。例：俫夠上当，伊勒拉~俫。

噱：令人发笑的话或举动。

訐（音"杰"）：斥责别人的过失，揭发、攻击别人的隐私，与"揭"音同、义相似。

誂：搬弄是非，以言戏人。例：~弄，即戏弄、唆使。

造谣：编造谎言、谣言。

唶：打断别人说话。例：~嘴、瞎~嘴。现多写作"插"。

嗄：用话为难别人。例：~问，即询问。

浼（音"挽"）：请托，央人从中说合某事。淀东人将请媒人叫作"浼媒人"。

叮：① 蚊子等用针形口器吸血。② 追问。

㖕（音"哼"）：① 不听劝说，持续哭泣。② 还指其他方面不听劝说，坚持己行，有赌气之意。

嗾：① 呼犬，使犬。淀东人驱使犬出动追逐、扑咬的时候说"嗾"。② 教唆，指使。③ 也用在人与人之间。

婲（音"花"）：好言抚慰，甜言讨好。例：小戆个~功最好，好婆拨伊骗得眯花眼笑。

辩：驳也。

辩驳：① 指出对方的意见不合事实或没有道理。② 说出自己的意见，否定别人的意见。

嘘（音"墟"）：口微张开。例：伊嘴~开之，肯定有啥开心的事。

诮（音"俏"）：① 责备。② 讥讽。③ 嘲笑，打趣。例：~~倷，不要当真。

叫应：招呼，叫呼，答应。

傲（音"骤"）：恶言詈人。

咒：说希望人不顺利的话。与"傲"相似。

尖戈（音"尖"）：与"僭"音、义同。例：~（僭）便宜（嘴上说用"尖戈"，行为上用"僭"）。

啥：用嘴咬住，用嘴含。同"衔"。

嚧：贪吃貌。例：~吃不吃。

謞（音"各"）：语不相入，说话挑刺、找碴。

白话：① 说话交谈。例：宁可与有知识的人相骂，也不愿意同呒知识人~。② 说大话，夸夸其谈。

叙：将话题引向别的主题，新开话题。

搭讪：① 为了想跟人接近或把尴尬的局面敷衍过去而找话说。② 没话找话说。③ 插嘴。例：伊拉吵相骂，侬勿要~。④ 来往。例：迭个人少跟伊~。

讲拢：讲和，谈妥。

通口：口头答应，表示同意。

订定：先行约好说定。

回头：① 回复，回答。② 报告，告诉。③ 拒绝，不答应。④ 解雇，辞退。

发咒：赌咒发誓。

攀谈：① 拉扯闲谈。② 说粗俗、难听的话。例：好人怜~。

上复：告禀。例：小鬼再捣蛋，~俫爷娘。

讲张：闲谈，讲话。

挥掇：挑唆，怂恿。例：~伊乱花钱。

谝嘴舌：捏造谎言，挑拨人际关系。

讲斤头：讲条件。

说大话：夸大自己的能力，说自己能办到实际根本办不到的事情。

说闲话：① 从旁边说讽刺或不满意的话。② 闲谈。

说困话：① 说梦话。② 像说梦话。

说死话：说幽默话。

謞说话：翻云覆雨，吭话找话，挑拨是非，使人难堪。意同"谝嘴舌"。

骂山门：骂街，当众谩骂。

哂笑：讥笑。例：为行家所~。哂：微笑，淀东人谓"哂"为"稀"。

唊嘴舌、谼（音"嘎"）嘴舌：① 搬弄是非。② 吵架。

望（音"忙"）：① 远看。例：~伊。② 看望，盼望。例：我~伊得个大奖。

眊（音"忙"）：仰视貌。例：~洋、~洋四牵。

眶（音"旺"）：目欲泪。例：眼泪~~。

瞪：睁大眼睛注视或用力睁大眼睛。

眮眼梢：眼稍往上斜。俗语也用"豁"。

眇：斜着眼睛看。

瞟：与"眇"音不同、义相似。

瞘、睨：斜看，粗略地看，有时含有轻蔑和不屑一看的意思。例：再漂亮的女人，我眼睛~也勿~。

盯：把视线集中在一点上注视。例：~梢，即暗中跟在后面监视人的行动。

瞴（音"拐"）：眼睛向旁边略看或直视。有时候也指眼睛注视。例：我像煞（好像）~着伊拉两个人一道勒买末事（东西）。

睍：同"观"，观看。例：眼~四方，耳听八方。与"瞴"义相似。

瞅：看。与"瞴""睍"音、义相似。

眴：避开。例：~~斯人眼。与"避"义相似。

寐（音"眯"）：小睡，也可用"眯"。

眇（音"妙"）：目偏合而斜视。

乜（音"妙"）：眼睛略眯着而斜视，多表示瞧不起或不满意。

眖：看望，略加探望。例：我朝病房里~了一~，吭没人。俗语用"张"。

眍、眴：眼睛凹陷。例：人瘦得眼睛都~进去了。

眙（音"台"）：（眼球）突出，瞪，目大而直视。例：~眼绿睛。现写作"弹"。

胞：（眼球）突出，目怒。例：伊眼乌珠~出仔，阿是要搭人家寻相骂。

睞（音"俗"）：斜着看、紧盯着。例：他的眼睛总是~牢仔那碗红烧肉。

睛：专指眼转动。例：眼睛~睞睞。

落眼：东西或行为不留神而被人看见。

搭（音"答"）：①上眼皮松而下垂，叫"搭眼皮""眼睛搭闭"。② 不紧较松。例：绳子结得宽~~。

睏：眨，（眼睛）闭上又睁开。例：眼睛一~，老婆鸡变鸭。

眹：眼睛很快地开闭，与"眨"义同。例：那飞机飞得很快，一~眼就不见了。

眯：眼皮微微合上。玩纸牌时，慢慢揭看最后一张牌的动作，淀东人称"眯牌"。

埘（音"时"）：原指鸡站在树上闭眼休息，引申为闭眼小睡。例：我困来让我眼睛~一~，即眼睛闭一会。

夐（音"拳"）：①眼睛困倦。②形容词，疲乏。例：疲~、厌~。

眰（音"夹"）：①犯困，眼睛张不开。②眨眼睛。例：眼睛~勒~。

眼眭、眼跩：不留神，没有注意到。

注目：①把视线集中在一点上。②众人眼睛盯牢或看牢。例：你识相点，大家眼睛都~啦。意同"瞩目"。

瞁（音"软"）：目垂，想睡。例：我眼睛~来，想困觉哉。

打矌眹：打哈欠。

颔：头没入水中。

挬（音"勃"）：①挬转头来，即把头转过来。②挬跤，也写作"曡跤"，摔跤。

悖（音"孛"）：①相反，违反。②违背道理。③掉头，旋转。例：侬~转来看看背后头是啥人。

顜（音"别"）：头倾侧。例：我搭伊讲话，伊~转仔头。

颉（音"责"）：头不正。

颒：俯首，低下头。例：伊~倒仔头，勿晓得勒想啥。

佚：①人弯着腰的样子。②头不正。例：~头，即歪头。

醋（音"天"）：舌尖伸出。例：舌头~发~发。

舔（音"天"）：用舌头接触东西或取东西。

酤：舌头伸在外面，又引申为里面的东西露在外面。

嗅：用鼻子闻气味。

闻（音"门"）：①用鼻子嗅。②听见。

哄：① 哄骗，拿利益引诱别人。② 用鼻子分辨气味。

擤：捏住鼻子，用气排出鼻涕。例：~鼻涕。

㷇：五臭熏鼻。例：~鼻头。

瀝：滴下，流下。例：① ~眼泪。② ~馋，即不自觉地流出唾沫。

焣：借别人已燃之烟，点燃自己的烟。

㪢：浅浅地亲吻面颊。

歆（音"香"）：在人家（多指小孩或妇女）脸上嗅一嗅或与人接个吻叫"歆面孔"。俗写"香"。

啨嘴：接吻。

髢（音"他"）：头发下垂，常说头发髢下来。例：~毛猪头、~泥老卜、~鼻涕。与"拖"义近。

靰：高起，翘起。例：有啥耽来微微笑，吭啥耽来嘴唇~。含"翘"之意。

颬（音"哈"）气：口中吹气。例：颬~，拿洋灯罩揩揩干净。

透气：开口呼吸。

顅：咳嗽，气喘，气喘吁吁。例：人跑楼梯跑得~来。

瞉（音"爪"）：眼睛看到后，就用爪子去抓取。例：老鹰~小鸡。

謯：顺言谑弄貌。例：叫人不蚀本，舌头~一~。与"諓"音相同、义相似。

齕：像齿样地咬住。例：~牢，即卡牢、轧牢。

第二节 肢体行为

扫码听音频

（一）巧手技多

扒：缓持，不牢固。例：~搭~搭，即不牢固。

挎：① 胳膊弯起来挂住或钩住东西。② 把东西挂在肩头、脖颈或腰里。

玐：① 用胳膊挎着。② 东西挂在肩上或者腰里。

擎（音"凹"）：单手把物体擎起。例：~手劲，即掰手腕。

搒：① 拍，打。例：用刀板把姜、葱~碎。② 掩，掩门。例：把门~上。

掤（音"乓"）：敲。例：~门。

战（音"掂"）：以手代秤，估计物体的重量。与"掂"义同。

戥（音"等"）：用手估量其轻重。"战""戥"音不同、义相同。

拣（音"该"）：挑选。

捏：① 用拇指和别的手指夹。② 用手指把软的东西弄成一定的形状。③ 握。例：~梦。

捌：擦，划。例：~自来火。

撢（音"探"）：① 摘下。② 将挂在或套在上面的东西拿下来。例：~脱帽子，呒不脑子。

鐾、剻：把剃刀等在布、皮、油石等上面反复摩擦，使锋利。

劙：用刀斜切，把肉等削成很薄的片。例：~肉片。

劦（音"勒"）：（用刀）划。例：~鳝丝、手~破。

鐁（音"千"）：以刀细割。例：~光荸荠。

裁：① 割。用剪刀等把片状物分成若干部分。例：~纸头，即割开纸头。

② 把不用的或多余的去掉。

斫：用刀斧砍。例：~稻。

撤：抽去，除去。例：~骨头，即从肉中除去骨头。

撒：① 把颗粒状的东西分散着扔出去。② 洒。

揸（音"遮"）：① 用手指撮东西。例：~把黄豆。② 把手指伸开。例：~开五指、三只节头~田螺。与"叙""擔"同。淀东人玩牌时，拿牌即"揸牌"。

搣牌、扨（音"篾"）牌：玩扑克牌时庄家将牌用指捻出后放在一边。

罡：打麻将的术语。例：~头开花。"罡"有"天然""注定"之意（非人之能力所为）。例：实~，即如此、这样。

搚（音"克"）：① 双手搂物移动。例：你去~个一抱乱柴来。② 把东西向别的物体上碰，使附着的东西掉下来。③ 量词。例：一~乱柴。

揭：覆盖。例：被头上面再~条毯子。

摘（音"滴"）：用手指捏住人的皮肤向外扯或旋转。

扚、趺（音"滴"）：① 用拇指和食指（中指）掐东西。例：~人、~点小白菜、~菜心。② 敲击。例：~背，指捶背。~柴，即将稻草捆成小捆后，用木槌敲打，使其柔软，作搓稻草绳的材料。

刟（音"的"）：以手断物。

招：举手上下挥动。

扒：用手或耙子一类的工具使东西聚拢或散开。

抓：手指聚拢，使物体固定在手中。

搔：用指甲挠。例：① ~头皮，摸耳朵。② ~痒痒。

搳拳：猜拳。"搳"也有"扔""丢"的意思。例：~忒，即丢掉、扔掉。

搳边：① 开支超过原计划。② 事情、事态、事物等不受控制。

抚（音"聂"）：采，与"拾"相似。

拾（音"席"）：把地上的东西拿起来。

扤：① 将固定物用力地左右上下摇动，使其浮动脱落。例：你拿墙上只钉~下来。② 物体摇摆不稳。例：格只台子脚勿平，勒拉~动，拿块末事来垫一垫。③ 拾捡，即把地上的东西拾起来。淀东人说"扼起来"，此时音"额"。

扢（音"洁"）：用工具（一般指镊子）夹住，往外拉。例：~眉毛、~猪毛。

㩯：放入待磨之物。牵磨时，把一端套在磨盘的横梁上，由一人一手握住磨横的一端推和拉，配合着使磨盘旋转，另一只手不停地向磨子心兜里加米，称"㩯磨"。

撑、抚、䚒（音"嚎"）：① 限定数量。例：我是定量吃饭，每顿~好仔吃。② 粗略地测定。例：你~~看，缸里还有多少米。

挏（音"角"）：敲。例：倷个小囡勿听话，当心拨俤爷~忒两记。

拧：控制住物品并向里转或向外转。

捷（音"集"）：旋，拧。例：用手~转。

捻：① 用手指搓、拧。② 用罾网捞。例：~河泥。

拰（音"乃"）：拿东西。上海人及淀山湖东片人称拿东西为"拰东西"。

搛、敁：用筷子夹。例：别客气，大家~来吃。"敁"为"搛"的本字。

报：揭，掀，撕碎。

报：① 告诉。例：~告、~名。② 报答。例：~效、~酬、~恩。③ 报复。例：~仇、~怨。④ 报应。

扱（音"彻"）：以畚箕、扫帚扫物。例：~粒屑。

拷：① 打。② 买（用于液体的物品）。例：~酱油、~老酒。

浲：出净河塘中的水。例：~干仔水捉鱼、~溇潭。

抠：用手指或细小的东西从里面往外挖。引申为小气、吝啬、刮皮，如"抠门"。

刿：用手指或细小的东西往深的地方挖。例：~耳朵。

擞：用通条插到炉灶里抖动，使炉灰掉下来。

捋：用手顺着抹过去，使物体顺溜或干净。例：~胡子。

捉：用湿毛巾或湿布擦席子等物。例：天热哉，席子拿出来~一~。

抹（音"末"）：涂抹。淀东人在木船上、家具上涂油说"抹油"。

撶：划（船）。现一般用"划"。

瀎（音"滑"）：泼，把容器里的东西用力向外倒。例：~水，即把水泼出去。

灒（音"猜"）：流体或半流体倾出、倾倒。

泼：用力把液体向外倒或向外洒使散开。

拎：提。例：① ~水。② ~得清，指明白、清楚、能领会，反之为"拎不清"。

掑（音"其"）：用手弯曲提抓黄鳝等滑的鱼。例：~黄鳝。

扲：急持，提。与"擒"相似，与"捈"音同，与"掑"义同。

刜（音"挑"）：用针等把东西剔出。例：~悚（音"帐"）、~刺。

勼、捐、掘：① 把东西扛在肩上，引申为"捐客"。② 举。③ 抬出（某种依靠力量）。

搌（音"捐"）：举起，竖起。例：手~起来让我看看。

扺：抵住不让动。例：~牢，即顶牢、抵牢。

挦（音"前"）：撕、拔、拉。例：~鸡毛。旧时若专指用热水烫后去毛则用"燖"。

煺、烫、燂（音"退"）：用滚水烫已宰杀的家畜家禽以去毛。

拔：① 把固定或隐藏的东西往外拉，抽出。② 吸出（毒气等）。③ 挑选。例：选~。④ 向高处提。⑤ 超出，高出。例：海~、出类~萃。

朾（音"丁"）：① 用一物撞击另一物。② 以此物撞彼物使出。例：~洋钉、拿桩~牢、~铜板（儿童游戏）。现通用"钉"。

擖、掆：从腋下夹物。例：伊勒胳肢窝里~了两本书。

挓（音"扎"）：挹取，拉起来。例：鞋子掉泥沟里了，快用钩子把它~起来。

揿、揌：按。例：① ~电铃。② 盖头~牢，勿要让黄鳝逃出来。

搣：刺、击，手掌握拳夹击对方。为"擎"的变体。

煽：① 同"扇"。② 鼓动别人做不该做的事。例：~动。

搧（音"扇"）：① 用掌打。例：~了他一耳光。② 摇动扇子或其他薄片，加速空气流动。

掿（音"酷"）：① 与"搅"同。② 打，与"敲"义同、音不同。

捬：敲击，敲打。淀东人称打头皮为"捬头塌"。

捎：① 顺带便。② 摇动、搅动。例：~马桶，即用刷帚放到马桶中做圆周摇动。③ 排放。淀东人称鱼排卵为"鱼捎子"。

揞：用手指把药面或其他粉末敷在伤口上。与"放"义同。

按：① 用手或指头压。例：~电铃。② 压住，搁下。例：~兵不动、~下此事不说。

搁：① 使处于一定的位置。② 加进去。③ 搁置（此时音"谷"）。

架：支，用物体的两端支撑重量。

淘：洗。例：煮饭前先要~米。

拖：拉着物体使之挨着地面或另一物体表面移动。例：我刚刚在伢屋里~仔只凳。

碻（音"削"）：① 擦、掠。② 用力使瓦砖石碎片等从水面上掠过。例：~水片，即打水漂。

劰（音"席"）：切断、割断、锯断长条形的东西。与"擎""搋"同。

撆：将系好的东西如绳子等松开。也写作"解"。

镴、鐰：分解。例：用锯子把木头~成片或块或段。

揽：① 用绳子等把松散的东西聚拢到一起，使不散开。② 承揽活计。③ 把事情拉到自己这方或自己身上，也比喻多管闲事，招惹是非。

缆：① 用绳索拴住船等物。② 与"系"义同。例：~鞋带，即系鞋带。

绕：① 缠绕。② 围着转动，淀东人也说"嬲"。

捆：用绳子等东西缠紧打结。

拗：① 掰。② 弯折。例：~断。③ 形容词，说的话意思不好懂，不顺耳；引申为性格固执、特别。例：这个人脾气有点～。

殸（音"寿"）：用手把线、绳子、藤等收聚起来。例：～鹞子线、～山芋藤、～渡船。

䌷（音"仇"）：把丝头、线头抽取出来。

搊、抽：① 拔除，把夹在中间的东西取出。② 往外拔的动作。例：在一捆芦苇中～出几根粗的。

授（音"寿"）：① 交付，给予。② 传授，引申为传递。淀东人将上下左右传递物品称为"授"。民间造房子，小工将砖、瓦等物递给泥水匠，谓"授砖头""授瓦"。授一授，即帮忙以手相传递。

縋（音"寿"）：用绳子拴住人或东西从上往下送，也引申为传递东西。

推：向外用力使物体或物体的某一部分顺着用力的方向移动。

拉：用力使物体朝自己所在的方向或跟着自己移动。

捭（音"背"）：拉，拽。例：～俚出去。用绳子牵拉小船使之前行，称为"捭纤"。

掊（音"备"）：拨动（东西）。例：柴堆里～开来看看，勿要东西落啦里面。

磢（音"爽"）：来回摩擦。例：～草，指用磢刀在湖底、河底收割水草。

碫（音"断"）：凿磨使锐利。例：～磨子。

畁、拨、赈：给予。"畁"转音如"钵"，又写作"挬"。

揙（音"边"）：打击物体。也用"抌"，意为手拍或用工具拍。

畚：用簸箕撮。例：～谷、～乱柴。

剗、坔（音"笨"）：翻土，刨，挖。例：～烂泥。

垦：翻土，开垦（荒地）。

併：合在一起。例：～拢。现写作"并"。

拼：拼凑；拼合，拼接。

絣：拼补。也用"祊"（一般布料等软物）。

簸（音"布"）：举，摇。例：～谷，指扬谷米中的糠皮。

拺（音"布"）：上下颠动，借微风去除杂物。

扯：①原意是拉扯，撕下。例：~篷。②毫无边际的闲谈。例：瞎~、~皮。

赵：开起，张开。把船篷拉升起来，俗称"赵篷"，此船也叫"赵篷船"。

挊：裂开。今淀东话中称撕掉纸头为"拿纸头挊脱伊"。"扯""赵""挊"音、义相似，有时可以互用。

搀：扶、携。

捹（音"大"）：①移动器物。例：你那只台子~过去点。②临时拆借资金。例：~点铜钿，即借点钞票。

坋：①拖延，拖拉，推迟。例：这事~到下半日去做。②同"捹"。

拣（音"擦"）：①搀扶。例：扶住我抬一下，~我一把。②还有向上拉提或移动的意思。例：~台子，即几个人一起将台子（桌子）抬起并移动。例：这只缸重来，你相帮我~一~。③与"搡"同，掇物横向移动。例：这只台子重来，我伲两家头一道~一~。

涞：往东西上像小雨零星似的洒少量水。例：~埨尘，即往地上洒点水。

掇：用双手抬。例：这只台子蛮重咯，几个人一道~一~。

撮：用两三个手指捏住细碎的东西拿起来。例：~眼盐。

挩（音"绰"）：从一侧或一端托起沉重的物体。

挡：①从下面向上用力扶起（人）或掀起（重物）。例：我起不来，你~我一把。大家一齐使劲把石碑~了起来。②暂借的委婉说法。③戳、扎、碰，触动，戳穿，揭露。

捅（音"通"）：①移动，挪动。例：台子~过点来。②借点钞票，也说"捅点钞票"。

扽：两头同时用力猛拉绳或其他东西。例：该个被单皱来，伲两个头拿伊~一~。

戳：①刺。②竖立。③用力使长条形物体的顶端向前触动或穿过另一物体。

抟（音"团"）：揉捏成团。例：~脱仔三张纸头。

箏（音"捉"）：用手握住散乱不齐的东西，上下反复捵动，使其整齐。例：拿把筷子~~齐。

摗（音"松"）：将散乱的东西放在平整之物上撞击使其整齐。与"箏"义同。

归拢：收拾，整理；把散开或摊开的物品聚集到一起。例：把地上这点东西~~。

舂、锸（音"千"）：把稻谷或米放在石臼里舂去皮。

插：① 长形或片状的东西放进、挤入、刺进或穿入别的东西里。② 中间加进去或加到中间去。

剥：去掉外面的皮或壳。

搽：涂抹，同"揩""揭"。例：~粉、~胭脂。

搓：两个手掌反复摩擦。例：~绳。

揸（音"作"）：用刀、锹铲起或用细长柄小锄铲起。例：~狗屎。

汰（音"大"）：洗涤、洗刷。

荡：① 洗。例：~脚水烧好了。荡浴，即洗澡。② 摇动，摆动。例：~在空中、~秋千。

摔：将原来不在一起或开了口的东西连起来并合。与"缝"义相似。

袼（音"革"）：用碎布或旧布加衬纸褙成的厚片，叫"袼硬衬"，可用来制布鞋。

敹（音"吊"）：缝。例：衣裳有裂缝哉，拨我~两针摔摔牢。

褆（音"的"）：衣服太长，在腰上部打折，用带子束一下或用针线缝一下，使短一些。例：衣裳忒长哉，要~脱一点才能着。

銚（音"吊"）：缝补衣服。例：这件衣裳有个洞，要~一~了。与"敹"相似。

綖（音"沿"）：用布条缝鞋口、帽檐，分别称"綖鞋口""綖帽口"。这布条一般用斜滚条（把面料用斜着布纹的方式裁剪而成）。

搋（音"沿"）：把物系入罅隙（非"嵌"意）。

繗（音"轮"）：缝衣。

紅（音"丁"）：缝制。例：～纽子、～被头。现写作"钉"。

褚：在衣服破损的地方缝个边。例：～纽洞。

褶（音"督"）：衣料不够，在衣服角边上拼上一块布缝上去。俗称"褶一块上去"。也叫"褶角"，例：零头～。

鞜：①把布或皮缝在鞋帮上，或把布缝在衣服的外面。一般丧事里用。②把皮革固定在鼓框的周围。

绲（音"滚"）：缝纫的一种方式。例：～一条边、～条。

衍：用针固定衣料，不使移动。

缉：一种缝纫方法，即用相连的针脚密密地缝纳。例：～边、～鞋口。

缲（音"撬"）边：①将做衣服的边或带子往里头卷进去，然后藏在针脚内部。②引申为帮人说话。

㨃：①缝补。②捆缚。简单缝补或简单捆缚，称"㨃㨃牢"。

揪：紧紧地抓，抓住并拉。与"擎"同。

筱：用细竹筱打人或敲打（稻、麦、菜荠等）。

拆：把合在一起的东西打开。

抪（音"勃"）：拨动或移动。例：拿袋米～到旁边点。古人搬掇物体称"抪"；以人力旋转物体也称"抪"。

擛（音"勃"）：①搬不起而着地移动。例：石头朝山上～。②擛跤，即摔跤，掼跤。

掉：①摆动，摇动。②回，转。③同"调"。例：～龙灯、～狮子、～枪花。

揈（音"调"）：互换物质。现写作"调"。

调：①调动。②调查。③互换。例：～换。

换：①给人东西同时从他那里取得别的物品。例：交～、调～。②变换，更换。③兑换。

挂：借助绳子、钩子、钉子等，使物体附着于某处。

渰：重叠，一物之上又加一物。例：渚~（音"夺惰"）。与"叠"义同、音不同。

掸：① 名词，掸子，用羽毛做成的掸灰尘的工具。② 用掸子或扫帚除去灰尘等。

掰：用手把东西分开或折断。

掰：用手臂围住或夹住。例：~牢伊，勿要让伊逃脱。

裹：包。例：~粽子、~馄饨。

丮、磬：扔，弃掷。例：这破家具~脱算了。

甩：丢，掷。例：~脱，即扔掉。也有用"撦"的，但义同、音不同。

摜：① 挂。② 背负。③ 摔打。④ 丢，扔。⑤ 摇，摇晃。⑥ 把衣服或软状物套、挂在肩（身）上。例：两只包一前一后，~勒肩胛浪。

掼：① 撂，扔。例：伊脾气不好，一发火，就~家生（东西）。② 握住东西的一端而摔另一端。例：~稻。③ 失去平衡，摔倒，跌跤。例：路哴太滑，~了一跤。④ 与"摜"同义。

扰（音"朕"）：投物。与"掷"义同、音不同。

掺：① 把一种东西混合到另一种东西里去（此时音"枪"）。例：~兑、~和。做方糕一定要勒粳米里~点糯米。② 撤，掀，倾倒（此时音"猜"）。例：伊格点垃圾全~勒河里。~台子，即掀桌子。

兑（音"对"）：① 用旧的金银首饰、器皿向银楼换取新的。② 凭票据支付或领取现金。③ 掺和（多指液体）。例：茶水太浓，再~点白开水。

酘（音"对"）：液体掺和。例：陈酒、新酒~一~。

镶（音"相"）：① 把一物体嵌入另一物体内或围在另一物体边缘。② 掺和，掺兑，多指液体。例：该杯茶忒浓，~一眼白开水。

㧅：动也，减也。例：桶里的水太满，~忒点。

㧅：① 用网兜捞，与"㧅"同。② 近而能触动。例：~不动，即动不动。~啊休要~，即动也别想动。

盉（音"海"）：用碗或较小的容器舀。

挀（音"长"）：往容器或袋子里塞东西。

殿、碪（音"真"）：①塞。例：木桶漏水，用木碪把孔隙～～牢。② 名词，楔子。例：木～、鞋～。

刟：以针刺。例：～鞋底。

紥（音"扎"）：①刺，钻。例：～鞋底。②缠束。例：～彩，即办喜事时用彩色绸布将喜船、喜轿等装饰布置一新。

艄（音"骚"）船：掌舵。

䒔（音"抢"）：帆船风帆转向，谓"转（调）䒔"。现都用"戗"。

叔：用双手聚土捧起。

捀（音"峰"）：两手托物，奉也。与"捧"义同、音不同。

掬：两手捧东西。与"叔""捀"义同、音不同。

湔（音"煎"）：衣服、床单等只洗局部（小面积洗）。例：这件棉袄的领口、袖口有点龌龊，要～一～。

浸：泡在液体里。

瀸：①浸渍。例：麦苗～在水里，要烂脱哉。②将瓜、萝卜等浸泡在盐水、酱里。

囥：藏。例：吾格压岁钿被姆妈～好啦哉。

迸（音"浜"）：张开，绷紧。例：～头绳。

揙：翻寻。例：箱子里～～看，阿有啥值铜钿咯末事。有时也用"垦"。与"搜""寻""找"义同。

寻：①找。②挣（钱），赚（钱）。例：～钞票。

掠：用手或工具平移，使东西归拢，便于取或去掉。例：台浪个末事，你用手～勒一道，收脱伊。你拿把扫帚场上～忒点，即粗略地扫一下。

搂：①用手或工具把东西聚集到自己面前。②用手拢着提起来（指衣服）。例：～起袖子。③搂抱。

篝（音"勾"）：挖井，掘井。例：～井。

摸：① 用手接触一下（物体）或接触后轻轻移动。② 用手寻找，探取。③ 试着了解或做。④ 在黑暗或认不清的环境下行动。

撑：① 钩取物体。② 用竹竿把汆在河里的东西朝岸边拨。

撩：① 丢，扔。② 捞。例：~水草。③ 把东西垂下的部分掀起来。例：~蚊帐。④ 手舞足蹈，俗称"撩手托脚"。

捞：① 从水中或其他液体里取东西。② 用不正当的手段取得。

拷：顺手拿起东西。"捞""拷"音同、义不同。

捩（音"劣"）：① 拗也。② 折也，撕也。

扐（音"力"）：① 绞，拧。② 缚也。

掴：打也。例：~栗子，即手指弯曲敲人头部，一般指大人打小孩。

按、挼：揉搓，抚摸。例：我来搭伊~~。

撸：① 捋，用手按住皮肤或头发等向一端滑动。② 撤销（职务）。③ 训斥。例：挨了一顿~。也用"攎"。

搨：推。例：① ~螺蛳。② ~稻，即耥稻。

㩒、擎：聚拢，围聚。例：~鸡~鸭，即把散养的鸡、鸭拢一起。

搠：① 拦。例：~部车子。② 用指甲抓，即尖锐的东西划破表皮。

拯：① 救也，助也，援也。② 举。例：~石担，即举重。与"抍"（上举）同。

挼（音"肉"）：两手用力揉搓（东西）。例：~面粉、~菜籽、~粉、~衣裳。

搣：揉搓，用手按压，捏。与"挼"义同、音不同。例：~面团。

拿：用手或用其他方式抓住，搬动（东西）。与"抓"同。

搦：持，握，拿着。

挪：移动，转移。

擉（音"促"）：刺取，扎。用鱼叉刺取鱼，称"擉鱼"。与"箵"同。

罟（音"古"）鱼：用渔网捕鱼。这种渔网叫"罟网"。

攧（音"颠"）：跌，摔。引申为几样东西一起放在容器里，用手上下颠动使之混合均匀。例：待黄瓜削成片状或棱状后，加入盐用手～几下。

挜：硬把东西塞给别人或卖给对方。例：～赊逼讨。

抓：打，打击。例：吃～～，即要遭打了。

搙：①用手抓取。例：从缸里～把米出来。②用工具钩取。与"捥"同。③搙空，即胡说八道。

曳、拽：拖拉，牵引。

揭：①把附着在物体上的片状物取下。②把覆盖或遮挡的东西拿开。③揭露。

撷：摘下，取下。

撬：①揭开，掀开。②撩开，翻开。例：～镬盖。翻书，淀东人也说"撬书"。也用"揍""捋"。

搋：衣裤间夹物。例：①上衣～唧裤腰里。②被头～～好。

捵：勒紧，扣紧。例：～紧裤腰带，即收紧裤腰带。

墩：用砖木等垫起不稳的东西，那些砖木被称为"墩砧"。

刹：止住（车、机器等）。例：把车～住。

煞：①结束，收束。②勒紧，扣紧。例：～一～腰带、～住不正之风。③副词，极，很。例：～足，指距离很近，没有缝隙或没有余地。

揉：消除，掺和。例：①买来的新衬衫要先用温水～脱点浆头。②焐鱼汤、肉汤放点葱姜，～脱点腥味（气）。

捽（音"杀"）：除去稻草上的壳，即稻草外头短的或腐的败叶。

删：去掉（文辞中的某些字句或过密、过稠的秧苗）。

芟（音"删"）：割（草），除去。植物叶子太多，去掉点叶子，淀东人称"芟忒点叶头"，此时"芟"音"杀"。

生：①拴，系。例：柱脚唧～根绳子，好晾衣裳。②下。例：～蛋。③生育。④跟"熟"相对。

搡：推，托。例：伊墙高上勿去，下面咯人～伊一把。以前造房上梁时，上面的人抓住绳子拉，下面的人用木枪棒往上顶。

薅：除（草）。例：~草。棉花田里锄草，称为"薅花"。

搪：① 涂。② 用湿泥修补（炉子）。

挍：用手挤压。例：① 伊生仔个疖有脓了，叫我搭伊~脱点脓。② ~牙膏。

尴：逼迫。例：小囝~牢大人咯衣服不放，要买变形金刚。与"揪"义相似、音不同。

掏：① 寻觅选购（物品）。② 加水搅拌。③ 摸。例：~腰包。

揩：同"揭"，涂抹，沾。例：~~粉、~~便宜。

敆：① 把包着或卷着的东西打开或展开。② 抖搂尘土等。③ 放松缚紧了的东西。例：拿裤带子~~松。

绾：把长条形的东西打个结。例：小肠~结。

刓（音"丸"）：摘。淀东人摘（修）树枝时说："刓忒点树丫枝。"

搣：将细长的东西来回折叠。例：把铅丝~断。

捏：舀。例：用提桶到河里~水。

挽（音"弯"）：把直的东西弄弯。

搵：① 没入水中。② 蘸。例：~酱油。~水，指用水桶没入水中提水。

辮：编织。例：~辫子。

绞：把两股以上的条状物扭在一起。例：~索、~钩绳。

倒：① 转移，转换。② （人或竖立的东西）横躺下来。③ 失败。④ 进行反对活动。⑤ 出倒。

捯：① 两手替换把线或绳子拉回或绕好。② 转移，转换。③ 追究。例：~老账、~扳账。

捣：用棍子等搅。例：~乱。

搅：搅拌，用棍子等在混合物中转动、和弄，使均匀。

㨃（音"剿"）：搅和。淀东人烊粉粥之前，用水㨃粉。

扚（音"下"）：以棍棒打人或物。例：~伊一顿，即打伊一顿。苏州人说"哈"。

挄（音"光"）：① 摸。例：让我~一~。② 敲，打。用竹竿把果子打下来。例：大人在讲张，小人儴（插）嘴，被父亲顺手~了一记（打了一记）。

廇（音"官"）：儿童游戏的一种玩法。例：~铜板、~洋片（用香烟壳包装折的）。

撅（音"桥"）：斜撅，用铁棒斜插于物下面撅。

戤（音"凿"）：击，戳，用拳头打人。例：我腰眼里拨伊~仔一记。

揲：① 折叠，整理（部队里整理内务也称"揲内务"）。② 挤紧，塞结。淀东人把咸菜从缸、盆里捞出塞进甏里、瓶里，称"揲咸菜"。

闂、抈：折叠。例：~衣裳。也写作"夭"。

扷：整理。例：衣裳~~好。

挏（音"同"）：外形相似的用具套在一起。

挼：① 理，用手顺势轻轻地抚摸，整理。例：~顺毛、~头发、~~面孔。② 把东西重叠地往上放，与"叠""挏"义同、音不同。

祠（音"同"）：把两件同样大小的衣服叠穿。例：她把两件衣裳~好后，挂勒衣架唡。

撄、紫：① 拗转并挽住。② 围绕，缠绕。例：~乱柴、~头绳。

遮：① 一物体处在另一物体的某一方位，使后者不显露。② 阻拦。③ 掩盖。例：~没。

堨：用土遮盖。例：~麦，即冬天把田沟边的泥扒起敲碎，盖在麦苗上。

擦：① 均匀地分散、排布。例：人多奖金少，~勿均匀，只好干脆不分了。~~调匀，就是把多少、大小、高低等平均。② 与"擦"同，用布、手巾等摩擦使干净。例：摩~。

揩：擦、抹。例：用抹布~桌面。

扭（音"肘"）：① 捏。② 执而不放，与"揪"义近。

枨：房、物歪斜，处于将要倒下的状态时，用物支撑住。例：~门，即以物支门。

撑（音"汤"）：① 防止物品倾倒的补救办法。② 抵挡，遮挡。例：迭桩事体，恐怕要～不牢哉。与"撑"义同、音不同。

摇扤（音"额"）：上下左右摇动，使其活络。例：～勿动，指非常坚固结实。

弄脱：弄掉，设法去掉，丢失。

着棋：下棋。例：倷两家头～，白相相。

酾、筛：往杯子或碗里倒液体。例：～茶、～酒。伊杯子里的茶呒不哉，给伊～点水。

收媞：整理。例：～房间。俗语"茸理整齐"，也叫"修媞"。

呵啰趣、欹欤趣、呵痒：挠痒痒，以手挠人颈或腋下使其痒得难受而笑。

接续：接着前面的；继续。

接济：在物质上援助。

接纳：接受（个人或团体参加组织、参加活动）。

接手：接替。

接受：① 收取（给予的东西）。② 对事物容纳而不拒绝。

接应：① 配合自己一方的人的行动。② 接济，供应。

（二）足勤脚快

蹚（音"爿"）：① 人用手和脚一起着地爬。② 昆虫爬行。

壆（音"摊"）：不能动。例：蹚～勿动，指一点也不能动了，即寸步难行。

走：人或鸟兽的脚交替向前移动。

踱：慢步行走。例：～来～去、～方步。

跑：两只脚或四条腿迅速向前。

趇、趇（音"斜"）：急行。相当于"跑"，赶路、快走。

蹿、趋、操：取近路。例：～近路，选择较近的路走过去。现常用"抄"。

勉（音"抢"）：抢在别人之前。例：～门前。

躐：急行带轻跳的样子。例：跑起路来～勒～。

趱（音"闸"）：①乱跑。例：伊～来～去咯，做啥呀？②匆忙地去某处跑一趟，快去。例：～一趟。

赶（音"闸"）：急来急去。与"趱"义相似。

赵（音"豁"）：走，离开所在的地方到别处。例：～～脚，指中途走掉一会儿。

趰（音"豁"）：疾行不留滞，行程略作改道。例：你啥辰光～一趟上海，去看看你姨妈身体阿好。

兜：绕着圈子走。"兜远路"与"趱近路"正好意思相反。

跨：抬起一只脚向前或左右迈步。

越（音"豁"）：翻越。例：贼骨头～过围墙逃走了。

衝（音"冲"）：无目的、无意识地乱走。

颎：走路不稳的样子。例：摇手～脚、摇头～颈。

趓（音"拖"）：行走慢下来，逐渐落后于他人。例：他故意～在大家后面，想趁机逃走。

跸：走路不便，有点跛的样子。例：他走路时间长了，脚都一～一～。

逎、趫、踚、趄（音"丘"）：行动慢，走路慢。例：一～一～走不动。

迬（音"注"）：走路不稳。

遖（音"触"）：行貌。例：你～到哪里去了，即你走到哪里去了。

搐（音"畜"）：（肌肉等）不随意地收缩、抖动而感到阵痛。例：一～一～的痛。

斢（音"头"）：角力，竞走。形容走路匆匆忙忙状或很急的样子。引申为做事心急而多盲目性。例：～五～六，指盲目乱走，瞎忙。现也写作"投五投六"。

拐：脚有点跛，走路不平稳。例：伊走起路来一～一～。

趧（音"提"）：跳跃，单脚走路。与"踶"义同。

趟：①从浅水里走过去。②量词，表示走动次数。

跳：腿上用力，使身体突然离开所在的地方。与"趒"同。

趒（音"條"）：心急而两足频蹈。例：双脚~。

踏（音"闸"）：踩。例：~脚。

腾：① 奔跑或跳跃。② 使空，腾空地方，也说"出空地方""出空坞堂"。

蹽：① 踏，踩。② 蹽蹽，即急行赶路的样子，与"蹚"同。此方言金家庄人用得比较多。

蹋：踏，踩。

跍（音"踩"）：蹲。例：一只鸟~啦树唥。

骑：两腿跨在物体上坐着或立着。

竣（音"撑"）：止也，不使物体再过来。例：~牢。

埕、撑、振：用手或足将物用力分开。例：用脚把两船~开。

堂（音"匹"）：走路东倒西歪。淀东人戏称喝醉酒的人走路为"上场堂到下场"。

蹀、蹂（音"染"）：用脚踩住东西后，前后用力转动或拖动。

蹭（音"醋"）：将物体踏在足下来回碾动。

跧：（腿）伸直。例：伊脚一~，断了气。现写作"挺"。

趄（音"牙"）：有意不想走。例：小明到外婆家，就~在那里不想回家。

掰：① 以手分物。② 手足等叉开。

绊：挡住或缠住。

撅：绊，与"绊"相似。例：拨地唥咯树桩~仔一~。

踮、跘、蹒：交足坐。例：~腿而坐。现常用"盘"。

跽：跪，双膝着地，上身挺直。

跷：① 抬起（腿）。② 竖起指头。

跕：抬起脚后跟，脚尖着地，以抬高身躯，提升视野。

跈、碓（音"对"）：蹬，腿和脚向脚底的方向用力。例：自家独睡冷呵呵，半夜三更~脱仔被头，啥人照顾我。

踢：脚未站稳，身体向前滑出去。也用"蹧""遏"。

踢（音"铁"）：抬起腿用脚撞击。

跌（音"的"）：① 摔，跌跤。② 物体落下。

发脚：拔腿，迈步。例：～就跑。也说"拔脚"。

脱脚：失足。例：伊一～，掼进了荷花池。

牵筋：抽筋。

出扠（音"松"）：① 走，滚。② 溜，逃走。

走（音"促"）：忽走忽停，引申为在外走来走去，游荡（含贬义）。例：① 你～勒外头弗想转来。② 他家人家都不讲道理的，我是脚节头都勿会～到他家的。

（三）躯体动作

佹：① 斜伸出。例：侬头～出仔做啥？② 突出，耸出，戳出。例：一只角～辣外面。

颐（音"岳"）：昂，举头向上，形容自满、得意忘形的样子。例：有点小成绩，就～起了头，眼睛里呒不人。

鼐（音"鹤"）：仰首，抬头。例：① ～起头。② 池塘里的鱼全勒拉～水。

扛：① 抬东西。② 用肩膀承担物体。

挑：扁担两头挂上东西，用肩膀支起来搬运。

耸：上下抖动。例：伊～了～肩胛走了。

蹲：① 两腿尽量弯曲，像坐的样子。② 指待着或闲居。例：他整天～在家里不出门。

伛：① 曲（背）。② 弯（腰）。例：～背，即曲背。～过去，即人的上身连同手向前伸。～倒点，即人的身体略微向前、向下弯一点。

匍：① 蹲下来。例：～下来。② 植物的茎枯萎在地上。例：～忒啦地上。

躺：身体倒在地上或其他物体上。

跺（音"录"）：立起，站起；起身。

拜：① 伏。例：伊~勒拉台子唥打瞌睡。② 表示一种礼节。

扑：① 伏。例：~勒唥台唥打瞌睡。② 用力向前冲，使全身突然伏在物体上。

趴：伏，身体向前靠在物体上。例：伊~在桌子上画图。

爬：① 四肢趴在地上往前移动。② 抓着东西往上去，攀登。例：~树。

㡧（音"戆"）：① 架空，搁空。② 手臂和胸，依靠在其他物体上。

靠：依物而立。

竢、阩、戢：斜靠，倚墙而立。例：扫帚~勒墙角落头。

傍：① 比。② 依附（有势力的人等）。③ 靠近，临近。例：~晚。

丐：① 乞求。② 给，施与。③ 从碗、盆等容器里分拨出来。例：我饭盛得满来，你盛得浅，我~点你吧。④ 名词，指乞丐，乞讨的人。

绷：硬撑，勉强支撑。例：好~~。

跹（音"千"）：翻。例：~跟斗，即翻跟斗、豁虎跳。

觅（音"盘"）：躲藏。躲藏，称为"觅眬"。捉迷藏，称为"觅野猫"。

躯、匿、迈：① 悄悄地走。例：伊~进来，我一眼勿晓得。② 藏在隐蔽的地方。例：侬~啦我后面做啥？

脝：肿。例：伊面孔被打得~起来了，即脸被打肿。

㞢、㞣：解小便、大便。例：~水、~污。

擸：指到了一个地方再往回走，即掉转头来。例：~转来。

嫋：纤细柔媚，摇曳生姿。常用来形容女人走路时腰、臀部扭动，灵活且幅度较大。但旧时认为这是一种轻浮的表现。也有写作"袅"的。

趌：人面朝下倒在地或物体上，与"扑"义近。例：小王跌了一跤，他合~辣地唥。

遝：没有目的地串门。例：七~八~、像只~食狗。

趤（音"荡"）：闲逛。例：~马路。现写作"荡"。

㠉（音"冲"）：不定，形容往来不定或摇曳不定。例：跌跌~~。

欒、欒（音"柳"）：往高处爬、攀。例：~树。

蹿：向上或向前跳。

挦：从高处往下跳。例：伊从岸上～到江里去救人。

捧（音"捧"）水：和衣下水。例：～水。

㵎：滑下。与"泻"义近。例：小朋友从滑梯上一～而下。

赲（音"力"）：扭头或转身就走。例：我只说了他一句，他～转身就走了。

煆（音"哈"）：弯，弓着腰。点头煆腰，现写作"点头哈腰"。

趄（音"欠"）：①倾斜，立脚不稳，脚步踉跄。例：老大娘走起路来～勒～咯。②走斜路、旁路。

等：等候，等待。

赅（音"该"）：有，拥有。例：①～家当。②活狲不～财。③吃仔上海饭，赛过～百万。

佄（音"甘"）：①虐待。例：这个小姑娘拨伊～来像个养媳妇。②吃东西噎住或塞在喉咙口。

服：适应。例：水土勿～。

服侍：伺候，照料。服侍病人，淀东人也说"纾张"。

劼、几（音"嘎"）①挤压，人多不能进出而用力挤。也可形容人多，拥挤的样子。②用力以进入。

㯯（音"梗"）：①推，碰撞，挤。例：～忒伊，即挤掉他。②借，挪。例：～点铜钿，即借点钞票。～过点，指把东西或人挪过去一点。

逦（音"干"）：①钻。②在泥中拱。③挤。④钻营。⑤推，排挤，与"㯯"义同、声调不同。例：～挤不得，指这样不舒服，那样不适宜，胡乱多动。

轧：拥挤。例：～到来，我吃不消了。

挃（音"刊"）：身体借助硬物摩擦止痒。

㨆（音"坑"）：①用身体推挤。②擦，物体和物体相挤相擦。例：两部汽车～仔一～，～忒点漆。～法～法，指一次次擦碰。

遺：相对运动时避开而不碰上，现常用"错"。例：～过。

庯（音"阿"）：①用被子等叠起来放在背后，靠着休息。例：拿条棉被～一～，休息一歇。②用东西支撑倾倒的物体。例：墙快要倒了，用木头～一～。③庯凳，即凳子的总称。

佮（音"隔"）：① 邀请。例：伊~我一道去看戏。② 合用。例：~牛瘦、~船漏。

敆（音"葛"）：合，共。① 竹木器物合缝，称"敆缝"。② 合伙共事。"敆家"即合伙。"佮""敆"二字义、音相同，可互用。

尻（音"拷"）：洗屁股。例：~屁股。

躬：在里面动。例：① 车子里介轧，侬还动伐动伐，~点啥。② 小囡已经有四个号头了，勒拉娘肚皮里~。

搹（音"涨"）：引出。例：① 妇女生小孩，往往要~好几下，才能生出来。② 常有人大便不出，也往往要~几下才能便出。

涨：①（水位）升高，（物价）提高。② 某些固体吸收液体后体积增大。

瀙（音"近"）：由寒冷而引发的一阵颤抖。例：~动、发~。

跔（音"菊"）：腿脚因寒冷而痉挛。

躹（音"菊"）：脊背伸不直。例：伊年纪大了，身体~紧仔走路。

踡（音"权"）：身体弯曲。例：伊~紧仔头颈没精神。

鞠：弯身行礼。例：~躬。

候：① 硬凑。例：台子忒高，小囡~勿着。② 算，核算。例：量衣裳的料子要正好~准足。③ 等待。④ 急迫地等待。例：恘~~、~形恘状。

吭：支撑，忍受。例：迭点困难~一~，也就过去哉。

㧯（音"忽"）：① 将身体压或贴靠到另一个人的身上。② 紧贴，紧靠。例：~肉，指紧挨着肉。~壁脚，指身体贴在墙边。~老板。

局（音"菊"）：身体弯曲，不舒展。例：~拢、~紧。

赳：怒而出走，与人不告而别。例：~气，指负气离开。

㧟（音"聊"）：用脚㧟人。例：手吭贼~。

嬲：① 玩。② 形容词，形容小孩顽皮。例：~皮。

勷：聚集，挤。例：① 门口头~仔交关人。② 大家排好了队，勿要~来~去。

惹：① 招引，引起（不好的事情）。例：~事、~祸、~麻烦。② 排泄（大小便）。例：~污（大便）。③（腹）泻。例：肚皮~。

惹毛：用言语或行动触犯对方。

惹厌：① 讨嫌，惹人厌烦。② 啰唆，唠叨。例：勿关俚事，俚~点啥。

惹气：讨厌，引起恼怒。例：你这~话少讲点。

惹眼：显眼，引人注目。例：侬拿迭样末事放勒边啷去，勿要放咯~咯地方。

养眼：看到美丽的风景、容貌等使人视觉愉悦。

漫港·等风来

上：① 干，做。② 方位词，与"下"相对。

耗、佗、驮：背，用背背人或背物。例：① ~ ~背。② 弟弟脚受了伤，阿哥每日~伊去上学。

弯：中途顺便到某处，略作逗留。

渥（音"窝"）：陷。例：吾勿当心，一脚~进了泥塘里。也用"潟"。

觯（音"他""塔"）：稍微坐一回或卧一回。例：~~屁股。

赐：比量长短。例：~~看，啥人长？

休（音"钻"）：跳入水中，在水下游。例：~水洞。

溯：无舟渡河也。例：~游泾，即游泳。

遭（音"转"）：① 绕远道。例：远弯兜~。② 量词，淀东人一个来回称"一遭"。

作：吵闹。例：迭个小囡~得来。

趣（音"汪"）：行坐不宁。与"晃"义同。

踃（音"宵"）：不服打，身不定，脚不动，左右来回旋转躲避挨打。

猇（音"肖"）：躺在地上打滚。例：~地光。

丁倒：颠倒。也说"顶倒"。

惠钞：请客付酒饭钱等。

加刚：花费。例：侬害得我~脱交关钞票。

撺掇：挑唆；怂恿，从旁鼓动人（做某事）。

攦转：很快地转过（身子）。例：一句闲话不对，伊~屁股就走。

别转：转动，掉转方向。

白相：玩。

凑数：① 凑足数额。② 充数，也说"凑凑数"。

凑合：① 聚集。② 拼凑。③ 将就。

凑齐：凑合，齐聚。也说"凑齐头""凑整"。

凑近：朝某个目标靠近。

凑拢：① 向一个地点靠近。② 使人或东西聚集在一起。

轧道：交朋友，参与群体活动。

欢度元宵节

厥倒：昏倒，指人的言行荒唐、出格等令人无法忍受。例：谈恋爱，得先写一张"养伊一辈子"的保证书，小郑听闻，差点~。

靠傍：倚靠，也引申为"后台""靠山"。

赖：① 留在别处不肯走开。例：~着不走。② 不承认自己的错误或责任。例：~学（逃学）、~债。③ 把不是别人的错误强加给别人。例：诬~。

趤（音"啷"）趤（音"荡"）：① 闲逛，游逛。② 颓唐的样子。例：迭个人懒得要命，一日到夜~勒拉外头，勿肯做生活。

老调：① 指去世，关于死的一种避讳说法。② 名词，指说过多次使人厌烦的话、陈旧的话。

弄怂：作弄，戏弄。

上岸：① 从田地里到田埂上。② 从船上到岸上。③ 妇女闭经。④ 淀东人夏收夏种、秋收秋种结束，称"黄梅上岸"。

下船：从岸上到船上；登船。

脱骱：脱臼，也可借喻人懒散。淀东人说人懒散，常说"倷看伊懒到来骨头像脱忒仔骱"。

陪帮：① 没有做错事的人，跟着做错事的人一起受罚。② 相帮。

陪工：相互协助，相帮做事，是一种俗约。例：~交易。

搭手：替别人出力，帮忙。淀东人常说"搭把手""搭不上手"。

搭脚：① 免费搭乘车船。② 名词，只能做帮手的人，类似"小工"。

醒觉：醒悟，明白。

沾边：① 略有接触。② 形容词，指接近事实或事物应有的样子。

沾光：凭借某人或某种事物而得好处。

痓车：晕车。

痓船：晕船。

痓夏：苦夏。夏天长期发热的病，多表现为食欲减退、精神不振、身体消瘦。

回转：从别处到原来的地方。

转去：回去。

作怪：① 鬼怪害人。② 指坏人或坏思想捣乱，起破坏作用。

作成：成全，照顾。

作对：① 与人做对头，为难别人。② 成为配偶。

作孽：① 作恶。② 形容词，可怜，可惜。

作梗：从中阻挠，使事情不能顺利进行。

作死：自寻死路。例：酒后开车，这不是~吗？

诈死：装死。

歇作：完结。也说"歇搁"。例：这样过的日脚倒不如死仔~。

推说：推托说，借口说。

推脱：推卸，不肯承担责任。

推谢：推辞，辞谢。

打顿：停留。

打盹：小睡，短时间入睡，一般坐着或靠着睡。

勒拉：① 在，也说"勒啷"。例：我今朝~屋里。② 副词，正在。

煞脚：紧跟着，紧跟身后。例：~屁股。

煞刮：做事敏捷。

煞足：紧挨着。例：煞里~。也说"煞煞足足"。

第三节　情感表现

扫码听音频

天真：① 心地单纯，性情直率，没有做作和虚伪。② 头脑简单，容易被假象迷惑。

悗（音"轩"）：对某件事兴趣浓而显得热情高，也引申为好卖弄、好炫耀、好出风头。例：~格格，形容人轻浮，遇事总喜欢跃跃欲试、出风头。

伲（音"轩"）：自负而轻狂。与"悗"义相似。

落寞：寂寞，冷落。

开心：① 取笑。例：寻~。② 形容词，高兴。

开窍：①（思想）想通。②（儿童）开始长见识了。

怕生：（小孩）怕见生人，认生。

怕事：怕惹是非。例：胆小~。

坍惫（音"摊充"）：难为情，丢脸。也说"坍招势"。

中意：喜欢，满意。

在意：放在心上，留意（多用于否定式）。例：这些小事他是不大~的。

在乎：① 在于。例：东西不~好看，而~实用。② 在意，介意。

在心：留心，放在心上。

情愿：① 心里愿意。例：心甘~。② 宁愿，宁可。

情知：明明知道。例：~不妙，却故作镇定。

火冒：发怒，生气。例：~三丈。也说"出火""火出乓乓"。

火出出：生气，有怒气。

生气：因不合心意而不愉快。

生怕：担心。

见气：生气，动气。

泄气、泄劲：失去信心和干劲。

厌：① 满足。例：贪得无厌。② 因过多而不喜欢。

厌弃：厌恶而嫌弃。

嘈淘气：拌嘴，因言语不和而斗嘴。

免讨气：省得惹他们生气，不计较，但不是窝囊，是心胸开阔的表现。

巴结：① 奉承，讨好。② 努力。例：伊做生活~来。

巴望：盼望，希望。

献宝：原指献出珍贵的物品或把好东西拿出来给大家看。这里指炫耀。

计较：① 计算，比较。例：斤斤~。② 争论。例：我不同你~。③ 打算，计议。

凶：对人耍态度或出言不逊。例：伊～点啥？

动心：思想感情发生波动，多指产生某种动机、欲望等。

动气：生气。

唻、倸（音"采"）：恨也，急也，有"训斥"之意。例：伊被我～忒之一顿。

睬（音"采"）：搭理，理会，理睬。

惴：忖度。例：想自身，～他人。

呦：① 表示招呼。② 表示不满。

蒙：欺骗，胡乱猜测。

愲：恨也。例：～气、～心。

忉：心悬着，担心。例：① 我吓到来心也～仔起来。② ～心经。

着急：急躁不安。

着潒：受凉。

发飙：耍威风。

发格：①（言行、行动）出格，越轨。② 发脾气，也称"发毛"。

发作：① 隐伏的事物突然暴发或起作用。② 发脾气。

发疯：精神失常；过于兴奋而行为疯癫。

发夹：逞能施威；抖起来变得神气活现。

发嗲：撒娇。

发彶：着急，发急。

发僸（音"尬"）：搭架子。僸：豪强、高傲。

讨巧：做事不费力而且占便宜。

讨饶：求饶，请求饶恕。

讨情：求情。

讨俏：讨好，使人满意或受人欢迎，让人有好感。

光火、发火：发怒，恼火，发脾气。"火"为惯用字，本字应为"愲"。

"愲"是发自内心的无"火"之"火"。

吃亏：① 受损失。② 在某方面条件不利，也说"吃区"。

吃水：有点上当的感觉。

吃气：受气，能承受人家的欺压。

吃酸：比喻感到为难或上当后一种酸溜溜、说不出的感觉。

吃瘪：① 受窘，受挫。② 被迫屈服，认输。

热麻：因亲近、热爱而对失去的人或物产生由衷的可惜和怜悯的一种感觉。

肉痛：心疼，舍不得。

奚落：用尖刻的话数说别人的短处，使人难堪。

钝人：说反话，讽刺、挖苦别人。

怄气：闹别扭，生闷气，不愉快。

怕惧（音"矩"）：惧怕，害怕。惧：恭顺、畏惧。例：这小孩对大人是一点~也没有的。

经心：在意，留心。

经意：经心，留意。

枉对：蛮不讲理，强词夺理。也写作"横对"。

待望：等待，希望。

指望：一心期待，希望。

牵记：挂念，惦念。

相思：彼此思念，多指男女互相爱慕而又无法接近所引起的思念。

相信：喜欢，爱好。例：跑步该项运动，唔~咯。

留心：①（对人或事物）常放在心上。② 小心，留神。

留意：注意，小心。例：路面很滑，一不~就会摔跤。

崩塌：① 倒塌，崩裂。② 破裂。

常恐、常怕：担心，害怕。

恐怕：① 害怕，担心。② 副词，表示估计，推测。例：他走了~有二十多天了。

体惜：体谅、爱惜（多指上对下、长对幼）。

惋惜：对人的不幸遭遇或事物的不如人意的变化表示同情。

可惜：令人惋惜。

顾惜：体谅，爱惜。

怜惜：照顾，珍惜。

尽心：（为别人）费尽心思。

尽力：用一切力量。

贪图：极力希望得到（某种好处）。例：吙~，即一点也派勿上用场。

舍得：愿意割舍，不吝惜。反之为"不舍得"。

舍心：尽心尽力，毫不保留。

舍命：不顾性命，拼命。

欺瞒：欺骗，蒙混。

欺侮：欺负。

装腔：故意做作，装出某种表情。

假装：故意做某种动作或姿态来掩饰真相。也说"假假头""假迓头"。

讨厌：① 惹人厌烦。② 事情难办，令人心烦。

讨惹厌：① 惹人讨厌。② 麻烦，棘手。

嫌鄙：① 使人讨厌。② 瞧不起。③ 憎恶，讨厌。④ 挑剔。

嫌弃：厌恶而不愿意接近。

嗷：盼望。例：吙拨媳妇~媳妇，有仔媳妇气煞（死）婆。

熬：忍受疼痛或艰苦生活着。

噘气：赌气，生气或不满。

悄啐：因别人无意间语言或行动上得罪了（他），而心里不舒服，便转身离开，且在内心要不痛快一段时间。

趣气：使小性子，耍脾气不辞而别。

瞎闹：没有来由或没有效果地做，胡闹。

瞎操（音"巢"）：胡闹，鬼混。

憋：抑制或堵住，不让出来。例：他正~着一肚子话没地方说。

骗：用谎言或诡计使人上当。

怪：责备，怨。

悒（音"忌"）：敬也，又敬又怕。与"憷"义相似。

挫（音"挫"）：挫折。"吃挫"与"吃醋"义同，但比"吃醋"义广。

㾞（音"侯"）：怒，心不平。淀东人谓一种说不出的怒状。

恚：怨恨，愤怒。例：我~到来肚肠也青。

悔：懊悔，后悔。

煞渴：① 很解渴。例：龙井茶喝上去~。② 很满足，很过瘾。

蹊跷：奇怪，可疑。

第四节　烹饪之技

扫码听音频

上灶：掌厨。例：今朝，唔来~吧。

盛：把东西放在容器里。例：~菜、~饭。

汆：食物放进开水锅里，稍微煮一下。

濯：以少许鱼或肉烧煮较多的汤汁。例：~汤、~粥。

䬺（音"催"）：烧。例：① ~一~，意即还要烧一下。② 壶里的水勿烫，~~透再泡茶。

刣（音"皮"）：刀在布、皮、油石等上面反复摩擦使锋利。与"鐾"义同。

扴（音"戛"）：① 用盐将瓜、菜等简单地拌、捏一下。② 借助外力摩擦。例：我背上痒，手够不着，就用背在门框上~来~去，以使止痒。衣服上钮子~碎了。

刼（音"扣"）：用线把东西拉断。例：① 用线把肥皂～～断。② 年糕蒸熟哉，拿根线～成条。

焐（音"乌"）：① 用热的物体接触凉的物体使其变暖或使湿的物体变干。例：～手、～被头。② 用极小的火或保温的方法使食品煮得烂而酥。例：～酥豆。

耗浆头：把米粉或面粉等先用水调成糊状，再倒入锅内烧开的水里边搅边使熟。前面的动作称为"耗浆头"；后面的动作称为"耗䊆"，即上芡。

煏、熮：用旺火烤干。

燽（音"绸"）：以火气缓煏物使干。例：～～干，即菜中汤汁太稀，用火缓煏使其稠（液体中含某种固体成分很多）。

渰（音"泡"）：用热水烫或浸，现常用"泡"。例：迭件衣裳先用温水～一～再汰。

炷：烧。与"煨"义同。例：～行灶，即用行灶烧饭、烧菜。

涫（音"滚"）：沸，滚。淀东人俗称沸水为"涫水"，也说"透水""开水"。

滚：① 与"涫"义相似、音不同。② 焖，即停火后，利用原汤汁的温度使熟烂。例：肉已烧了一个钟头了，再～一～。

奘（音"庄"）糕：用糯米粉加糖水混合后，放在糕甑中蒸煮。

揞：把火盖住。例：灶膛里的火～一～，等歇再烧。

罨：① 将带生的瓜果或种子放在微透气的容器里，使其成熟或发芽。例：～豆芽菜。② 盖，埋。例：～麻雀。

焰、熰：把用水煮熟的大块肉用油慢熯，使肉皮皱起。例：～油肉，现常写作"走油肉"。

焯：把蔬菜放在开水里略微一煮，就拿出来。也用"煠"。

炸：把食物放在沸油里弄熟。

炆：微火，无焰的火。

熥：放在油锅中煮。例：油～果肉、～肉皮。

焖（音"闷"）：紧盖锅盖，用微火把食物煮熟或炖熟。

烳（音"笃"）：用小火慢慢地煮。

溇：把食物在开水里烫一下。例：~马兰头、~菜苋。

熘（音"漏"）：油烧热后，放入蔬菜炒制。例：~青菜、~菠菜。

煎：① 锅里放少量油，加热后，把食物放进去，使表面变黄。② 把东西放在水里煮，使所含的成分进入水中。例：~茶、~药。

煨：在热的火灰中烤东西。旧时农村小孩把番芋放入灶肚里，利用里面的热灰使之熟，称为"煨番芋"。

熯：用极少的油煎。例：~糖糕。

燉（音"登"）：食物放在锅屉上蒸，使热或熟。

溲：在米粉、面粉里加水后，加以拌和。例：~粉、~面。

渧：液体一点一点地向下落。现写作"滴"。

津、摒：淘米洗菜时，让水淋干。例：汰好的青菜，先让伊~忒点水。与"沥"义同。

滤：使液体通过纱布、木炭或沙子等除去杂质，变为纯净。

涓：搅和。例：~烊粉粥。

滗：挡住泡着的东西或渣滓把液体倒出来。例：把腌鱼里的血水~脱眼。

酘（音"兑"）：掺和液体。例：水太凉，加点热水~一~。

醃：用酒、卤汁、酱油腌制。例：~虾。

焯：将菜肴放在沸水里略煮，取出后，再拌上酱油、醋等作料。

撇：从液体表面轻轻地舀。例：~油、~沫。

潒：溶液中难溶解的物质沉到底层，达深沉。例：水有点浑，~一~吧。

激：将热的食物用冷水冲或泡，使其快速变凉。例：西瓜先放在井水里~一~。

瀊（音"盘"）：① 溢出。例：水缸里水忒满，要~出来哉。② 水流回旋。

䎻、潽、㴹（音"铺"）：① 液体多得超过容器而溢出来。② 液体沸腾溢出，滚。例：粥~嘞。

衍（音"沿"）：溢。例：水缸里格水满哉，勒~出来哉。也用"漾"。

第五节 农渔作业

扫码听音频

罱泥：由两人用罱网在船上把河底淤泥捞上船，是春季的主要农活。罱是捕鱼或捞水草、河泥的工具。"罱泥"意同"捻泥"。

拉草：利用帆船风力，用长柄大铁搭把湖底里的鞭子草等拉到船上。

锄（音"时"）田：用锄翻地。

耖田：用犁把土翻起来。

耙田：用耙平整土地。

下（音"话"）谷：把稻谷种子撒入秧田，使其出芽成长。也说"落谷""落秧"。

拔秧：把秧苗拔起，分扎成小把。

种秧、莳秧：把禾苗从秧田里拔出，插入水田里。

耥稻：用耥在稻田里除草。

耘稻：耥过稻后要去除壅在稻棵边的泥土，挖松稻根，去除杂草。

走草头：在耘耥前，最后一次给稻田里拔除杂草。

撩稗：拔稗草。稗草，也叫"稗子"，其叶像稻，籽实像黍米，农民一般视作害草。

看：守护，照料。例：~牛，即放牛。~鸭，指放鸭。~押。

垎（音"郭"）田：农民种水稻，到一定时候要垎田，即将稻田中的水放掉，使稻田适当干涸，以利于根系生长。现多写作"搁田"。

䇎花：稻穗秀出开花。例：该两日稻全~哉。

䆃（音"荡"）肚：谷、麦已长足。

穜（音"权"）：禾熟透呈弯曲状。

斫稻：割稻。

捆稻：把晒干的稻秸捆扎起来。

收稻：天好露水干后，妇女用稻钩子做稻担，男人挑稻装船。

轧稻：用轧稻机把谷子从稻谷上脱下来。也叫"脱粒"。

牵砻：通过牵转特制磨盘（砻），将稻谷变成糙米（现都送米厂加工）。

舂（音"千"）米：将糙米碾成白米（现多为机械加工）。

扦（音"千"）：植物以枝栽种。

扚：①禾穗垂貌。②把东西悬起来。

秨（音"烧"）：禾苗因肥力太足而死。现常用"烧"字。例：～苗。

籤（音"暂"）：颗粒饱满。例：今年水稻的颗粒～来。

秕：形容籽实不饱满。例：～谷、～粒。

瘪：物体表面凹下去，不饱满。与"秕"义近。

穊：原指禾稻不饱满，后引申为凹进去、瘪进去。例：① ～凼。② 车子碰人家，撞仔一个～搭。

稶（音"兴"）：禾密，旺盛貌。

稸：形容植物长得旺盛。与"稶"义相似。

莘：形容草木茂盛。

芃：淀东人形容草、禾长势好，说"稻来芃动格"。与"莘"音不同、义相似。

穬（音"拳"）：禾枯黄也。

穙：稻柴茎不黏也。

籹（音"西"）：（谷、瓜、果等）未结成。例：～忒哉。

稴：禾密，秆细软。例：苗稴来～动格，即太密容易倒伏。

姚（音"曜"）：船行不稳。

攱：不正也，船左右摇晃。例：船啦～。

嘚（音"的"）：用锤轻（慢）敲物。农民搓绳前用锤轻敲稻柴，叫"嘚柴"。

焇：干也，曝也。植物籽粒干熟后会自然脱落。

引鲤鱼：一般在引鱼架上放2—3条鲤鱼，让其自由游荡以引野鲤鱼过来，用鱼叉戳野鲤鱼。

搞螺蛳：用扬网在河（湖）里捉螺蛳。现写作"䎃螺蛳"。

洿溇潭：将较大且深的溇潭、河沟等的四周堵住，再把潭内的水抽干或洿干后捉鱼、泥鳅等。

第六节 篇末补遗

扫码听音频

粜：卖出（粮食）。

籴：买进（粮食），跟"粜"相对。

䞋（音"寿"）：积蓄，积攒。例：我~仔五百块洋钿。

浪藉：撒落在地，拣不起来。例：饭不好好吃，全~啷地上。

蜕：① 蛇、蝉等脱皮（壳）。② 鸟换毛（脱毛后重新长）。

褪：换，掉。例：小鸭~了黄毛。

褪毛：动物换季时，（羽）毛换掉。

褪色：掉色。

毻（音"兔"）：毛、皮等脱落。例：老鸟~毛，比喻老练的人出现失误。

𩪘（音"兔"）：皮剥，皮破。例：~皮。

脱：①（皮肤、毛发等）脱落。② 取下，除去。"脱""蜕""褪""毻"有时义相似，可通用。

萚：草木掉皮、落叶。

箨：竹笋皮。包在新竹外面的皮叶，竹长成逐渐脱落。俗称"笋壳"。

毇：破。例：气球~忒哉。

迸：① 突然碎裂。② 向外溅出或喷射。

枀：撑或临时撑一下。

弄：①干，办，做，搞。②设法取得。③手拿着摆弄或逗着玩。

㶶（音"农"）：勉强应允。例：~得过、好~~。

闩（音"杀"）：把门拴上。

闭（音"别"）：把门紧闭。例：门关来实~~。

门、榎：撑。例：~头。

榎门：以东西支住门。

没：①人去世或物体下沉。②漫过或高过（人或物）。例：今年发大水，田里全~忒哉。

付（音"兑"）：古人购金银首饰，称为"付金器"。

宕：①拖延，搁起。例：现今我手头较紧，这笔钱~一~，以后还给你。②放荡，不受拘束。例：跌~。

歪：物悬而动。现也用"荡"。

吊：①悬挂。②用绳子等系着向上提或向下放。③把球从网上轻轻打到对方难以接到的地方，俗称"吊角戏"。

欨（音"血"）：软的布、纸等经风吹，飘忽不定。也说"飐"。

挨（音"阿"）：①轮。例：~着，即轮到、轮着。②拖延。例：他舍不得走，~到第二天才动身。

皵（音"壳"或"确"）：表层东西失去水分或黏性，致使与内层分离或剥离，称为"皵开""疲开"。

疲（音"嗅"）：①表示程度深。例：屁股打来~嘞~。②与"皵"义同。

浮、氽：浮在水面上。例：伊半沉半~，直~到闸边。

碍（音"呆"）：妨碍，阻碍，碍事。例：~手~脚。

圻（音"戛"）：肌肉为物所轧，谓"圻痛"。

挫：指钱财算错。多给别人叫"挫脱"，少给别人叫"挫着"。

挓：加上。与"叠"义同。例：①该只碗~勒葛只碗里。②几只箱子~~好。

杜：照样复制。例：~个鞋样。~毛造，即没有根据的编造。

圮：① 毁坏，倒塌。竖柱、墙壁等物倾斜欲倒状，淀东人称"圮转啦哉"。② 也形容老年人及酒醉之人走路的样子。例：年纪大了，走起路来~来~去。

空：① 欠（债）。例：自从伊迷上赌博后，~仔行行尽尽铜钿。② 形容词，空闲。

载：① 装载。例：~客、~货。② 记载，刊登。

匡：粗略计算，估计。例：咯样么事，~~有几花重？

扨（音"擎"）、墥：用墙或木板之类的，把房间隔成两个或几个空间。例：把客厅~~开，一半做间书房吧。

括：① 扎，束。② 包括。③ 对部分文字加上括号。

刮：① 用刀等工具贴着物体的表面移动，把物体表面上的某些东西去掉或取下来。例：~鱼鳞。② （风）吹。例：天又~起风来了。

栝：① 原指箭末扣弦处；后引申为偶然看到或听到，称"栝着""栝到"。在一定的范围之内，谓"栝进"；在一定的范围之外，谓"栝出"。② 绊住，阻碍。例：自行车轮被树枝或其他东西绊住了，就说车轮被~牢哉。

絓：绊住，阻碍。与"栝"音、义相似。

衁：血衁。一般指杀猪时不加水凝结成的猪血，旧时用来染渔网。也说"衁血"。

洸：（船）晃荡。

晃：摇动，摆动。

湟（音"汪"）：① 低洼积水处。② 水淌（流）出来了。例：挑水时，桶里水太满，水~出来了。

浥：淋；使湿。

浊：① 浑浊。② （声音）低沉粗重。③ 混乱。

淢（音"郁"）：水涌激状。例：江水一~一~地涌向江岸堤坡。

礅（音"郁"）：放在河中的物体被水浪冲着移动。

袒：敞开。例：~胸露乳。

搭：①卡紧，卡住。例：抽屉~住了拉不开。②刁难。例：~人。③押宝。例：~宝。

粙（音"休"）：用草木灰等吸水性强的东西，放到需要干燥的黏稠物中吸取水分，与"糊"同。

搌（音"崭"或"再"）：用松软、干燥的布或纸等吸水的软细物，轻轻擦或按压以吸取湿处的液体。

蘸：在液体、粉末或糊状物的东西里沾一下就拿出来。

泅：渗透。例：①屋面做得勿好，天一落雨，就要~水。②打碎水缸隔壁~。

烊：熔化金属。例：~锡、~铲刀。

凉：把热的东西放一会，使温度降低。与"晾"义同。

晾：把东西放在通风或阴凉的地方，使干燥。

揻（音"郁"）：把直的东西折弯，又引申为使弯曲的东西变直。例：~网杆、~铁搭柄。给需要变形的竹竿，在相关的地方涂上泥或淋上水，下面用火烤，边烤边用力使竹竿弯曲或直，淀东人此时念"扼"。

灒（音"暂"）：与"溅"义同、音不同。

滮：液体从狭小的孔道里很急地射（出来）。

汋（音"促"或"闸"）：①激水声。②液体因受到外力从洞眼中急射出来。例：水啦~出来。旧时儿童用一节竹管，节头顶钻一小洞，用一根筷子缠上软布头做成像针筒一样的玩具，称"汋水竹管"。

泲（音"仔"）：①水细微涌出。②水喷出时发出的声音（象声词）。

澎：雨被风吹进来。也用"溯"。

潲（音"肖"）：雨在风的作用下斜洒。

戳：凿，用棍棒、筷子等捣或戳。例：把碗里鱼~~碎吃脱伊。

垫：物体不平的时候，用砖或木块垫在下面，使其平稳。与"垫"

音、义同。

填：① 把凹陷地方垫平或塞满。② 补充。③ 填写。

蹾、擎：重重地往下放。例：箱子里有仪器，小心轻放，不要往地上~。

帩、绡：① 缚，缚后在绳子内插入短棍旋转使紧。② 系。例：~尿布，即系尿布。

儋（音"单"）：① 肩挑。② 由肩挑引申为送。旧时农民在田间耕作，由于路较远，中午不回家吃饭，常由家人送饭到田头，称"儋饭"。此外，旧时订婚时，男方要肩挑礼品送定亲礼，称"儋茶礼""儋盘"。通常作"擔"，也作"担"。

僭（音"箭"）：① 超越本分。例：伊忒精，总想~别人便宜。② 占。例：老式床忒大，把勒房间里~世界（地方）来。今写作"占"。与"轧"音同、义相似。

撑：① 别扭。例：侬勿要~骚。② 故意捣乱。例：侬勿要瞎~。

漯（音"立"）：漯浆。例：浊酒用布袋糠灰~过后就清了。

屦（音"劣"）：穿衣太急而斜缠于身。例：衣裳着得~转仔。

刌（音"挑"）：割。例：~断，即将衣服上冒出的丝线等相连处割断。

穿：① 破，透。② 通过（空洞、缝隙）。③ 用丝线把物品连起来。④ 把衣服、鞋袜等套在身上。

朆、𠀾："勿曾"的合意字，不曾、没有。例：我今朝一直在屋里，~出去。

覅、嫑：不要。例：① 苹果只剩一个了，你吃吧，我~吃了。② ~面孔，意为不要脸面。

覍（音"交"）得：只要。例：吾~啤酒，勿要烧酒。

甮："勿用"的合意字，不用。也写作"甭"。

撬（音"乔"）：① 硬行扭转。② 从中作梗，阻挠，使事情做不成。

劚：破裂。例：① 鞋子~开。② 西瓜熟透了，拿西瓜轻点，要~开的。

冒：① 向外透，往上升。② 不顾（危险、恶劣环境等）。③ 冒失，冒昧。④ 冒充。

渭：水涨，往上、往外溢。

拑（音"钳"）：胁迫，钳制，要挟。别人得了好处或者自己吃了亏，心中不平、不满，从而胁迫、钳制、要挟别人。例：勿是我～你，该趟参观你好去，我就也要去，我的条件、资格勿比你差。

綮（音"欠"）：指垂死的人勉强维持生命的阶段。例：当伊马上要死哉，还～仔一日刚断气。

灂：将沸水注入玻璃杯后，杯子裂开。与"爆"同。

鬠（音"豁"）：摇动，摆动，挥动。例：摇头～尾，指犬马摇动尾巴。

潎：把水泼出去。例：① 菜秧上泼点水，淀东人说"～点水"。② ～粪，即浇粪。

瀝、颣、类：新的、干净的衣物沾染上了污秽的东西。例：连～，指累及旁人，也用"连涞（音'类'）"。

贳（音"达"）：求借。例：我急用，请你～点铜钿给我。贳点铜钿，即借点钱。

嵌：把较小的东西卡进凹处。

诇（音"违"）：① 决定后懊悔，想退还给卖家或转卖给别人，就说"诇脱它"。② 告诉。③ 声音在人上面（回荡）。

戗（音"呛"）：与风向相对，逆向。例：～风、灩～船、～板（淀东人也叫"翘头"）。

晒：在日光下暴晒。例：～啦日头里，即暴晒在日头下。

昳（音"跌"）：日落。例：日头～下去了，指太阳沉下去了。

眼：晒东西。把东西放在日光下面晒。

煝（音"妹"）：没有明火，慢慢燃烧。以前农村里夏天为了驱蚊子，在场中堆一堆杂七杂八的细乱柴（半干半湿），点上火，使其出烟雾熏蚊子，叫"煨煝烟"。

瞨（音"仆"）：俯视，引申为将倒未倒的状态。例：田里咯稻全~倒个哉。

赦：宽纵，赦免。

贳、赊：① 出租，出借。② 购物暂欠钱款。

断：① 将长形的东西分成两段或几段。② 判断，决定。例：这个案子~得公道。

黗（音"屯"）：积聚货物。现写作"囤"。例：~货、~米。

埄（音"蓬"）：扬起。例：你不要敲哉，灰尘~得不得了。

熢（音"埄"）：① 烟火起势，火焰突然燃起来。② 量词。例：一~火、一~烟。

㷄（音"叹"）：以火烧。与"烎"音、义相似。例：~茅柴，指点着火烧燎田埂上的茅草。

挺：① 留，剩。例：侬勿要拿小菜都吃光，~一眼拨我吃。② 硬而直，伸直或凸出；勉强支撑；支持。

盝（音"禄"）：衣物于水中浸一下，不用洗。例：~一~水、~水，指新布或新衣服浸湿。

絡（音"络"）：① 用绳子将物系住。② 名词，挑酒甏时用绳子结成的网兜状的网袋，叫"甏絡"。

砘（音"驳"）：用石堆砌。例：① 河边浪新~仔一个河滩。② 石~岸，即石驳岸。

鏦（音"冲"）：将凿子一类的工具顶在要穿孔的东西上，用锤击使穿。现与"凿"同，打孔之。例：铁皮浪~个洞。

蜒（音"延"）：指蜗牛等软体动物缓慢行动。例：盆里的螺蛳~出来了。

堙：① （火、光）熄灭。② 埋没。

煜（音"欲"）：晃动，挥动。微风吹火苗晃动的样子。

滋：汗水、浓液等液体往外渗。

斛：多，溢出。例：① ~奶，即奶水多，溢出。② 他袋里的钞票多得勒拉~出来。

滒（音"各"）：搁浅。与"搁"义同。例：一只船~在沙滩上。

敲（音"鹊"）：指甲或竹木等表皮裂开的部分翘起来。例：肉~。

蹴（音"就"）：收缩。与"搣"音、义相似。例：搓绳过紧，绳子会~拢来。

趜（音"菊"）：长条的物体蜷曲、收缩。例：抽筋痛得脚~仔起来。

鞦（音"秋"）：收缩。例：① ~着眉毛。② 大黑马~着屁股向后退。

髼：头发散乱。现写作"蓬"。例：~头散发。

笍（音"穿"）：以竹贯物。

趱（音"杂"）：路高低不平，车子开在上面总是趱上趱下，即颠簸。

收拢：① 把散开的聚集起来。② 收买，拉拢。

收服、收伏：制服对方，使顺从自己。

收口：①（伤口）愈合。② 纺织东西时，把开口的地方结起来。

搂（音"拢"）：收拢聚集，指本来摊开的东西团缩在一起。例：棉袄里葛棉花~勒一淘哉。

隳（音"毁"）：毁坏。物品搁置时间长，致其质地疏松，一碰就碎，称为"隳脱哉"。需注意："隳"是物品受大自然之湿、曝、风化等长时间侵蚀而质地自行疏松败坏；"毁"则是人为的短时间内的破坏，且其碎片的质地依旧。

瓯（音"翕"）：器破。例：一只木桶~脱哉。

埣（音"碎"）：土不黏，淀东人说"埣"或"雪埣""百埣"。

钠（音"柄"）：结合，融合。例：这两块泥已~结在一起，分不开了（"并"在一起是分得开的）。

跢、趓（音"夺"）：从高处投下或掉落。例：秋天到了，树叶一瓣一瓣~落下来了。

揎、堕：落，掉，与"跢""趓"义同。例：东西~在地上。

搬场：搬家。

绺（音"拜"或"襻"）：原为名词，指驾驭牲口时用的嚼子或缰绳。后引申为草棚（屋）、柴稞等防风吹脱，在上面用绳索对角或横斜地固定住。例：起阵头哉，草棚顶用几根绳~~牢，防止风吹脱。

变死：作死。

贴本：把本钱赔进去，亏本。

拆蚀：① 亏本，让别人吃亏。② 客套话，破费。例：该桩事体忒~侬哉，难为情咯。

出气：发泄不满情绪。

出场：① 出面交涉，出面干预，解决问题。② 出来撑撑场面。③ 参加表演或竞赛时在台上露面等。

出空：① 把东西全部拿出来，腾空，使空。例：~一只箱子好放衣裳。② 忙里偷闲，腾出时间。例：~点工夫。

出山：① 原指隐士离开居处，出任官职，今多指德高望重者出面。② 学成某种技术，熬出了头。③ 指有发展前途或有出息。也作形容词。

出糗：指失态或做出让自己感到羞愧、难为情的事。也说"出臭"。

出道：学徒学艺期满，有了职业，能独立生活。

出头：① 出人头地。② 带头。③ 出面替人说话、说情、办事等。

出手：① 卖出货物。② 拿出来，出击。也指袖管的长短。

出嘴：比喻只说，没有行动或没有能力做。也说"出只嘴"。

出账：付出款项。

出血：比喻为他人拿出钱或拿出东西，常为诙谐意。

穿绷：被揭露、揭穿。现写作"穿帮"。

打棚：开玩笑。

打烊：商店等营业场所晚上关门停止营业。

遮瞒：挡没，遮挡，隐瞒。例：侬人长，立勒门前，光线侪畀侬~哉。

垫背：① 比喻代人受过。② 名词，指代人受过的人。

垫补：① 用别的收入款来补充正常收入的不足。② 吃少量的食物来

解饿。

趱差：① 撞入拆穿歹事。② 没有预告，突然出现在别人的工作岗位上。

戳㸸：出口没好话，骂。例：拿伊~仔一顿。

断档：缺货，脱销。

翻梢：① 旧时指赌博时赢回已经输掉的钱。② 报复。

放汤：本义是浴室接近打烊，开始排放浴汤水时任人去洗浴，不收浴票。旧时当电影放映或演戏快要结束之际，影院、戏院大门敞开，允许无票者进去观看，把门人员不加阻止，亦称"放汤"。

拎慢、拎轧：① 办事遇到麻烦。② 谓人喜欢从中作梗，阻挠别人成事。例：迭个人蛮~咯，侬要防伊一脚。

轧拎：正好重叠。

浪搭：耽搁。

促成：推动使成功。

促使：推动使达到一事实上的目的。

促退：促使退步。与"促进"相对。

偏袒：因私心或偏爱而袒护矛盾双方的一方。

偏好：① 对某种事物特别爱好。② 副词，恰巧。例：我正去他家里找他，~在街上碰到了。

现世、显世：出丑，丢脸。

现成：① 已经准备好的，不用临时做或找的。② 原有的。

剨坼：裂开。例：地皮~。

皴破：皮肤开裂。

搭界：① 发生关系。② 交界。

搭脉：① 诊脉，按脉，把脉。② 比喻衡量、掂估他人（对方）的实力。引申为对各种实力的比较、试探。

搭桥：撮合，多指婚姻，现常指介绍双方联系合作。

搭腔：交谈，理睬，接着别人的话题谈，主动与别人说话。

豁脱：丢掉，遗失，损失，花费。

豁开：裂开，敞开。

还敬：一般指在宴席中人家敬酒后要回敬他人，也指礼尚往来中的还礼。

还潮：回潮。例：黄梅天，昨日晒干的衣裳～嘞。

还韌：食品受潮，变得不脆。也用"还韧"。

惹馊：容易馊。也说"拉馊"。例：迭只菜～。

活络：① 动摇，活动。例：我只牙齿有眼～了。② 形容词，灵活，不确定。例：头脑～。

活现：逼真地显现。

活像：极像。

火煠（音"闸"）：火灼，着火，失火。

火头：火的大小，也指人发火的程度。

鬾迷：① 被鬼魂迷住。② 施展手段迷惑人。

寅寙（音"朗抗"）：器物徒占地方，引申为无事可做，空闲着。例：侬该几日勒拉做啥？勿做啥，～拉屋里。

开恩：给予宽恕，施与恩惠，多用于向人求情。

开荤：原为信教人解除吃素戒律或已满吃斋期限，开始食肉。比喻经历某种新奇的事情，或几经失利后，首次取胜。

开销：① 斥责。② 支付（费用）。

开烊：（冰、雪等）融化。

连牢：衔接，使衔接。

健傼（音"连牵"）：① 连接在一起。② 形容词，用在动词之后，表示行，会做事。例：勿～，指做不好。

落脱：掉落，遗失。

落眼：被人发现。

抛锚：① 把锚抛入水中，把船停稳。② 车船中途发生故障而不能行驶。比喻正在进行中的事情因故中止。

泡汤：① 落空。② 完蛋。

拼凑：把几份零散的钱或东西凑合在一起。

破费：花费（金钱等），多用作应酬语。

䞍（音"清"）等：① 坐等（责备、惩罚）。② 坐享（现成）。䞍：承受，受赐。

䞍受：承受，继承。

㒻、劀（音"滚"或"贡"）：① 似有物在里面钻动。例：~脓，指伤口感染或疮疖在皮肤内部生脓。② 物从地上破土突起，与"窜"同。例：一夜好雨，豆苗从土里~出来了。

滗（音"盘"）：逆溢而上，或水流回旋，也写作"盘""槃"。例：~清水，指胃里的酸水液体反溢至口中。

滗戗：指帆船斜角行驶。

掉戗：调转方向，引申为换一种行当、换一种生活、换一种方式方法等。例：生活~，赛（胜）过勃相。

上腔：寻衅，跟人过不去。

通扯：① 总的来说，总共算起来。② 一个总数按平均数计算。

天打：雷击。

吭拨：没有。

像煞：好像，似乎。

拉倒：算了，作罢。例：你不去~，随便你。

悬开：离开、相隔一段距离。例：伊屋里~吾屋里有五里路。

用空：支出超过收入。

够住：刚巧，不超过。与"够了""够哉"相似。

有得：表示这样的情况以后还会多次发生。

溚沱（音"特度"）：水波一波压一波，现比喻在一件物品上再加一件物品。

检点：① 察看符合与否。② 注意约束（自己的言语行为）。

胜似：胜过，超过。

发风：刮风。

霉（音"㨰"）：云动貌。例：云在~，即云在动。

让还、让为：要算，难为。例：一张嘴两爿皮，翻天覆地~伊。

看穿：① 看透。② 透彻地了解对手的计策、用意等。③ 透彻地认识对方的缺点或事物有没有价值、有没有意义。

看想：看上，喜欢上。例：小赵~小李，开始追求伊哉。

看相：看上去的形象。意同"卖相"。

䞒（音"挑"）：给甜头、好处。例：~~你揭个便宜货。也用"佻"。

轧头：理发，剃头。

开面：开脸。旧俗，女子临出嫁前改变头发的梳妆样式，净脸和去掉脖子上的寒毛，修齐鬓角。

嗢空：无中生有或子虚乌有。

第三章 老乡形容有词

第一节 气味状态

扫码听音频

（一）香臭腥霉之气

青枝气：① 蔬菜未烧熟时残留的气味。② 草木枝叶折断后散发出的气味。

腤臭：腐水等发出的腐臭味。

噢气、蒿（音"号"）气：咸鱼咸肉放置时间久了，四周出现的一种黄色的物质散发出的气味。

布毛臭：火烧布发出的气味。

汗酸臭：出汗后身上散发出的咸酸臭味。

涩：① 像明矾或不熟的柿子那样使舌头感到麻木、干燥。② 摩擦时阻力大，不润滑。③ 动词，（表情）不自然，（处世）不成熟，难读，难懂。

气饐（音"子"）：臭败、难闻的气味。

酸胖气：豆类久泡后或某些东西发酵后发出的酸臭味。

腥气：有腥味。例：鱼~。

生腥气：新鲜的蔬菜或蔬菜没有煮熟所持有的一种味道。

肉夹气：不新鲜的猪肉发出的难闻的腥膻气味。

孔窟气：腌制在坛子里的咸菜因漏气而变质，表面层的菜发出的气味。

饂（音"厄"）蒸气：米粉一类的东西受潮或放久了发出的霉味。

馊气：饭菜等变质而发出的酸臭味。

齄齽（音"阿捻"）臭：形容臭得极度厉害。

氳氤（音"忽亨"）气：因潮湿、不通风而发出的霉臭味。例：你屋里一股～，快点开开门、开开窗，透透气。

血血叫：有臭味，但不太剧烈。

宿毒气：食物发霉、变质的味。

膻气：多指羊肉散发出的气味。也称"羊臊臭"。

奶花香：吃奶小孩身上散发出的乳香味。

清香：清淡的香味。

香馞（音"蓬"）馞：香气扑鼻。

烟火气：饭菜里有烧柴的烟火味。

（二）多角度显示状态

长：两端之间的距离大。

短：两端之间的距离小，跟"长"相对。

粗：① 条状物，横剖面大；或指颗粒大。② 强，多。例：伊路道～到来。

细：条状物，横剖面小，跟"粗"相对。

蹝（音"徙"）：小。例：～小一点点。

方：四个角都是 90 度的四边形，或六个面都是方形的六面体。

圆：形状像圆圈或球。

扁：① 图形或字体上下的距离比左右的距离小。② 物体的厚度比长度、宽度小。

凹：低于周围。也说"趋进"。

凸：高于周围，跟"凹"相对。也说"趋出"。

平：表面没有高低凹凸，不倾斜。

直：① 成直线的，跟"曲"相对。② 从上到下的，从前到后的，跟"横"相对。例：笔~。

弯：弯曲，转弯抹角。

喎：歪，偏斜。例：~斜，指嘴、眼等歪斜。

曲：弯曲，跟"直"相对。

竵：物不正。现写作"歪"。

斜：跟平面或直线不平行，也不垂直。

笡：歪斜，不正。例：伊字写~脱嘞。

迡（音"尺"）：不是正面。例：我家和他家~对面（角）住着。

偏：① 不正，倾斜，跟"正"相对。② 仅注重一方面或对人对事不公正。

仄：① 狭窄。例：逼~。② 心里不安。例：歉~。③ 倾斜，不正。

昃（音"仄"）：太阳偏西，引申为倾斜。

侧（音"仄"）：倾斜，不正。例：~歪。

庂（音"仄"）：倾斜。例：~转仔身子。

宽：横的距离大，范围广，跟"狭"相对。

挝：横的距离大，宽。例：① 度来野~~。② ~出啦，即凸出啦。

狭：窄，跟"宽"相对。

狭窄：① 宽度小。② 范围小，心肠和见识等不宏大、不宽广。

歧：器损不能合归。例：这只凳子一只脚有点~了，坐下去要当心。

攱：邪，不正。

侳：形容物体平而直。例：直~~。

挺：硬而直。

挺括：① 指衣饰平整、光鲜。② 物件的质量优良。

第三章　老乡形容有词

衺：不正，身体歪斜，脚不稳。

巉、磙（音"残"）：形容坡陡。

趈（音"杂"）出：触。例：介硬格物事摆勒袋里，袋袋~仔，难看勿难看？

趈角：① 不方正，不圆整。② 走斜路。例：抄~。

糁（音"菜"）差（音"醋"）：形容物体长短不齐。例：~不齐。

呙抿：两样东西合拢，无缝隙。例：~缝。

俙（音"戏"）缝：两物之间小的缝或很小的缝。

儳：物体变得宽缓了。例：格只棕绷发仔~哉，勿好困人咯哉。

弞：物品由于外力或受潮变得比原来长。也写作"癸"。

给：棕绷床垫等受压而微下陷。

髡：① 头发下垂。例：头发~下来了。② 引申为其他东西下垂。例：窗帘太长，~到地上了。棕绷松弛，~下去了。长裙太长，~着地了。

趟：压扁（缩）。例：沙发坐得~下去了。

蘝（音"乔"）：木制器具等受潮或经暴晒后变形，某些部位呈弓起或凹陷状。

翘庋：裂开。也说"翘裂"。

氀：轻貌。例：~货，即泡发的海绵和棉花等轻空之物。现常用"泡"。

庘（音"鸭"）：屋欲坏。引申为不结实、不坚固、质量差的货物。例：阿~货、~~糊。

嶙仃：悬空危险。也说"嶙里嶙仃"。

跨仃：① 小儿初行不能立。② 脚细长。③ 行不正，立不稳。

伶仃：① 孤独，没有依靠。② 瘦弱。例：旭拨~，形容摇摇欲坠的样子。

仚（音"仙"）：① 称东西时，秤杆往上翘的样子。② 动词，人在山上，引申为高举，即翘起。例：小孩玩耍，双手着地，屁股~起。

窐（音"汪"）：称东西时秤杆往下沉的样子。

尖厼（音"年"）头：冒尖一点点。

㠥（音"雪"）尖：极尖的样子。也说"㠥利尖""㠥力尖"。

伾：① 端末较平或钝而无锐。例：用~头铅笔写字，笔芯不断。② 伾心：用心，负责。形容一个人对所从事的工作认真负责。例：伊~来说海还啦。

勩：器物的棱角、锋芒等磨损。例：~忒哉。

钝：形容不锋利，跟"快""利""锐"相对。

锛（音"笨"）：刃口不锋利或出现缺口。例：~忒哉。

快：① 形容刀、剪子、斧子等锋利，跟"钝"相对。② 形容速度，跟"慢"相对。③ 愉快，高兴，舒服。④ 爽快，痛快，直截了当。

厚：扁平物上、下两面之间距离大，跟"薄"相对。厚实：富裕。

䚩：角钝而圆。引申为圆柱体，结实。例：伊葛身体生来~葛。现写作"浑圆"。

囫囵：完整，整个的。

零碎：细碎，琐碎。

零散：分散，不集中。

殕（音"酥"）：食物煮得十分熟、烂。例：肉烧得~来。

餱、糇（音"厚"）：干粮。引申为稠，现用"厚"。

薄：① 与"厚"相对。② 稀。例：这粥太~了，一会儿就要饿的。

浓：液体或气体中所含的某种成分多，稠密，跟"淡"相对。

酞（音"浓"）：酒味浓厚。

秾（音"浓"）：花木茂盛。例：夭桃~李。

淡：液体或气体中所含的某种成分少，稀薄，跟"浓"相对。

腻（音"尼"）：① 食品中油脂过多。② 厌烦。③ 润泽，细致（细腻）。

㮇（音"腻"）：黏稠。例：今朝咯粥~得来。

淰（音"念"）：粥不稀薄。与"㮇"义相似、音不同。

韧：受外力作用时，虽然变形但不易折断，跟"脆"相对。

靭、韧：柔韧，柔而不断。与"韧"音、义相同（但一般用在对食品之类的物态上）。

缱：指东西柔软、有韧性，不容易断。例：韧~~、韧皮吊~。

馇、䊀：黏也。炒菜时在菜里放入淀粉使汁变稠，称"勾馇"，现常用"勾芡"。"䊀"与"缱"相似，但一般食品类用"䊀"，其他用"缱"。

生：① 果实没有成熟，跟"熟"相对。② 食物没有煮过或煮得不够。③ 生疏。④ 生存，活，跟"死"相对。

熟：① 植物的果实等完全长成，跟"生"相对。② 食物烧煮到可以食用的程度。③ 程度深。例：睡得很~。④ 熟练。例：~能生巧。

夹生：（食物）没有熟透。

夹生饭：指半生不熟的饭。比喻开始没做好再做也很难完善的事情，或开始没有彻底解决以后也很难解决的问题。

温暾：① 水不冷不热。② 言语不冷不热，含糊随和。③ 引申为人的性格不忧不急，没有激情。也写作"温吞"。

溏（音"唐"）：不凝结、半流动的。例：~戳蛋、~心蛋，指蛋黄没有凝固的蛋。

䍚（音"浪"）：稀疏。例：稀~~。

稀：① 事、物出现很少。② 事、物的部分之间空隙大。③ 含水多，稀薄。

棚、䉤：密，多指庄稼、草木等茂密，跟"稀"相对。例：秧种来忒~。

氇（音"鹿"）：秃，没有毛，光秃秃的样子。例：天干，下的菜秧出了没有几根，看上去稀~~格。

兴：① 兴盛，流行。② 植物长得旺盛。③ 毛或发多、长、密。

勋：兴旺。例：手气~，即手气好。

穆（音"目"）：美，多也、和也、厚也、清也、悦也。例：东西多来~姥姥。

泞：泥烂，泥泞。

名：二物连接在一起。例：~牢啦，即粘在一起。

澥（音"尕"）：形容淡、稀。与"淰"相反。例：粥煮得太~了。

貈（音"得"）：黏。例：~牢。还有"嘚""㮣"等几种写法。

醍（音"得"）：经水湿润后，羽毛、纸帛不能分开。例：~牢啦。

佮（音"化"）：丝物被磨薄将破。例：① 我的衣服旧得薄薄的，将~开来了。② ~开，即破开。

绝嫩：非常嫩。也说"习嫩"。

绝薄：非常薄。

绝细：极细。

绝齐：形容非常齐。

齐整：① 有秩序，有条理，不凌乱。② 外形规则，完整。大小、长短、高低相差不多，整齐。例：麦苗长得~来。

混乱：没条理，没秩序。例：思想~、秩序~。

紊乱：杂乱，纷乱。例：秩序~、思路~。

碌乱、络乱：纷乱，杂乱，无秩序。

绝碌乱、七碌乱：乱糟糟，乱作一团。

糟糕：指事情、情况坏得很。

倪倪：物体细腻而光滑。例：细~。

软熟：柔软。

肉头厚：形容家庭经济比较宽裕。

煞根：极度或得到极度的满足、痛快、过瘾、尽兴。

煞博：厉害。

煞瘾：十分过瘾。

煞齐：很整齐。

煞清：很清楚，很干净。

煞辣：① 言行干脆。② 泼辣，厉害。③ 很，非常。

煞捯清：① 环境十分清洁、清爽。② 往来账目非常清楚。

煞揌齐：① 物件摆放相当整齐。② 植物的大小、长短、高低相差不多。

堎：① 烟或尘土乱飞的样子。② 量词，用于烟、灰尘。例：一~烟。

潮：有点儿湿，程度轻。例：黄梅天，房间里~得来。

洪（音"拱"）：湿透。例：衣裳浸浸~，汰起来好汰。

锃亮：形容器物摩擦后光亮。

憾眼：同"触眼"，难看之物，甚至令人生气、憾气。例：看见仔~。也说"憾心"。

搭浆：① 东西质量差。② 为人差劲，不上路。

差劲：（质量、品质、能力）差，不好。

戽（音"督"）底：极差的，最差的，最后面的。例：~货（喻人喻物）。

酩酊：到顶了，到底了，形容大醉。

妥帖：恰当，十分合适。

海还：① 放肆，神气。② 阔气，了不起。③ 助词，表示程度深。例：肚皮饿来~。

奅奅（音"富莘"）：① 多，有多余。② 丰盛，宽裕。现俗用"富胜"。

大敞：足够了。例：这点饭两个人阿够吃？~。

尽（音"进"）够：足够。

光生：光滑。

花妙：色彩鲜艳，吸引人的眼球，一般指打扮或装饰。

花色：① 花纹和颜色。② 形容人的脸色（面色）。例：你面孔~好来。

豁边：① 越出范围，出圈。② 预想中的事情出了差错。例：看~，指看错了。

清泠（音"零"）：形容温度低，冷。也说"清清泠泠"。

清朗：凉爽晴朗，清净明亮，清新明快。

清爽：① 干净，凉爽，清楚，明白。例：这家收拾得非常~。② 天空晴朗。

龌龊：① 肮脏，不干净。② 比喻人的品质恶劣。③ 形容气量狭小，拘小节。

脂腻：肮脏的令人作呕。例：~相。

污酥：① 一般指环境不干净、脏。② 也指天气不爽。

腻腥：不干净。

邋遢、撒撞：① 肮脏，不干净。例：~衣裳、干净冬至~年。② 垃圾、尘土秽积。③ 不注意卫生。

卫生下乡

鏖糟：污秽，指东西不干净。

考究：质量好、精美，引申为讲究吃穿等。

扣夹扣：时间或物刚巧、正好，不早不晚或不多不少。

夥颐（音"斜气"）：许多，很多。

仓促：（时间）紧促，急促，匆忙。

牢桩：结实，牢固。例：~拍实。

檽檽（音"摞多"）：太多。例：结个~。

谬（音"碌"）：形容器具中没有东西。例：空~~。

潦倒：① 马虎，不负责任。② 颓丧，失意。

簏籔（音"落束"）：捧在手里的东西荡荡落落，衣服褴褛不整。例：破袄~。

闹猛、闹热：热闹。

冷静：① 人少而静。② 沉着而不感情用事。

冷清：冷静而凄凉。也说"冷冷清清"。

猁䄔、焿妞（音"幼纽"）：物晒至半干状。例：潮~、干~。

枉苦：枉自，白白地。

枉空：① 徒然，枉然。② 白白地，不像样。

䀿暗：背对光亮。

配称：① 贴配。② 正合适，相称。

配身：合身。

錤（音"记"或"锯"）：贵得很厉害。例：现在的房价到处~得吓人。

锶：形容价钱便宜。

穷：① 狠狠地，拼命地。例：~凶极恶。② 非常。例：迭朵花~漂亮。③ 贫穷。

旧：① 过去的，过时的，跟"新"相对。② 经过长时间或经过使用而变色、变形的。

宿：过时的，陈旧的，不新鲜的。例：~笃气，指霉味。

新：① 刚出现的或刚经历到的，跟"旧""老"相对。② 没有用过的。

鲜鲜：新鲜。例：~肉，即刚宰杀的猪的或其他动物的肉。

渣潽、渣渣潽：形容非常满。

匀称：均匀，比例和谐。

匀净：粗细或深浅一致，均匀。

匀整：均匀，整齐。

调匀：均匀，调和。

头挑：第一流的，最好的。

呇（音"吁"）：① 微弱暗淡。② 动作轻，小声。

熅：微火，无焰头。

炪（音"窨"）：① 指灯火渐小，俗用"隐"。② 也指火熄灭。例：香烟头掐~，当心着火。

晻：阴暗不明。与"暗"义同、音不同。

弥嘞：形容远、早。例：节目啥辰光开始？还~（指还早）。

趄（音"摸"）：① 形容做事慢吞吞。例：伊做事体~法~法。女人动作慢，淀东人称"趄太太"。② 镬子壁厚烧饭慢，淀东人说"镬子趄来"。

上勿上：指身体不舒服的状态。例：今朝伊~，请假一日。

动勿动：原意是因病、因伤、因老而行动困难，引申为干活太吃力、太累了。意同"势坍无休""蹇蹇勿动"。

推板：① 动词，摇船的动作（"推艄""扳艄"的全称）。② 比喻人的品德、素质或物的质地差劲、逊色。例：这人~，欠了钱不肯还的。③ 比相比较的对象少或轻等。④ 相差，不相合。

弯突（音"绕"）：指屋深且曲。例：曲脚~、曲里~。

弯脚：不直，比较绕。例：伊拉屋里~来，蛮难寻格。

稀罕：形容东西难得、稀少。也说"希罕"。

细洁：细巧光洁。

㾾塞：房屋低矮狭窄，有压抑感。

葉薄：方言常用叠字。葉葉薄：很薄。

麽：一点点，很小很小。例：这样一~~格字，看也看不清。

颸（音"委"）：专指风略小。与"微"音不同、义同。例：~~较有点小风。

雪爽：① 干脆。② 脆，容易弄碎。

雪糁：形容泥土、物料像天上落下的雪珠和饭米糁及谷粒磨成的碎粒一样松碎。也说"雪悴"。

悛（音"燥"）：形容性子比较急，也可指人的爆发力强，与"躁"义近。例：迭个人性子~来。

餍（同"厌"）：① 吃饱。② 满足。例：再好吃的末事，吃多了侪会吃~咯。

约酌：大约。

约莫：大概，估量。

囨（音"石"）硬：坚强，能忍受皮肉的痛苦。

结实：① 坚固耐用，健壮。② 动词，长出果实。

扎货：形容容器的容量大。例：薄皮棺材死~。

扎实：多，充足。例：这家人家结婚时的菜肴~来。

扎足：① 形容器物容量大。② 形容器物结实。③ 形容某件事做到十足的地步。例：台风~、面子~。

扎墩：形容身体强壮结实。

扎（音"石"）硬：坚硬，刚强。

偺（音"扎"）厎（音"仔"）：形容物件坚固。例：这只台子交关~。

崭齐：极整齐。

崭新：极新，簇新。

准足：① 数量、分量或尺寸准确。② 做人诚实。

准作：准确无误。

伲（音"仔"）：指装载的东西重。例：实~~、厚~纳得。

空㷳㷳（音"壳落"）：空壳子，器物或房子内空无他物。

窅（音"窅"）：形容深远。与"遥"义近，与"邋""遢"音、义相似。例：隐~~，也写作"隐遥遥"。

曗（音"业"）：稍暖。与"热"义近。

湮、洇、瀴、洇（音"印"）：冷，凉。例：朝立秋，~飕飕。

荫络：风凉，凉快。

暖热：（气候、环境等）不冷也不热。意同"暖和"。

第二节　身体形态

扫码听音频

奘：粗而大。

壮：强壮，雄壮。

瘦：人体脂肪少、肉少，跟"胖""肥"相对。

歊：瘦，弱。淀东人常说"歊气"。例：人家营养不良，身体~气来。

姚：形容身材高。例：高~。

敎：① 人长得又高又瘦。② 东西又细又长。

旭趠（音"耀照"）：站立不稳，走路摇晃。头重脚轻，摇晃欲跌，这里不但指人，也可以指物。

板扎：① 指身体结实。② 干事缜密、细心。

礵：形容面无血气。例：伊面孔白~~，身体勿晓得阿好勒拉。

奋：① 涨大，面团等物发酵后体积增大。引申为不结实，虚有其表、胀大虚肿的样子。② 形容脸盘大，也写作"顿""霏"。

颥（音"凹"）：形容面部凹进，前额大而向前突出。例：~里眼，即额骨凹。

顑（音"砍"）：因饥饿而面黄肌瘦，颔凸出。例：颥里眼、~额角，形容人瘦得走形。

嚼：口不正，俗称"歪嘴"。

睫：下眼皮外翻。例：① ~眼。② 嚼嘴~眼，指身有残疾。

蹩脚：原指手脚扭伤，后引申为质量差的货物、本领不强的人。例：~货。

敖：皮肤粗糙。与"糙"义近。

咥（音"至"）咥：形容轻笑。例：~地笑。笑的样子，俗称"咥（也音'唏'）笑"。

趪（音"旺"或"晃"）：形容行、坐不稳。与"晃"义近。例：~勒~。

出轨：原指列车等脱离轨道，现常比喻言语、行动超出常规。

惴（音"乞"）力：疲劳，累。俗称"吃力"。例：~来，动勿动。

痻（音"坍"）：疲劳过度，体力不支。例：这几天重活做下来，我整个人~脱哉。

脖：肿。面孔被打肿了，也说"面孔被打得脖起来了"。

肛（音"红"）：① 皮肉隆起。② 疮疖在发炎、化脓。

清脱：① 干净，清洁。② 清楚明白。③ 也形容人的面色好。

清健：健康（多用于老年人）。

晨练

趇、趍：形容小孩初学走路的样子，也形容老人步履蹒跚的样子。例：小囡走路一~一~，蛮好白相。

晥漂（音"表"）：漂亮。例：① 今天你穿得~来，意即衣着整洁、漂亮洒脱（有时带贬义）。② 嘴上~，即说得好听，但没实际行动。

标致：形容相貌、姿态美丽。

登样：① 漂亮，身材、相貌长得合标准。② 像样。

敳：① 能干，能力强，手巧。② 身体硬朗，与"强"义同。例：八十多岁的人哉，还实能~。卖~，即逞强。

结棍：① 形容厉害。② 形容多。③（身体）结实。

结足：① 人长得结实。② 物件包裹严实。

阔勃：形容人比较粗壮。例：你看他身坯多~。

劳碌：事情多而忙碌。

配身：合身。

配称：相称，般配。

起眼：① 看起来醒目，惹人重视。② 惹眼。

起劲：工作、游戏等情绪高，劲头大。

笔挺：① 像笔杆一样，立得很直。②（衣服）很平，而且折叠的痕迹又很直。

升旗仪式

笔板：形容脸部表情严肃，脸色难看。也说"毕板""壁板"。

笔直：很直。例：～的马路、站得～。

神气：① 神采奕奕、精神饱满，也指漂亮。② 贬义，自以为得意而骄傲、傲慢，不受看的一种形象。例：你看他那股～，我就是看不惯。

收身：体型收缩之状。例：原来有点虚胖，现～一点，显得结实了。

踏跶（音"塔杀"）：行动迟缓之状。淀东人用以形容某人比较笨重，动作不灵活。

颣颡（音"了轿"）：原指头长貌，现引申为另类表现，不合常态。

乡气：土气。

小样：（身体）瘦小，矮小。

犳（音"槽"）：人或动物由小渐大，长到不大不小时叫"犳"。半大小孩称"犳头囝"。

吴（音"哇"）：人说话声音大。高声说话，称"吴啦吴啦"。

匆（音"铳"）：急遽之态，亦有急速、立即、惊慌之意。

硬张：① 牢固。② 为人处世经得起检验。

有种：有胆量，有志气。

俀（音"梯"）：行动迟缓、拖拉。例：~拖啦拖。

佚（音"吐"）：捱着，拖拉着；虚度时日。与"拖"义同，常作动词用。例：① 借了人家的钱要尽快还，不要~着不想还。② 老爷子不想去医院检查身体，总是~一天是一天。

第三节　为人处世

扫码听音频

肮三：使人讨厌，差劲。例：~货，指本领不强的人、质量不好的东西。

偏执：偏拗而固执。

偏心：偏向一方面，不公正。

奔心：① 形容认真。例：做事只要~，那么一定能做好。② 动词，指时刻关心着某事或某人。例：小明在姑妈家里住，姑妈~来，当成自家小囝一样。

实心：① 心地诚实。② 物体内部是实心的。

把家：① 形容惯于勤俭持家。例：伊蛮节省咯，~来！② 动词，指管理家务。例：伊拉屋里哈人~？

把细：小心，仔细。

算省：节省。

经节：省，节约。不是只某一方面的省、节约，而是方方面面都考虑到，能省即省。与"经绩"义同。

捏罔、捏梦：用来指责捕风捉影、说话不着边际的人。

赟凑：① 迁就，自觉主动地帮别人。② 收着，抱着。③ 把东西送给人。

赟：凑，趁，顺别人。因机遇失去抱恨终身，称"赟恨终身"。

乐恺：大方。常说"乐门乐恺"，即大大方方。恺：快乐，和乐。

傡（音"骚"）：骄也。例：~得不清。

骚：言行举止轻佻下流。

惛心：多心，惑心，疑心。

詉：搬弄是非，乱传言（话）。

訆：言多，且不着正题。与"誧""詨"相近。

詛：形容说话急且话多。

誧：说话不切正题，言行不合常理。也作"詨"。

嘲：开玩笑，戏谑。

掤（音"绷"）：① 不讲道理，凶横，常与"枉""紧""急"等搭配。俗称"枉掤"。② 勉强支持，硬撑。例：紧～～、急～～，既可用于形容手头经济不宽裕，也可用于形容时间紧。

时髦：形容人的装饰、衣着或其他事情赶潮流，新颖入时。

懂经：① 时髦，新潮。② 领市面，懂行情。

慉（音"督"）：慢，悠悠然。例：投投投，三石缺一斗，～悠悠，二石九。

惇：某人身体健康强壮，或干活厉害，称其"（身体）惇得来"。

佷：做事下手较厉害、狠辣，或指办事决断有成效。多形容有能力、能干之人。与"惇"相似。

狠：厉害。例：某某人～到来，一百五十多斤的樯子，一只手就把它推起来了。

愀（音"就"）：责人傲慢、可恶，须经挨骂吃苦才有所醒悟。例：伊个人～个，勿吃生活不会学好。

㵪（音"诰"）：烦也。例：瞎～，指瞎作为、瞎说。

愎（音"别"）：形容脾气固执、倔强。例：伊个脾气～来。

愲（音"必"）：形容故意倔强。例：～气。

哏（音"根"）：乖戾固执，不顺从，不肯听从他人的劝说，性格倔强又古板，俗称"哏头"。与"犟"义近。

哏（音"耿"）：① 滑稽，有趣。② 名词，滑稽有趣的语言或动作。

例：逗~。

艮：个性刚直，脾气固执。有倔强、凶狠等意。与"耿"义近。

耿：① 光明。② 耿直。

梗（音"梗"）：形容人的脾气、性格不顺从。与"艮"相似。例：~骨头。

懂：淀东人用来形容不太讲道理、蛮横的人。例：该人~来，不太讲道理格。

嘭（音"泡"）：过头，自大，不说实话。意即说的话和实际相差很大。

奅（音"泡"）：① 大。② 以说大话冒人。例：大~佬是，指说大话的人。

眛、昧：① 目不明，目不正。② 不顾（危险、恶劣的环境等），冒险等。引申为不明事理且认定死理不肯转弯的人。"眛""昧"音不同、义同。例：这个人~来，不要跟他辩。~不讲理。

恅（音"弄"）：戆也，愚也。例：忱恅~悚，比喻什么都不懂，像木人头。

忶（音"郁"）：痛心。例：我心里~来。

聿（音"年"）：手足相应敏捷。

稔（音"内"或"捻"）：谷物成熟。引申为事物酝酿成熟，熟悉，相知。淀东人形容熟知会做、会干的能力为"稔"，与"聿"义相似。

恗（音"花"）：① 主意不定，见异思迁。② 拿不定主意，心头活。

犟（音"欠"）：原指牛倔强，后引申为人的脾气执拗，不听从使唤。例：喊你半日，你~勒浪动阿勿动。

抶刺（音"插辣"）：① 煞辣。② 办事干练。例：伊做事体蛮结棍，手段~，一刮两响。

辢辣：原指味辛也。现比喻办事干练，与"抶刺"意相似。

称当：指做事恰当，有分寸。

称手：工具、设备等用久后变得习惯，随手，顺手。

出息：① 有发展前途。② 名词，收益，收入。

出格：① 言语、行动与众不同，超出常规或超出做人的规范。② 动词，越出常规。

出色：① 漂亮。② 反话，表示不满意。③ 格外好，超出一般。

出众：超出众人。例：成绩~。

出客：① 办事阔绰，体面。② 漂亮好看、时髦，或容貌端正、姿态美丽，打扮时不招摇。③ 送礼不寒酸也不奢华。

出名：有名声，名字被大家熟知。

出傥：在社交场合应对大方，不怯场。

嬶（音"乖"）：纤细美好。引申为惊艳的赞美。例：~~，这姑娘长得比天仙还美。

乖：① 小孩不闹，听话。② 伶俐，机警。③ 违反，背离。④ 心情、行为不正常。

嗲：① 形容撒娇的声音或姿态。② 好，优异。

赞：形容事物美好、优异。例：这幅画~到来。

赞括：主要指人生得美又有气质，说话办事精明干练、方圆有度，方方面面都好。

木唧：① 麻木，一般指冷或长时间维持一个动作，使得肢体暂时失去知觉。② 指头脑迟钝，反应慢。

罅抓、黠唖：聪明。例：这学生~来，年级考试，总拿第一。

正当：① 合理合法。②（人品）端正。

正大：（言行）正当，不存私心。例：~光明。

正派：（品行作风）规矩严肃，光明正大。

正经：① 端庄正派。② 正当的。③ 正式的。④ 严肃而认真。

正式：合乎一般公认的标准，合乎一定的手续。

正宗：正统的，真正的。

正直：公正，坦率。

灵：灵活，灵巧。

灵敏：反应快，能对极其微弱的刺激迅速反应。

灵通：① 消息来得快，来源广。② 有效，顶用。③ 灵活，心眼灵通。

灵巧：灵活而巧妙。

灵光：好，灵巧。例：你这幅画画得蛮~的，送给我吧。

圆通：（为人做事）灵活，变通，不固执己见。

圆滑：形容人善于敷衍讨好，不讲原则。

圆润：① 饱满而润泽。②（书画）技法圆熟流利。

䝉（音"满"）：慧黠也。中性偏贬。例：这个人花头~来。

老到：办事老练而周到。

老练：阅历深，经验多，稳重而有办法。

老辣：老练狠毒。

老嫩：（举止）不大方，怕难为情。

老茄、老茄茄：① 不虚心。② 言语跟知识、年龄不相称。与"老三老四"义近。

老拆：形容老练。

老气：年纪很大的样子，一般指容貌。例：迭个人长得蛮~。

刺毛：比喻脾气坏，惹不得。

隍鹿：原本有期望的利好落空了。现都写成"黄落"。

独幅：原指衣料、木料整一块（一幅）。现引申为自私，性格孤僻，不合群，固执死板，也说"毒幅"。例：伊是个老实人，平常性格挺好的，一旦惹毛了他，发起~劲来不得了。

独多：只有某人特别多。

刁：① 阴险。② 要求高。例：这小囡嘴巴~，专挑食。

恶戾：① 形容奇形怪状，难以入目。② 异乎寻常，极其过分。俗称"恶形恶状"。

恶劣：很坏。

恶掐、挖掐：阴险，阴刁。

疙瘩：① 指脾气非常古怪、爱挑剔、难相处的人。例：~人、~货。这个人~来勿好佮淘格。② 名词，不平的突起物，球状或块状的东西。

矬惢（音"促欠"）：形容举止行貌不雅或打扮难看，做事不入格、差劲等。

倥侗：蒙昧无知。

盲：① 头脑迟钝、糊涂。② 鲁莽冒失，也有淀东人说的"投五投六"的意思。

盲目：比喻认识不清，盲目行动，盲目乐观。

徦、戛（音"假"）：说话切不中主题，做事抓不住要害。例：~嘴、~嘴~脸。与"訝（音'假'，诬也、评也）"音、义相似。

尴尬头：指不上不下的时候，如布料和木料的大小、材料的尺寸多少等。

尴尬相：左右为难或不自然的神色。

勄犟（音"良姜"）头：不正好，不齐头；横不着，竖不着。

俙（音"尬"）：豪强，高傲。例：伊~来，即伊眼界高。

懈：对某种事情不感兴趣，也叫"懈门相"。也用"生""恝"。

生骨头：指干事浑身勿上劲，吊儿郎当。也作"懈骨头"。

懒：① 懒惰，跟"勤"相对。例：好吃~做。② 疲倦，没力气。

戆大：傻，愣。例：你这个人，真正~。

趑：行不进，难行。例：~勒~，指人不出僮。

瀚（音"瓮"）：白干事，多花钱未能得益。例：~煞，指触霉头，吃了亏嘴里讲不出，也有后悔的意思。

伋（音"级"）：急，迫切。与"亟"义不同。"伋"是心理上的急迫，"亟"是某事情的急迫。

傶顣（音"候极"）：急不可耐的样子或形容急迫发言的样子。也写作"睺极"。

愥：愥愥，发怒的样子。例：气到来发~。

睺（音"侯"）：指贪食者专等着吃的，想吃的样子。

餷（音"老"）：馋。例：~坯，指贪嘴的人。

忍：① 忍耐，忍受。② 忍心。

泞（音"宁"）：容易出汗，汗出貌，引申为难耐。例：你爬得那么高，倒让我~出一身汗来。

豪偢（音"燥"）：催促别人快点。例：倷~点，动作怎么这样慢的。

愫偢（音"扫"）：做事利落快捷。例：虎灵~。

偢辟：速度快，爆发力强。

僻脱、撇脱：（做事）敏捷，干净利索。例：伊手脚蛮~。

趆（音"闸"）：形容急来急去的样子。也作动词用。例：今朝跟伊一道出门，趁便到伲娘屋里~一转。

粗纩（音"裸"）：① 不均匀，不细腻。② 不文明的言行。

粗鲁：形容性格粗暴、鲁莽。也称"鲁粗"。

癞嘎（音"拉茄"）：形容人的言行略下流粗俗。对小孩不避男女随地大小便等粗俗行为，淀东人一般说"该小囡癞嘎来"。

癞抓快：形容人做事潦草贪快而质次。也叫"赖柴快"。

猛扠：蛮横，不讲理。

齌（音"齐"）糟：哓（哓：拟声词，形容争辩的声音和鸟因恐惧而发出的鸣叫声）哓不休、吵闹不绝的样子。例：该个人~来，少特伊来往。

挤作：絮絮叨叨说个没完，这样不好那样不好。也作"诿挳"。例：这个妇女蛮苦的，男人老是~她。

嘈杂：众说纷纭。

尖嘴：形容说话尖酸刻薄，很厉害。例：~姑娘。

调皮：① 顽皮。② 不驯顺，狡猾，不易对付。③ 耍小聪明，做事不老实。

嗳皮、顽皮：（儿童、少年）爱玩爱闹，不听劝导。

擷皮：无赖的作风和行为。也说"赖皮"。

厚皮：形容脸皮厚。

㑚皮：上海人称流氓为"㑚皮"。淀东人称呼顽皮的小孩为"小㑚皮"。

擽蠰：招惹是非，调皮捣蛋。

辣手：① 手段毒辣或厉害。② 很难办。例：这桩事体蛮~咯。

来事：① 处世。② 可以、可行或能干，有成功之希望。例：他头脑灵活，这事让他去处理肯定~。也说"来是"。

来三：可以，能干，行。反之为"勿来三"。例：伊吃酒勿~，倷就放伊一码吧。

利落：（言语、动作）灵活敏捷，不拖泥带水。

利索：利落。

吼（音"喝"）世（音"嘶"）：① 烦闷，不舒服，或遇到较难解决的事情为之忧虑。例：这桩~事情真的很难解决。② 脏（指人或环境）。例：这人身上~来少咯，看见之隔夜饭都要呕出来了。③ 天气潮湿，闷热，不爽快。例：这天~热，要起阵头哉。

精明：精细明察，机警聪明。

细小：很小。

细欤：说话和悦，做事细致。

细软：① 纤细，柔软。②（名词）指珠宝、首饰、贵重衣物等便于携带的东西。

细腻：① 细致光滑。② 描写表演等细致入微。

细密：①（质地）精细，密实。② 不疏忽大意，仔细。

迟钝：（感官、思想、行动等）反应慢，不灵活。

迟疑：拿不定主意，犹豫。

尖酸：说话带刺，使人难受。

尖钻：形容做事有算计，精明。例：迭个人邪气~。

钻尖：精明而自私。

乐开：① 做事大方，公正豁达。② 说话在理上。例：某人做事~，深得好评。

乐意：① 满意，高兴。② 动词，甘心，愿意。

厉害：难以对付或忍受，引申为本领大。例：这个人真~，一人能对付五六个人。也说"利害"。

浪形：一种丑态，穷形极状。

戾奊（音"劣切"）：性格乖戾，很难相处。例：这人~得很，上次和那人争吵了几句，从此再也不搭理那人。

落落：① 形容举止潇洒自然。例：~大方。② 形容跟人合不来。例：~寡合。

落槛：（言行）大方得体，通情达理。

落桥：做事情不负责任，或好挑剔、难相处。

落拓：① 潦倒失意。② 豪迈，不拘束。

毛躁：马虎，不细心。

毛糙：粗糙，不细致。

糸（音"密"）惜：形容非常细致，做事注重细节，细心到有些过分。现常用"蓂惜""密惜"。

磨洋工：工作时拖延时间，泛指工作懒散、拖沓。

起码：最低限度。

拧：形容脾气倔，固执不爽气，不听劝。

懦：①（声音）柔和，婉转动听。② "懦"与"慄"同。

劲劤（音"肯"）：努力不停，与"勤恳"相似。例：老爷爷年岁大了，还在~忙个不停。

勤谨：勤快，勤劳。

勤俭：勤劳而节俭。

懒朴：懒惰，懒怠。

懒潦：① 不勤俭，乱花钱，吃光、用光。② 不讲卫生，生活无序。也说"烂料"。

枉为：白白地，徒然。例：呀！我～是个劳动模范呢，已经落在人家后面了。

清苦：指贫苦（旧时多形容读书人），现指家庭收入很低的人家的生活状况。

清高：① 指人品纯洁高尚，不同流合污。② 指人孤高，不合群。

手紧：指家庭缺钱，经济拮据，也有"小气"的意思。

手松：指随便花钱或给人东西，也有"气量大"的意思。

手巧：手灵巧，手艺高。

手生：指对所做的事不熟，或原来熟悉但因长久不做而显得生疏。

怺（音"丘"）：坏，不好。程度比"坏"轻一些，通常指人的脾气或品行。

孬（音"洼"）：坏，"勿好"的合意字，与"孬"义同、音不同。

热络：形容待人热情，与人要好、亲热。

冷落：冷淡地对待，含有冷清之意。

冷漠：（对人或事）冷淡不关心。

塞结：执拗，指行为不顺。

上乘：① 形容事物质量好或水平高。② 文学艺术的高妙境界或上品。

上路：做事讲道理，有分寸，有人情味。反之为"勿上路"。

上心：对要办的事情留心、用心。

省省：算了，免了。

省劲：省力，省心，省事。

识相：知趣，会看别人的神色行事。

识货：能辨识货物的品级优劣，也引申为"识人"。

愗、慭（音"寿"）：傻乎乎，土头土脑，不通世故，不懂人情。例：～头、～头～脑。

爽心：心中清爽愉快，赏心悦目。

爽气：爽快，干脆。

爽口：清爽可口。

死板：① 不活泼，不主动。② （办事）不会变通，不灵活。

死心：动词，指断了念头，不再寄托希望。

死心眼：固执，想不开。

死性：死板，固执。例：你干吗那么~，非走这条路。

弹硬：吃硬，过得硬。

惀（音"太"）气：慷慨大度。例：老李做事~，不像某人小家败气。

笃悠悠：不急不忙的样子。也说"慆悠悠"。

慆忕（音"督太"）：慢，与"笃定"相似，悠悠然。也说"笃惔（音'坦'）"。

体忕：① 闲适。② 时间宽裕，从容。也说"体体忕忕"。"忕"与"忲""惀"同。

敲乱：粗心大意，鲁莽。例：伊忒~，自家放略末事还寻勿着。也说"抖乱"。

脱熟、托熟：① 果蔬已经成熟得略微有点过了。② （对人或事物）十分熟悉。

生硬：① 勉强做的，不自然，不熟练。② 不柔和，不细致。

稳当：① 稳重妥当。② 稳固牢靠。

稳重：（言语、举动）沉着而有分寸，不轻浮。

稳妥：稳当，妥帖，可靠。

强横：蛮横，不讲道理。

强项：① 不肯低头，形容刚强正直、不屈服。② 实力强的项目（多指体育赛事中的项目）。

横势横：反正如此，索性豁出去了。

枉憉：蛮不讲理，强词夺理，硬以歪理压人或欺负人，意同"猛扚"，但程度更深。例：你这人太~了，一点道理都不讲。

文雅：（言谈举止）温和有礼貌，不粗俗。

文静：① 性格、举止等文雅安静。② （颜色）素雅。

黠欢：风光，体面（一般含贬义）。例：①～得来。② 伊拉伲子高考状元，好不～。

㘎焕（音"下灰"）：原指日光焕也。现形容人在别人（公众）面前显能、显耀。意同"显焕""黠欢"。

下作：卑鄙下流。例：～坯，指品德下流的人。

下贱：① 旧时指出身或社会地位低下。② 卑劣下流。

恤（音"血"）：傻样，愣头愣脑。俗称"戆恤恤"，也作"戆喙喙"。

偠绍：形容妇女柔美。意同"妖娆"（含"娇艳""美好"之意）。

妖艳：艳丽而不正派。

轻巧：① 重量小而灵巧。② 轻松灵巧。③ 简单容易。

轻佻：（言语、举止等）不庄重，不严肃。

轻飘：① 轻浮，不踏实。② 轻得像要飘起来的样子。

硬气：① 刚强，有骨气。② 理直气壮。

硬王：① 指物质货真价实。② 指人恪守信用。③ 也指说话真实。也作"硬黄""硬横"。

躁性子：急性子，易发火。

慢性子：做事慢吞吞。

要好：① 指情感融洽；也指对人表示好感，愿意亲近。② 努力求好，要求上进。

要好看：使出丑，使难堪。

要紧：① 重要。② 严重。③ 副词，急着。

要劲：① 费力气。② 要紧。例：要上梁了，正是施工～的时候。

增气：激励人上进。也说"争气"。

连络：讲话、朗读、背诵十分流利。

鲜洁：① 新鲜，洁净。② 比喻事情圆满完成。

和顺：温和，顺从。指人的性格脾气，也指口感。例：好酒到底不一样，喝到嘴里～来。

和通：讲道理，好说话。

嘴笨：口头表达能力差，不善说话。

嘴尖：① 说话尖酸刻薄。② 味觉灵敏，善于辨别味道。

嘴紧：说话谨慎，不乱讲。也说"嘴严"。

嘴快：有话藏不住，一有事就马上说出来。

嘴硬：自知理亏，但口头上不肯认错、服输。

嘴软：说话不理直气壮。

第四节　心理感受

扫码听音频

断命：要命的，该死的，含厌恶意。

烀涩：指天气潮湿闷热，令人难受。烀：使柴草等没有充分燃烧，不起火苗，只冒烟地烧。与"煝"义相似。

烦难：复杂困难，耗时间较长。也说"繁难"。

烦杂：（事情）多而杂乱。也说"繁杂"。

恍惚：① 神志不清。②（记得、看得）不真切、不清楚。例：我~听见他来了。

服帖：① 驯服，顺从。② 妥当，平妥。③ 衣服等得体贴身。④ 动词，佩服。

熨帖：①（用字、用词）贴切、妥帖。② 心里平静。③ 舒服。④ 事情完全办妥。

黄落：① 虚假，靠不住。② 没有，没戏了（多指个人发表的看法）。例：这人能办成这事，我看~。

活灵：灵活。

挶（音"局"）：① 握持，行，好。例：勿~，即不行、不好、支撑不了。② 叹词，表示赞许、同意、兴奋等语气。

踘（音"局"）促：（时间）短促，急促。例：辰光交关~，今朝马上就要动身。现写作"局促"。

空虚：里面没有实在的东西。例：精神~，即不充实。

宽舒：① 舒畅。②（房屋）宽敞。③ 宽大，间隔距离大一点。

宽余：① 宽阔，舒畅。② 宽裕，宽绰富余。

宽宏：（度量）大。例：~大量。

怆忒：浪费，又没必要，用不着。

蛮好：① 不错，较好，表示赞赏。例：伊件衣服的颜色~的。② 一人建议，众人附和。例：伊的提议~，就这样。③ 对别人赞赏，并愿为其做事。

还好：表示程度上勉强过得去，基本达到要求。

勉强：① 能力不够，还尽力做。② 不是心甘情愿的。③ 牵强，理由不充足。④ 将就凑合。

难板：难得，很少，偶尔。例：弟兄们年纪大了，现在~聚在一起。

为难：感到难以应付。

难为：① 用得比较浪费。例：花钱别太~，要细水长流。② 使人为难。③ 用于感谢别人代自己做事。例：~你，为我提了一桶水。④ 形容花费多。例：这个月钞票用得特别~。

难为情：① 脸上下不来，不好意思。② 情面上过不去。例：答应吧，办不到，不答应吧，又有点~。

难势：难为情。例：迭格人怎么这样的，~来。也含"不怎么样"之意。

难煞：① 很难。② 难以忍受疼痛或艰苦的生活等。

难得：① 不容易得到或办到（含可贵之意）。② 表示不常发生。

值钿：① 宝贝，爱怜。例：伊对伲子特别~。② 讲好话，讨人喜欢。也说"舌甜"。

上落：差别，出入。

舒齐：① 妥帖，停当。② 收拾妥帖，准备就绪。③ 结束，收场。

舒畅：舒服，宽畅。

懊憦：懊悔，后悔。也称"懊恼"。

懊糟：心里郁闷、难受、不痛快，也指事情办糟。

氉氉（音"毛操"）：形容烦恼。例：乱~，即心里很乱、很烦躁。

巴结：① 形容努力，勤奋。② 动词，趋炎附势，奉承，讨好。

不犯着：犯不着，不值得，没必要。

得发：走运。

得法：① 得意。② 方法得当。

得意：称心如意，感到非常满意。

得劲：① 称心合意。② 舒服，合适。

得神：① 高兴，愉快。② 舒适，舒服。③ 得意。

得力：坚强有力，做事能干，有才干。

得体：（语言、行动等）得当。

得知：晓得，感觉到，感受到。

得宠：受宠爱（含贬义）。

小气：① 吝啬。例：~鬼。② 气量小，心胸狭窄。

大气：① 气度大，气势大。② （式样、颜色等）大方，不俗气。

大方：① 对于财物不计较，不吝啬。② （言谈、兴趣）自然，不拘谨。③ （式样、颜色）不俗。

大意：① 疏忽、不注意，粗心大意。② 没有急迫感，不急，不亟。③ 也指人气度大，不在乎。

大度：形容气量宽宏，能容人。例：豁达~。

在理：合乎道理，有理。淀东人也说"啦理上"。

在行：（对某事、某行业）了解底细，富有经验。

促掐：刁钻使坏，爱作弄人。现写作"促狭"。

怫垮（音"忽字"）：① 不清凉。② 给人一种湿闷的感觉。

地道：① 真正的，纯粹的，可信的。② 指工作或材料的质量实在，够标准。

道地：① 真正是有名产地出产的。② 真正的，纯粹的。

扫兴：正当高兴时，遇到不愉快的事情而兴致低落。

顶真：① 形容认真，严肃对待不马虎。② 较真，不退让。例：伊做事体交关～。

耐心：心里不急躁、不厌烦。

耐烦：不急躁，不怕麻烦，不厌烦（多用于否定式）。例：他等得不～了。

灰心：（因遇到困难、失败）意志消沉，灰心丧气。

聊心：细心认真地听、看、记。

焐心：满意，舒畅，惬意。

迷心：满足而开心，且带有一点迷恋的意思。与"怵心"同。

定心：心绪安定，不急。

肚肠痒：指心里烦躁、着急、急躁。

漅（音"曹"）：肚子里饿得发慌的感觉。例：心～来。

畅：① 舒适，满意。例：这次酒被我喝了个～。② 久，时间长。例：你在干什么这时才来，我等～等～。

头眩：头晕。晕时眼前一片漆黑，感受到全身或周围的东西在旋转。

头大（音"度"）：头皮发胀，形容厌恶或为难。

头疼：同"头痛"。① 头部疼痛。② 感到为难或讨厌。

头难：（做事）起头时感到困难。意同俗语"凡事起头难"。

头等：第一等，位居第一。

头号：① 第一号的，最大号的。② 最好的。例：～面粉、～货色。

头路：① 头等（货物等）。例：～货。② 名词，梳头发产生的头发纹路，引申为头绪、门路。

头生：① 第一个生的。例：～女儿。② 第一次（接触、碰到等），感到生疏。

吃枪药：形容说话火气大，带有火药味。

吃得开：行得通，受欢迎。反之为"吃勿开"。

吃紧：①（形势）紧张。② 重要，紧要。

吃香：受欢迎，受重视。

吃重：①（所担负的责任）艰巨。② 费力。③ 载重。

吃价：① 有气派，坚强。②（工作负担）重。③ 行，能干。

吃耐：很能吃苦，能忍受。例：这个人～得很，医生给他结扎伤口时，他不哼一声。

发松：① 说话风趣，引人发笑。② 有趣，滑稽，逗笑。

发噱：可笑，能引人发笑。与"发松"相似。

尴尬：不上不下，左右为难，不好处理，处境困难。

吭哟：急吼吼，不大方，有点急不可耐的样子，指吃的方面。

杭不落：吃不消，扛不住。也说"上勿上""吭勿落"。

昏闷、惛懑：① 心里不痛快，感到压抑、忧郁。例：这件事解决不了，真～。② 较难解决的事。例：有件～的事还未解决。惛：糊涂，不明了。懑：烦闷，愤慨。

惛涂：打鼾。也说"昏图"。

窝涩：与"惛懑"类似。心里难受但又说不出是一种什么滋味。例：几个人睡在一起，其中一人丢了钱，大家确是勿曾拿，但心里～来。

挖塞：（心里）不舒服，不痛快，难受。

结蠹（音"毒"）：怨恨。例：① 伊拉两家人为了宅基地的事体已经～，长久不来往了。② 心里～来，即心里恨来。

魁劲：充内行，炫耀自己见多识广的样子。

有劲：① 开心、好玩，兴致浓，有趣。例：这次去五台山旅游～来。② 动词，有力气。

有礼：有礼貌。

有理：有道理，符合道理。

有利：有好处，有帮助。

有力：有力量，分量重。

有数：① 知道，明白，心中有底，有交情。② 表示数目不多。

没趣：没有面子，难堪。

苦涩：①（味道）又苦又涩。② 形容内心痛苦，说不出的苦恼。

苦恼：因生活困难或病痛折磨、遭遇磨难而痛苦烦恼。

苦闷：苦恼烦闷。例：心情～。

入耳：顺耳，悦耳，中听。

入眼：中看，顺眼。例：看得～、看勿～。

入心：记在心里，驻在心田。也说"入脑"。

入时：合乎时尚（多指服装）。

入味：① 有滋味。② 有趣味。③ 比喻有人品。

滋润：① 舒服。例：小日子过得挺～。② 含水分多，不干燥。③ 动词，使某东西潮湿。

乐惠：舒服，愉快，舒畅，安逸。例：小～，多指生活方面得到小小的满足。

气伤：气极，十分生气。也说"气伤心"。

气闷：烦恼，烦闷。

气数：不像话，可恨。

气酥：气得伤透了心。

牵转：斤斤计较。例：倷老爷真叫"大勿算小～"（淀东人也说"大勿算小娄乱"）。

恹气：① 寂寞无聊。② 疲乏想睡。

讨气：惹气，招人讨厌。

肉麻：① 言论或举动庸俗卑下，令人不舒服。例：你这话太～了，我听不进。② 动词，心疼。例：老太～小辈，覅伊拉的铜钿。③ 动词，舍不得。例：想开点，覅～钞票，买点吃吃。

衰惰、衰瘥：疲惫，劳累，吃力。例：生活做起来蛮~。

快（音"卡"）活：开心，愉快，快乐。

适中：① 既不太过，又不是不及。② 位置不偏于哪一面。

适意：① 舒服，舒适。② 身体好。

适宜：合适，相宜。例：气候~。

充拥：多，富足。也称"充裕"。

怦意：满意，称心，舒服。"怦"与"惬"义相似、音不同。淀东人习惯说"怦意"。

坍台：丢脸。

勚、瘥（音"瘫"）：形容疲乏无力的样子。与"瘫"义近。例：今朝做仔一日生活，人也要~忒哉。

窝（音"乌"）酥：① 憋气，不舒服，不愉快，天气闷热潮湿。② 脏，不整洁。例：侬迭个人~来。

懻：心里想做某事的愿望强烈、难以抑制。现常用"痒"。例：心里~来。

忺（音"兴"）：① 对做某件事兴趣浓、情绪高。② 引申为好卖弄，好炫耀，好出风头。例：刚学会脚踏车，有事呒事总骑着朝街唥跑，~得不得了。

忻（音"欣"或"轩"）：跃跃欲试。例：~格格。

像心：称心。例：这件衣服买得蛮~。

像话：形容（言语、行动）合理，多用于否定句或反问句。例：这孩子经常旷课，真不~。

忸怩：形容不好意思或不大方的样子。也说"忸忸怩怩"。

犹豫：拿不定主意。例：~不决。

隐约：看起来或听起来很不清楚，感觉很不明显。例：远处的歌声，~传过来。

隐隐：感觉很不明显。也说"隐隐约约"。例：今天干活太累了，筋骨~作痛。

心酸：心里悲痛。

心焦：心里烦闷、急躁。

心黑：① 心肠歹毒。② 指贪心。

心虚：① 做错了事，怕人知道。② 缺乏自信。

心细：细心。

心急：心里急躁，着急。例：事体慢慢来，不要~。

心切：心情急迫。

性急：遇事没有耐心，急于去做或急于达到目的，脾气急。

眼毒：指眼光锐利，辨别能力强。也说"眼尖"。

眼馋：看见自己喜爱的事物很想得到。

眼热：看见好的事物而希望得到。

眼生：① 看着不认识或不熟悉。② 当下眼里看到的与自己影像里的状况明显不合。例：~来，这里的东西肯定少忒哉。

眼熟：看着好像认识、见过，而想不起来是在哪儿见过，面熟。

眼尖：眼力好，视觉敏锐。

眼红：看见别人有名有利或有好东西时非常羡慕、嫉妒。

眼花：看东西模糊不清，也形容好色者的目光。

陌生：生疏，不熟悉。例：~人。

第五节　五颜六色

扫码听音频

煞白：形容颜色白。

白殕（音"化"）：食物腐败变质，生了白醭。

煊红：通红。

乌赤黑：黑得发亮。

䀹（音"乌"）出黑：目深黑貌。形容人眼睛有神。

鹦（音"安"）哥绿：深绿色，像鹦鹉羽毛的颜色。

蟹壳青：蓝灰色，像螃蟹背部的颜色。

白搭搭：带有点白色。

白鼓鼓：① 带点贬义。例：这菜烧得～，一点也不好吃。② 被水浸泡后发白。

白礝礝：白得难看，多指脸色苍白，没有血色。

白扬扬：指眼睛斜瞪着人，是一种不礼貌的行为。

白洋洋：形容因失望而发呆的样子。

黑黯黯：深黑（黑黯黯），很黑。

黑黝黝：青黑色。

黑阵阵：形容天空的乌云。

黑测测：有点黑。

黑黢黢：深黑色。

红蹭蹭：有点红，但不怎么红。

红滩滩：指红颜色，也可形容气色好、面色红润。

黄蹭蹭：有点黄，但不怎么黄。

灰拓拓：① 带有点灰色。② 一种不健康的脸色。同"灰扑扑"。

蓝亨亨：形容有点儿蓝。

蓝莹莹：形容蓝得发亮。

蓝汪汪：带点蓝色。

绿噘噘：食物发霉或河（湖）里因蓝藻所产生的颜色。

青其其：带点青色。

紫微微：带点紫色。

碧碧绿：绿得很深、很鲜明。

蜡蜡黄：鲜明的黄色。

墨墨黑：非常黑。也说"黯（音'默'）黯黑"。

黢（音"漆"）黢黑：非常黑。

煞煞白：形容非常白。

生生青：一般形容果子或瓜类没有成熟的很明显的青色。

炫炫红：鲜明的红色。

雪雪白：洁白耀眼。

第六节　情状各异

扫码听音频

（一）ABB 式

阿咪咪：① 指时间长。② 可作贬义词。例：你这个人～嘞（你这个人差远了）。

暗促促、暗戳戳：背地做小动作。

薄啷啷：形容液体稀薄。

薄操操、薄栩栩：比较单薄。例：嘴唇～，话语勿勿少。

扁塌塌、扁呐呐：带点扁。

瘪嗒嗒：带点瘪，不怎么厉害。

长牵牵：带点长的形态。

干忸忸：有点干，没全干。

潮沮沮：有点潮湿，没有全干。

湿哒哒：潮湿。

湿拖拖：潮湿有水下滴。

呆笃笃、呆钝钝：受惊吓或沉思过程中反应较迟钝。

殺（音"得"）夹夹：形容微黏。

嗲里里：娇声娇气。

顶括括：形容极好。

定洋洋：形容呆视的样子，同"定样样"。例：这人眼睛～，盯着人家窗子看，莫不是个坏坯子。

倪囷囷（音"夺挮挮"）：① 一圈，周围。例：听你一席话，我难过得～，满肚是尖酸。② 合也。

方则则：带点方形。

福得得：胖乎乎，俗称"弥陀形"，有福相。

干卜卜：形容很干，缺少水分。

干豁豁：物体失去水分。

戆搭搭：形容有点傻气。例：迭个人有眼～。

戆兮兮：傻里傻气。

光秃秃：① 没头发。② 形容地上或山上没长草木。

寒忕（音"尸"）忕：胆寒。

厚捺捺：形容液体水分少、黏稠。

厚得得：有点厚度。

厚蛰（音"哲"）蛰：形容片状物厚实或多貌。

鳖搭搭：鬼鬼祟祟，不正大光明。

伋吼吼：气急败坏或急不可耐的样子。

急吼吼：心急、慌忙的样子。

角棱棱：① 指东西做得特别好。例：这鞋子～的。② 穿着打扮一丝不苟，非常得体。

紧扣扣：较紧，一般指衣服不宽松。也说"紧咠（音'自'）咠"。

宽落落：比较宽松。

宽奓（音"搭"）奓：皮肤松弛貌。也用"宽皱皱"。

静落落：形容非常安静。

空谬谬：形容屋子、箱子里面没有什么东西。也说"空落落"。

空荡荡：① 屋里什么东西也没有。与"空谬谬"义相似。② 也形容人精

神空虚。

苦咽咽：指食品带有点苦味。

苦济济：意同"苦咽咽"。

辣豁豁：① 味道非常辣。② 人体刺痛或灼热的感觉。③ 阳光强烈。

辣蓬蓬：味道有点辣。

酸溜（音"溜"）溜：吃醋。

烂糟糟：指烂的程度，烂得厉害。

血㾆（音"印"）㾆：皮肤受伤有点青紫，但未出血。

老嘎嘎：爱插嘴，不懂礼貌，一般指小孩或年轻人在长辈或陌生人面前不知谦逊。

冷丝丝、冷势势、冷肆肆、冷忕忕：身体发冷、发寒。

冷飕飕、阴飕飕：很冷。

热吼吼：稍微有点热，快要出汗的状态。

热炯炯：形容有点热。

热蓬蓬：形容热气蒸发的样子。

热眭眭：太阳底下热浪袭人的感觉。

热烘烘：用电、火或蒸汽使身体感觉很热。

热和和：① 表示有点热。例：锅里的粥还～啦勒。② 亲热。

麻辣辣：① 味觉有点麻。② 指身体麻木或疼痛。

毛估估：粗算算，大约地计算。

明当当：公开，不隐蔽。

穆佬佬：很多。

木欣欣：形容迟钝。

木噱噱：形容迟钝或呆板的样子。

熟稔稔：①（谷物、果品）较熟或比较熟。② 形容人老了，反应迟钝、呆板等。

嫩妤妤：比较娇嫩，多指小孩。也写作"嫩嘟嘟"。

年糟糟：糊涂，记性差。

怕忕忕：① 形容因害怕而缩手缩脚。② 形容有点儿吓人，怕难为情，害羞。也说"怕缩忕忕"。

笃悠悠：从容不迫、不慌不忙的样子，常指慢性子人的动作。

气鼓鼓：生气时的一种神态。

气彭彭：很生气的样子。

虚约约：比喻有点不实在，总有那么一点不稳当，有心虚之感。

隐窅（音"杳"）窅：很深远的样子。也用"隐遥遥"。

隐森（音"森"）森：很恐怖的样子。

活欠欠：行为不规矩、不像样。也说"贼骨欠欠"。

活着着：活生生的，栩栩如生，像真有其事一样，常带有贬义。

昏咚咚：形容头脑糊涂、神志不清的样子。

气吼吼：① 形容呼吸急促。② 非常生气的样子。

歪答答、歪吞吞：显得有点不感兴趣，磨磨蹭蹭或不热心的样子。

病恹恹：形容衰弱无力、精神萎靡的样子。

浅喽喽：七八分满的样子。

轻飘飘：① 分量轻。② 说话随便，不负责任。例：你说话～的，自己去做做看。

软糯糯：形容说话或动作温柔的样子。

软披披：① 形容柔软（多指带点儿飘）。例：绸缎衣裳着勒唧身唧向，～咯，蛮适意。② 形容受潮发软。例：花生米有点～，一点勿好吃。

软浦浦、软咚咚：形容软和，不坚硬。

瘦刮刮：形容身体或脸很瘦的样子。

瘦偈偈：指人的形体较小，但很精神。

胖脌（音"答"）脌：形容肥胖的样子。

胖嘟嘟：肉多、肥美，人肥胖。

死板板：呆板，不灵活。

死洋洋：形容无精打采。

松喽喽：对自己、家庭不负责，不假思索，不合实际，想说什么就说什么。

酸祭祭：指食品带有点酸味，味道蛮好。

甜咪咪：味道有点甜。意同"甜津津"。

两攃攃：双方各自让步，以求得一个适中的结果。

统攃攃：平均计算，与"两攃攃"相比，可以是两个以上的平均、均衡。

呒啥啥：什么也没有。

呆算算：用最笨拙的办法计算。

呆惇（音"墩"）惇：不灵活，反应慢。惇：敦厚，笃厚。也写作"呆敦敦"。

呃呀呀：表示叹息或失望。

伣（音"显"）格格：好出风头，好炫耀，好卖弄。

实密密：细密、结实，很有分量。

实窒（音"仔"）窒：塞满。形容满满的，没有一丝空隙。

厚蚩蚩：形容片状物厚实、多。

望张张：热切盼望的样子。

稳笃笃：很有把握的样子。

吓佬佬、吓势势：稍有点害怕。

咸塌塌：指食品带有点咸味。

险凛凛：差点处于危险的状态。也说"险凛"。

新簇簇：形容极新。

凶兮兮：有点凶狠的样子。

痒稀稀：有些痒。

野豁豁：原意指地域很大；也可用到生活上，形容言行出格或过分。例：俫提的条件太大太多了，～的。

阴角角：为人阴险，有阴阳怪气之感。

荫落落：比较凉快。

硬邦邦：① 多指人在说话时的语气、态度等比较生硬。② 形容东西坚硬、结实。

硬绷绷：形容很硬的样子。

硬翘翘：形容僵直的样子。例：头颈~，喉咙三板响。

硬撅撅：① 形容很硬（含厌恶的意思）。② 形容生硬。例：他说话~的，让人接受不了。

圆笃笃：形容圆圆的样子。

肉胍（音"古"）胍：肉多肥厚。胍胍：大腹。

灼（音"只"）辣辣：夏天阳光强烈。

重墩墩、重戥戥：分量较重。

病尪（音"汪"）尪：指看上去身体不好，体弱的样子，即生病人。

（二）AAB 式

白白叫：徒劳无益。

绷绷硬：非常硬。

冰冰阴：非常冷。

锃锃亮：雪亮。

姹姹亮：极其明亮。

夹夹绕：纠缠不清，搅乱。也说"夹夹孵"。

畈畈是：处处是或到处都是。

髣髣是、牲牲是：形容众多。

积积力：稍事休息。

娘娘腔：男子动作、行为、装束趋女性化（带有歧视）。

簇簇新：非常新。

啕啕渧：淋淋漓漓的样子。

淌淌滴：人或物件上有很多液体往下滴。例：这夏天好热，汗水一直~。

滴滴涕：① 液体成滴不断掉下。② 形容很穷。

浩浩潜：① 沸溢，洇溢。② 太满欲溢。

拍拍潜、拍拍满：装得很满。

刮刮叫：形容极好。

掣（音"噱"）掣尖：削尖之貌。毛竹条削得很尖很尖，淀东人说"掣掣尖"。

绝绝细：非常细。

绝绝嫩：非常嫩。

辣辣叫：形容厉害。

鲠鲠叫：话语不中听。

老老远：很远。

毛毛叫：大约，差不多。

喷喷香：香味浓郁。

煞煞齐：非常整齐。

煞煞清：环境十分干净、清爽，或指往来账目非常清楚。也称"煞揪清"。

石石硬：非常硬。

捆捆煎：汤水沸腾的样子。

黠黠薄：非常薄。

噱噱叫：食物变质，味道难闻。

邪（音"斜"）邪气：许多，很多。

眼眼调：恰巧，凑巧。

哟哟乎、约约乌、呀呀乎：① 大约，差不多。② 不仔细算，粗算算。

中中教：形容适度、适中。

勿勿少：很多。

出出变：① 指情况频繁发生变化。② 也指说话不算数，缺乏诚信，反复无常。

第四章 别类言词搜录

第一节 代词

扫码听音频

(一) 人称代词

吾：我。

倷：你。也有称"傸"的。

伊：他、她。

伲：我们。

㑚：你们。

伊拉：他（她）们。

别人：自己或某人以外的人。

(二) 指示代词

喏：这边，那边。

该得：在这里。

在能、实能、过能：这样。

实能：这样，这么。

实介：这样，这么。

实概：这样，这么。

寔（音"敌"）个：这个。

该：这、此。

该爿、该场化：这里，这个地方。

过爿：那里。

别爿、别场化：别处，别的地方。

该个：这个。

过个：那个。

该点：这点。

过点：那点。

该浪：这里。

过浪：那里。

该墶（音"搭"）：这里。

过墶（音"搭"）：那里。

该面：这里或这一面。

过面：那里或那一面。

该能：这样。

过能：那样。

该样：这样。

过样：那样。

该歇：这个时候。

过歇：那个时候。

该趟：这次。

过趟：那次。

该呛：最近，这段时间。

过呛：那段时间。

该呛里：这时候。

过呛里：那时候。

该呛势里：现在这个时间段或这种情况下。

该模样：这个时候。

该种能：这种。

过指能：那种。

该场势里：最近以来。

过场里：前面一个时期。

该横头：这一端。

过横头：那一端。

该板板：这边。

过板板：那边。

该末：这末。

故末：那末。

咁末、格末：如此，这样。例：你的办法、意见很好，~就照你说的办吧。

格种能：这种，这样的。

格呛：近来。

格歇：这会儿。

格面：这边。

格点：这些。

格能：① 这样。② 这个。

格墶（音"搭"）：这里。

顾朱能合：这件事，这个东西。例：~事体，有什么看法？（这件事，你有什么看法？）

格之能合：意同"顾朱能合"。

上呛：上次，也可指前段时间。

屋里：家里。淀东人也这么称呼"妻子"。

(三) 疑问代词

郮：怎么，怎么样。例：～能、～亨。

咋：怎，怎么。例：～样、～办。这事，你～不去？

啥咾：怎么，怎么样（答而兼问）。也说"啥哗""嘎咯"。

啥格：① 什么。② 怎么。

啦爿：哪里。

雎爿：什么地方。

雎里：哪里。例：勿晓得伊从～进去咯。

雎得：哪里。

赖里：何外。

哪嫩、喃能：怎么样，怎样。例：该桩事体～办？

作啥：什么事。例：伊拉～？（他/她们在做什么事？）

叫啥：① 谁知道。② 叫什么（名称）。

啥人：什么人。

啥事体：什么事。

雎模样：啥时候。

啥辰光：什么时间。

啥模样：① 什么样。② 什么时间。也说"哈模样"。

啥场化：什么地方。

啥户荡：什么地方。

啥浪向：哪儿，什么地方。

啥个路道：什么原因。也说"啥个路数"。

啥个缘故：什么原因。

有啥：有什么。

呒啥：没什么。

呒啥啥：一点也没有，什么也没有。

啥叫啥：说什么。

几化、几花点：多少。

几伙：多少。例：~点？也说"几化"。

几时：多少时间。

几钿：多少钱。

第二节 副　词

扫码听音频

勿罢：不止。

勿碍：没关系，不要紧。

勿来：不肯罢休。

勿关：与某人、某事无关。

勿消：不必，不用。

勿搞：不行，不好。

勿有：没有。

勿曾：① 没有。② 是对"曾经"的否定。

勿单：不仅。

勿定：表示不肯定。

勿断：表示连续的。

勿妨：表示可以这样做，没有什么妨碍。

勿过：① 表示程度很高。例：伊人品好~，一直在帮助别人。② 指明范围，含有往小里或轻里说的意味。

勿仅：表示超出某个数量或范围。

勿愧：当之无愧，当得起，多跟"为""是"连用。

勿日：要不了几天，几天之内（多用于未来）。

勿见得：不一定，不可能。

见勿得：① 不能遇见（遇见就有问题）。② 不能让人看见或知道。③ 看不惯，不愿看见。④ 自以为了不得。

岂得：幸亏，亏得。例：~公安人员及时赶到，才把他捉住。

愈加：越发，更加。例：由于他的插手，事情变得~复杂了。

挨（音"啊"）模样：差不多。

差啥勿多：大体上差不多。

板煞数：一定，肯定。例：今朝伊~会来个。

势必之：势必。

像不同：既相像，又不同，"也就差不多"的意思。

颃、侪（音"才"）：全，都。例：~有（大家都有）、~好（大家都好）。

侪是：全是，都是。

统统、通通：全部。

匣：也。例：伊勒拉看书，吾~要看书。

最：表示程度到了极限。

最好：① 好到了极致。② 最为适当。例：时间差不多了，你~现在出发。

呆板、呆板数：肯定，必然。

罢弗得：免不了，少不了。也说"罢勿得"。

刮要：一定要。也说"刮定"。

刮定：一定，必须。

本当、本底：原来，本来。例：我~就是这个样子。

压根：根本，从来（多用于否定句）。例：他全忘了，好像~没有这回事。

天生、本生：原来。

必过：只，仅仅，只不过。

常庄：经常。

常时：时常。

有常时：有时，难得。

时不时：比经常差一点，较多。

差一眼、差眼：差点儿。

出脚：以外。

出脚一眼、出脚一点：多一点。

大约摸：大约。

约莫绰样、大约摸酌：大致，差不多。

倒究：到底。

仍旧：表示情况持续不变或恢复原状。也说"仍然""依旧"。

阿曾：有没有（问是否完成）。例：侬中饭~吃？

陪卡：以前。

有心：① 故意。② 有心眼，有心计。

无心：不是故意的。

无端：没有来由的，无缘无故的。

无非：只，不外乎。

无妨：不妨。例：有意见，~直说。

的刮：的确，确实。

石刮铁硬、的的刮刮：确定，肯定（没有虚假的成分）。

心心念念：心里一直存在着某种念头（想做某件事或得到某样东西）。

再次：第二次，又一次。

再三：一次又一次。

粗光趟：做任何事情，虽能过得去但不细不精，比较粗。

粗约扎（音"酌"）：大约，做事有一定的轮廓，但不细细研究，较为马虎。

些微：略微。

稍微：表示数量不多或程度不深。与"稍为""稍许"相似。

微微：稍微，略微。

有意识：主观上意识到的，有计划、有目的。

故意：有意识的（那样做）。

悉心：用尽所有的精力。例：~照料。

悉数：全数，全部。

尽数：全数，全部。

尽量：表示在一定范围内达到最大限度。

尽快：尽量加快。

尽早：表示尽可能提前。

至多：表示最大限度。

至少：表示最小限度。

至今：直到现在。

䢒当：一总，整批。例：~生活零碎做、零碎驳~。

纵情：尽情。例：~欢乐、~歌唱。

特地：表示专为某件事、某个人，与"特为"同。例：他昨天~从外地来看你。

仅仅：表示只限于某个范围。

往往：表示根据以往的经验，某种情况在一定的条件下时常存在或经常发生。

犯就：注定。例：这小青年屡次犯事，家人、朋友屡次相劝无效，~要政府来管他。

犯着：值得。也说"犯得着"，反之为"犯不着"。例：小事一桩，勿~（犯不着）发火。

犯难：感到为难。

头先：① 起先。② 前头。③ 刚才。

刚刚：刚才。

言言：刚刚，适才，刚才。也说"坎坎"。

加捻、加二：更加，越加。

该应：应该。

总共、拢共：一共。

瞎：很，非常。例：~嗲、~好、~多、~开心。

开首：起初。

几经：经过多次。例：~波折、~交涉。

趢趗（音"六逐"）：表示前后相继，时断时续。常叠用"趢趗趢趗"。现写作"陆续"，属副词。

交关：非常。

正在：表示动作在进行或状态在持续中。

立时立刻：马上，立刻。

蛮：很，非常。

陌生头里、猛生头里：猛然，突然。

明明仔：表示显然如此或确实。

死命：拼命。例：~挣扎。

死活：无论如何。例：叫他别去，他~要去。

死劲：使出最大的力气或集中全部注意力。例：~往下压、~盯住他。

宁愿、宁可：表示比较两方面的利害得失后选取的一面。

宁使：宁愿。

譬如：好似，比如。

譬如勿是：试试而已，权当没有；不抱太大的希望。也含"勉强"之意。

偏生：偏偏。

正巧：刚巧。例：事情发生的时候，我~在场。

哈好：正好，恰好。

齐巧：正好。

凑巧：恰巧；正好，表示正是时候或正遇着所希望的、所不希望的事情。

尤其：表示更进一步。

尤为：表示在全体中或跟其他事物比较时特别突出，多用在双音节的形容词或动词前。例：～奇妙、～不满、～引人注意。

区得：亏得。

幸亏：表示由于偶然出现的有利条件而避免了某种不利的事情。也说"幸好""幸而"。

日朝、日逐：每天，天天。例：这个地方（这条路），我很熟，～走过。

日益：一天比一天更加。例：生活～改善。

赛过：好像，如同。

煞死：① 硬是。② 不顾一切地。

拼死：拼着性命。

三不时：时常。

上紧：加紧，赶紧。例：麦子熟勒，要～割啦。

向来：从来，一向。例：① ～如此。② 他做事～认真。

生来、生拉：本来就，原本。

生生：① 活活。② 活活地，强制地，生硬地。例：这对恋人被家长～地拆开。

率先：带头，首先。

索脚、率性：索性。

实头：的确，实在。

顺带：顺便。

索介、索加、槊脚：干脆，索性。

踏肩头：挨着肩。

忒：太。

天晓得：表示难以理解或难以分辨，天知道。

单清：仅仅。

闲常：平时，平常。

险介乎：险些，几乎；差一点（专指危险的事）。例：今天出门~被车撞。

险险：差一点儿。也说"险险叫"。

邪、邪气：很，非常。

淀山湖镇综合市场

眼见得：显然，多用于不如意的事。例：病人~不行了。

眼看：马上。

逐步：一步一步地。

逐日：一天一天地。

逐个：一个一个地。

逐一：逐个。

逐渐：渐渐。

逐年：一年一年地。

一经：表示只要经过某个步骤或者某种行为（就能产生相应的结果）。

一概：表示适用于全体，没有例外。

一并：表示合在一起。

一淘、一道：一同。

未必：不一定。例：他~知道。

未便：不宜于，不便。

未尝：① 未曾。② 加在否定词前面，构成双重否定，意思跟"不是"相

同，但口气比较委婉。例：① ~不可。② 这~不是一个好建议。

未免：① 不能，不说是，表示不以为然。② 不免。例：如此教育，~要误人子弟。

硬碰硬：明摆着，确实。

由性：索性，愈加。

由不得：不由自主地。

原底：本来。

在外：另外。

务必：必须，一定要。

务须：务必，必须。

早晏：早晚，迟早。

真个：的确，实在。

等当：全部，整体。例：你借给我的钱，到年底我~还给你。

准定：一定，肯定。

笃定：有把握，一定。

只顾：表示专心一件事或一样东西。

只得：不得不。

只好：不得不，只得。

只是：① 仅仅是。② 表示强调限于某个情况或范围。

指不定：没准，说不定。

终归：毕竟，到底。

终究：毕竟，终归。

终年：全年，一年到头。

终日：从早到晚。

独是：老是，总是。

总是：① 表示一直如此，经常如此。② 全是，都是。

总归：表示无论怎样，一定如此。例：事实~是事实。

总得：必须。例：这件事~想个办法去解决才好。

总算：① 表示经过相当长的时间以后，某种愿望终于实现了。② 表示大体上过得去。

总共：一共。

统共：一共。

活脱：（相貌、举止）跟一个模子里出来似的，表示十分相像。

或许：也许，表示不太肯定。

平白：无缘无故。例：① ~无故。② 好好地，~挨了一顿骂。

第三节　象声词

扫码听音频

别立薄落：东西落地的声音。

别呖白啦：连续不断的浑浊的声音。

独漉独漉：泥水、油、酒等泛浊冒泡出气声。

䎃：呼鸡的声音。现写作"嘟"。

滴沰：雨滴落地的声音。

滴沥沰落、滴沥笃落：水滴或零星杂物落地的声音。

激激汩汩：风吹水声。

轰声能：① 突然。② 轰的一声。

横冷横冷：高声喧哗，同"哇啦哇啦"。例：~闹来，头脑子阿痛咯。

横打横打：大声喊叫。例：我~咯喊，你怎么听勿见呢？

吉立夹拉：肩挑竹扁担的声音。

叽里加拉：轴转动的声音。

极裂搁碌：摇动或搬动东西发出的声音。

激㴰：水波靠近岸边发出的细微的声音。

181

訇訇：波浪相逐的声音。

洶（音"轰"）：水浪相激或水石相激声。

岌岑（音"及加"）：摇橹发出的声音。

徵（音"咪"）徵：呼唤猫的声音。

唰啦：① 迅速擦过去的短促的声音。② 树枝、竹子断裂的声音。

咝：① 枪弹等在空中很快飞过的声音。② 吹口哨的声音。

硐：脚步声、心跳声。

咪里吗啦：乐器吹奏的声音（多指迎亲）。

乓铃乓啷：重物碎裂的声音。

窸辘窸辘：常用于描述风声和人在喝粥时发出的声音。窸：逆风声。

跷毄：东西撞击或落地的沉浊声音。例：~三响，即掼家生的声音。现写作"乓乓"。

噼里扑六：东西接二连三地落下而发出的声音。

趚趚趚：走小步的声音。

踢呖沓啦：东西不断落地的声音。

踢踏：走路声。例：~拖，即拖着脚走路的样子。

喊（音"切"）促：私语声。也说"喊喳"。

玎玲：玉石等撞击的声音。

丁零：自行车铃声。

窸窣：细小的摩擦声。

悉粒嗦落：极小极细的声音。

尸哩彐喇、咿哩啊啦：开门开窗的声音。

欱：咳嗽声。

哖：发狠的声音。例：~！当心我狠狠地~你一顿。

劗：切菜时发出的声响。

騻橐（音"霍托"）：东西掉落后发出的沉闷声。

踪：乡下人牵牛呼其小心踏地之声。一般"踪踪"两字并用。淀东人命牛跨障碍物时就喊"踪踪"。

第四节 量词

扫码听音频

垤：层。例：叠一~砖。

寱：自入睡到醒的时间段。例：一~醒来，天已经亮了。

记：多用于某些动作的次数。例：打一~耳光。

橛（音"掘"）：段。例：①小囡吃萝卜，逐~剥。②旗杆上火着，一~短一~。

遄：环绕行走一个来回，淀东人说"来回一遄"。

日：天。

半把：约一半。

眢（音"搭"）：多。例：吾已经~天勿上街了。

茬：指在同一块地里，作物种植或长的次数。一次叫"一茬"。

莐：同"茬"。

拃：张开的大拇指和中指（或小指）两端的距离。

庹：两臂左右伸直时两手之间的距离。

涵：滴。例：①穷人穷来四脚撑，财主穷来一~酱。②木匠做做摇头皮，泥水匠做做一~泥。③小囡吐馋唾，一~一~。也作"沰"。

趟：用于往返、来去的次数。例：他到上海去了一~。

爿：用于工厂、商店的数量。例：一~工厂、一~商店。

胖：一半。例：拿一只猪开成两~。也用"肨"。

普：油漆一次叫"一普"。第一次煎成的中药叫"头普"。

埭：①动量词，相当于"次""趟"。②物量词，相当于"座"。

坆：同"埭"。

儎：装满了一船的货物叫"一儎"。

一程子:一些日子。

一连串:(行动、事情等)一个接着一个。

第五节 连词、叹词、助词

扫码听音频

乃末:那么。

个末:那末。

格咾:所以。

故所以:所以。

省得:免得。

倘忙、倘便:倘若。

外加:而且,另外。例:这还不算数,~要搬药材、打杂差,要鸡叫做到鬼叫。

其实:表示所说的是实际情况,承上文,含转折意。

偏是勿是:带有转折意义的连词。

喏:叹词,放在句子开头,有指示作用。例:~,伊就在那边。

搭拉萨:助词,意指过于老实。

喱:向别人打招呼。例:~,你在哪里?现写作"喂"。

第五章 口口相传说谚语（气象农情类）

第一节 时令、节气与天气

扫码听音频

立春难见一晴：立春日一般阴雨天多。

立春一日晴，春末夏初雨调匀：立春日晴天，春末夏初一段辰光风雨调匀。

交春落雨到清明，一日落雨一日晴：立春日宜晴；如落雨，后则雨水多，有"一日落雨一日晴"现象。

立春一日，水热三分：立春日气温要明显升高些。

百年难遇岁朝春，千钿难买年立春：农历正月初一逢立春是极难得的。

春打六九头，种田勿用愁；春打六九脚，种田吓一吓：自冬至日算起第四十六天逢着立春，春耕时间长，早动手种田不愁；第五十四天逢着立春，春耕时间短，农活紧张得吓人。

春打六九头，河边杨柳青：自冬至日算起第四十六天逢着立春时杨柳已苞青。

立春勿逢九，五谷才着落：立春日不逢九头尾，主丰年收成好。

立春落雪，一百二十天阴雨雪：立春日落了雪，一直到芒种阶段，一般较多阴雨天、雪天。

立春打雷，当春会烂秧：立春日响雷，春季育秧阶段天气勿好会烂秧。

立春东南或西南，"三麦"勿会好：立春日吹东南风或西南风以后，一般多雨水，春寒，"三麦"生长缓慢，甚至减产。

雨水雨水三大碗，大江小江全（音"才"）要满：雨水日下了雨，以后会雨水多，河里、江里水位要提高。

雨水有雨田里好：立春后气温逐步升高，雨水日下了雨，以后会雨水多，土壤又温又湿有利于庄稼生长。

雨水勿落雨，还在落雪期：雨水日不落雨，说明本地冷空气足，还要下春雪。

雨水见东北风、东南风下雨，有乌云、白云也要下雨：雨水日吹东北风或东南风，有厚的乌云、白云，都要下雨。

惊蛰始雷，大地回春：惊蛰日响雷，各种生物苏醒。

惊蛰一声雷，蛇虫百脚齐出洞：惊蛰日响雷，蛇虫百脚都苏醒。

惊蛰闻雷好年成：惊蛰日有雷，年内一般风调雨顺，年成好。

惊蛰发雷，小满发水：惊蛰日有雷，小满里一定多雨水。

未惊先蛰，人吃狗食：未到惊蛰日响雷，预兆灾年，一般以水灾为主，夏熟作物损失大，种田人吭不好食。

惊蛰闻雷米如泥：惊蛰日响雷，预兆丰年。

惊蛰雨一场，四十九日吭日头：惊蛰日下了雨，以后一个阶段以阴雨天为主。

春分有雨病人稀，春分无雨秋分补：春分日有雨，大多好年景；春分日无雨，到秋分日一定有雨。

春分、秋分，昼夜平分：春分日、秋分日，一天昼夜无长短。

清明要明，谷雨要雨：清明日宜晴好，谷雨日宜有雨，以后能风调雨顺。

清明南风紧，报告丰年到：清明日遇南风，主丰年。

清明有雾，夏秋有水：清明日有雾，到夏、秋季雨水就多。

清明有霜，梅里水少：清明日有霜，到黄梅里雨水相对少。

清明南风收成好：清明日吹南风，主年内丰收。

清明难得晴，谷雨难得雨：清明日难得晴天，谷雨日难得雨天。

清明晒得杨柳花絮飘，有米有麦年成好：清明日晴好，主丰年。

清明断雪，谷雨断霜：根据近几十年的昆山气象资料表明，昆山包括淀山湖地区平均断雪期在 2 月 21 日，最晚的在 4 月 3 日（1962 年），离清明只有 2 天；平均断霜期在 3 月 29 日，最晚的在 4 月 16 日（1961 年），与谷雨仅差 3 天。可见此谚语还是准确的。

三月清明麦勿秀，二月清明麦秀齐；三月清明秧如草，二月清明秧如宝：清明在二月里是短三春，短三春天气阳光足、气温高，届时麦已秀齐，秧苗生长茁壮，故有此说法。

清明要晴，冬至要阴：清明日晴，冬至日阴，主年成好。

清明日雨旱黄梅：清明日下雨，黄梅里雨水相对少。

清明落雨落到茧头（蚕茧）白：清明日下了雨，一般以后一段辰光会多下雨。

清明晒得沟底白，稍草也变麦：清明日晴好，以后雨水相对偏少，有利于"三麦"生长。

麦怕清明一夜雨：清明时节，一旦雨水多，麦苗容易烂根，当年会歉收。

清明一夜雨，麦缩在泥里：清明时节若雨水多，麦苗就容易烂根，当年会歉收。

谷雨东风多浸种：谷雨日吹东风，有晴有雨，以晴好天为主，届时要浸种下秧。

谷雨一滴水一条鱼：谷雨时节，各类鱼都到了产卵时，谷雨日下雨能给河中增加氧气，有利于鱼类产卵，而且预示要发大水，处处有鱼。故有此一说。

谷雨西风没小桥：清明时节雨水已不少，待到谷雨日吹西风，冷暖空气碰头会下更大雨而致水位暴涨成涝。

立夏无雨干麦场：立夏日不落雨，则四月雨水少，一般麦收时天会好一阵,有利于收麦,不会发生烂麦场现象。

立夏勿落雨,呒水汏犁耙:立夏日无雨,干黄梅。

立夏西风没小桥:立夏日吹西风,以后雨水多。

立夏西南干秧板:立夏日吹西南风,育秧时期雨水少。

立夏好热头,秧勒田里浮:立夏日好日头,秧苗在田里生长快,似浮动一般。

立夏雨,蓑衣箬帽满田岸:立夏日下了雨,以后一段辰光雨水多。

立夏有风三伏热,重阳无雨一冬晴:立夏日有较大风,三伏里天气会热;重阳日无雨,整个冬天的天气以晴好为主。

国际露营基地

立夏勿起阵,起阵好年成:立夏日一般不会起阵头;如果起阵头,以后会风调雨顺好年成。

小满日头,晒开石头:小满日头有时很毒。也说"小满日头,慢娘拳头"。

芒种火烧天,夏至雨绵绵:芒种日晴好炎热,到夏至日会下雨。

芒种一声雷,苔里雨三天:芒种日发雷,苔里要落雨三天。

芒种有雨便入梅,一日霉一尺,十日霉一丈:芒种日逢雨便进入黄梅期,器物上处处有霉。

芒种呒雷是丰年:芒种勿动雷,主丰年。

芒种逢壬便入梅,夏至逢庚便出梅:芒种逢壬日便算入梅,夏至逢庚日便算出梅。

夏至东南第一风，不种低田骂老公：夏至日吹东南风，主天旱，就是种低田也不受涝。

夏至西南搭小桥：夏至日吹西南风和南风，很可能会发大水。

夏至西北，十条河水九条空：夏至日吹西北风，未来一定干旱。

夏至吭日头，一面吃来一面愁：夏至日阴雨天，主歉收年。

夏至端午前，坐坐种种田：夏至日在农历五月初五前，风调雨顺，主丰年。

夏至在月中，耽搁粜米人：夏至日在五月中旬，则庄稼预兆歉收。

夏至连端午，卖儿又卖女：夏至日刚好在农历五月初五，会发大水，主凶年。也说"端午夏至连，大雨没湖田"。

夏至落雨重做梅，小暑落雨做三梅：夏至日、小暑日都忌下雨，否则多黄梅天气。

夏至动雷六月旱：夏至日响雷则六月里干旱。

夏至无云三伏热，重阳无雨一冬晴：夏至日天无云晴好，三伏里一定很热；重阳日无雨，一个冬天会晴好。

夏至是晴天，有雨在秋里：夏至日是晴好天，那么秋里会雨水多。

小暑落雨，倒做黄梅：小暑日落了雨，以后雨水会多，已经过去的黄梅天会重来。

小暑一声雷，倒转做黄梅：小暑日响雷多阴雨天，好似黄梅又开始了。也说"小暑一声雷，三十六天倒黄梅"。

小暑热吼吼，大暑冷飕飕：小暑日热得厉害，大暑日不一定比小暑日热。

小暑发西北，鲤鱼跳上屋：小暑日吹西北风，预兆有雨，要发大水。

小暑西南风，"三车"都勿动：小暑日吹西南风，主歉收年，致使油车（用于油菜）、轧车（用于棉花）、碾车（用于稻米）"三车"少动。

小暑西南歉收年：小暑吹西南风，一定风不调雨不顺，阴雨低温天气不利于作物生长。

雨打小暑头，四十五天不停头：小暑头几天下雨后，会带来一个半月的

下雨天气。

小暑落雨倒黄梅：小暑落了雨，结束的黄梅天会重新回来，主雨水多。

大暑到，人在岸上跳，稻在田里笑：大暑里天热，对水稻的生长有利。

大旱不过七月半：干旱不会超过七月半，因为八月是大汛。

立秋有雨大家喜：立秋日下雨，以后会风调雨顺，降温、降雨有利于水稻长穗和秋播。

立秋无雨秋干热：立秋日晴好，秋场里一定干热。

早立秋，凉飕飕；晏立秋，热吼吼；夜立秋，飞虫多：立秋时辰在早上则凉，在下午则热，在夜里则虫多。

立秋雷，收秕谷：立秋日响雷，处暑多雷雨天，水稻易倒伏，收成不好。

立秋呒雨要添愁：立秋日晴好，秋里雨水少，不利于作物生长发育，影响产量。

立秋响雷，百日呒霜：立秋日响雷，秋里阴雨天多，秋暖无霜日会多。

处暑干得白，米汤吃勿着：处暑日无雨干得厉害，庄稼歉收，影响生活。

处暑一声雷，秕谷绕场堆：处暑日下了雷阵雨，以后雨水增多，对水稻的后期生长不利。天多阴雨，造成水稻倒伏；气温低，不利于幼穗生长、发育、结实，以后秕谷增多。

处暑难得阴，白露难得晴：通常处暑日以晴好天为主，白露日以阴雨天为主。

处暑下了三朝雨，砖头缝里出白米：处暑时节是水稻幼穗的生长期，需要适宜水分。如果此时下了三朝雨，能满足幼穗生长，年成一定会好；但若雨水多，则会造成水稻倒伏，低温不利于结实，将影响收成。也说"处暑里下了三场雨，抢篱脚边全是米"。

处暑不暑，热在中午（热中心）：处暑不算热，只在中午热。

处暑处暑，处处要水：处暑的水，滴滴是白米。

白露阴，寒露晴：通常白露日是阴天、阴雨天，寒露日为晴天。

处暑雨甜，白露雨苦：处暑时节雨少，下雨有利于水稻幼穗生长；白露时节水稻幼穗已形成,再下雨不利于水稻根系生长,容易发生病虫害,所以有"白露里格雨,落一处坏一处"之说。

白露看花,秋分看谷:白露稻花香,秋分谷粒多。

秋分呒雨春分补:秋分日呒雨,来年春分日一定落雨。

霜降见霜,稻像霸王:霜降日见霜,稻以后长势好,丰收在望。

稻谷飘香

霜降无霜年有雪:霜降日无霜,年关两边要下雪。

霜降见霜,米烂陈仓:霜降日有霜,主大丰年。

立冬晴,一冬晴;立冬雨,一冬雨:立冬日是晴天,一个冬天以晴好天气为主;立冬日是雨天,则一个冬天以阴雨(天)为主。

立冬西北风,来年五谷丰:立冬日如吹西北风,来年定是丰年。

小雪雪满天,来年定丰年:小雪日下雪,预兆来年是丰年。

小雪夜是雨,种田人笃定吃白米:小雪日夜有雨,来年定是丰年。

大雪勿冻,惊蛰勿雷:大雪日勿冷,来年惊蛰日勿响雷。

大雪雪满天,来年准丰年:大雪日落了雪,来年定是丰年。

冬至天晴明,半年可太平:冬至日晴好天,则来年上半年会风调雨顺。

冬至有霜年有雪:冬至日有霜,年关便会落雪。

冬至牛滚塘,稻头两人扛:冬至日晴暖,主丰年,来年水稻产量高。

丰 收

冬至月初,石板冰酥;冬至月中,赤裸过冬;冬至月底,卖牛买被:冬至日在农历十一月初、十一月底主冷,冬至日在农历十一月中主暖。

冬至动雷灾情到:冬至日响雷,来年有灾情,不是歉收便是瘟疫。

冬至西南百朝阴,半阴半湿到清明:冬至日吹了西南风,一般会阴阴湿湿到来年清明。

干净冬至邋遢年,邋遢冬至干净年:冬至日晴好,年关往往是阴雨天、雪天;冬至日阴雨,则年末往往是晴好天。

冬至看天色:冬至日是从子时到午时再到子时(指冬至前一日深夜12时到冬至日白天12时,再到当夜12时),看天上不同云色可预测不同年成,即黄色主大热,红色主干旱,白色主水灾,黑色主风大,万里无云主岁稔民安。

冬至上昼雷鸣旱六月,下昼雷鸣旱八月:根据冬至日上、下午响雷可测来年六月、八月的晴雨天气。

冬至有云天生病,阴阴湿湿到清明:冬至日阴天有云,以后一个阶段一直以阴雨天为主,直到来年清明节。

困末要困冬至夜,白相要到夏至日:冬至日夜晚最长,夏至日白天最长。

冬前不结冰,冬后冻煞人:若冬至日前不结冰,则冬至日后天气一定冷。

冬至大如年:旧俗冬至这一天禁忌甚多,比过年还受重视。

第二节　气象识天

扫码听音频

（一）喜看风云雨

东风急溜溜，难到五更头：春季白天东风紧急，等勿到第二天就会下雨。

春东风，雨祖宗：春季以东南风为主，如单吹东风便会下雨。

春发东风连夜雨：春季吹东风马上就会下雨。

立春西南风，看风测年景：立春后第一次吹西南风，风力正常，则预兆正常年景；如中午起风力大难以行船，则预兆年内多风暴，是歉收年。

春风急，要落雨：春季风大，预报要下雨。

春东风，河水冻：春季吹东风要发冷头。

春东风，雨太公；春南风，雨冬冬：春季发东风、南风都是下雨的天气。

春风不隔夜，隔夜就赤脚：春季白天的风到晚上会转向，如东南风转东风或西风、西南风，若不转向则第二天会下雨。

西风刹雨脚，不等泥头白：夏季盛行东南风，如吹西风，暂时雨停，但一转风就会下雨。

东风两头大，西风腰里硬：春季吹东风，早晨、晚上风力大；如吹西风，则中午风力大。

雨后见东风，未来雨更凶：夏季雨后再吹东风，一定会下更大的雨。

早西夜东风，日续好天公：夏季早晨吹西风、晚上吹东风的日子，一般天气都会晴好。

小满西风日夜晴，转仔东南勿到明：小满里以吹西风天气晴好为主，如转东南风当晚就要下雨。

夏东风，池塘空：夏季吹东风，则天气晴好，会造成干旱。

夜朝东南风，日日好天公：夏天晚时吹东南风，则第二天是晴天。

夏吹东南干卜卜，秋吹东南湿答答：夏季吹东南风一般以晴天为主，秋季吹东南风一般以雨天为主。

夏夜风稀来日热：夏季若晚上风小则明天一定热。

早有碰门风，夜有笃壁雨：夏、秋的早晨有大南风，到晚上一般会下雨。

东南转北，吹翻草屋：夏、秋季东南风转西北风，一般风力很强。

西南出北，草绳背屋：秋、冬季西南风转北风、西北风，风力一定很强。

西南出北，苦头吃足：秋、冬季西南风转北风、西北风，一定会刮大风。

东北风，雨太公：夏、秋、冬季吹东北风都会下雨。

南风不过午，过午连夜吹：秋、冬季上午南风紧，则下午有雨来，如下午仍有风则要吹一夜天。

东南风，暖烘烘；东北风，雨淞淞；西南风，阴洞洞；西北风，落雪像牵耆：四季吹东南风以晴天为主，吹东北风以雨天为主，吹西南风以阴天为主，吹西北风以寒冷天气为主。

南风二三日，不落雨便下雪：冬季吹两三天南风，不是落雨就是下雪。

夜里起风天亮住，天亮勿住吹倒树：秋、冬季一般夜里刮风天亮止，天亮勿止风会越刮越大。住：止。

北风怕回头：秋、冬季西北风或北风转西南风再转西北风，会出现更大风力。

北风不受南风欺：秋、冬季吹了两三天南风后，会出现更大的西北风或北风。

九月南风两日半，十月南风当日转：九月里吹南风，等两日半要下雨；十月里吹南风，当天就要下雨。

半夜五更西，天亮拔树根：冬夜起西风，天亮风更大。

冬天南风三日雪：冬季吹南风，三天后会落雪。

冬南夏北，转眼雨落：冬季一旦吹南风，会下雨或下雪；如果夏季遇冷空气来袭刮起北风，便会下雨。

冬春南风，夏秋北风，一年四季雨水多：冬、春季吹南风和夏、秋季吹北风的日子多，则一年里雨水多。

吹着卯时风，脸色橘皮红：早晨5—7时为卯时，黎明即起可养生。

一日南风，三日关门：秋季一旦吹南风，接连几日有雨水。

夏雨北风生，秋雨南风起：夏季吹北风便会下雨，秋季吹南风同样会下雨。

秋来北风多，南风是雨窝：秋季吹北风的日子多，吹南风就会下雨。

秋后南风当日雨，秋后北风地干裂：晚秋吹南风一般当天下雨，吹北风往往天晴，甚至造成干旱。

梅里西风莳里雨，莳里西风就落雨：夏季黄梅天吹的是西风，到莳里会下雨，莳里吹西南风马上下雨。

三日西南风，秋雨落勿穷：秋里连吹三天西南风，整个秋季雨水会很多。

霜吊南风连夜雨：有霜日吹南风，当天晚上会下雨。

一日北风三日晴，三日南风别盼晴：秋、冬季吹北风不会下雨，连吹三日南风则要阴湿一段辰光。

秋风秋拉惹：秋季风多，雨水也多。

霜下东风一日晴：秋、冬季有霜日吹东风，只要当天晴好，第二天就会下雨。

早晚烟扑地，苍天有雨意：夏、秋季早晚有大风，说明有雨也不远。

冬东风，雨太公：冬季适宜西北风，如吹东风便会下雨。

伏里南风吹到底，数九北风来还礼：大伏天里吹南风，到冬天数九寒天吹北风。

春东风，雨祖宗；夏东风，干烘烘；秋东风，热吼吼；冬东风，雪花飘：一年四季吹东风，吹春东风则主雨，吹夏东风则主旱，吹秋东风则主热，吹冬东风则主雨雪。

霜下东南一日晴，霜后西南遍地干：冬季有霜日吹东南风，第二天会下雨；霜后吹西南风，一定干旱无雨。

上昼薄薄云，下昼晒煞人：春、夏、秋季上午天上薄薄一层云，到中午会升温，热得厉害。

天上勾勾云，地上雨淋淋：夏、秋季天上有条条块云，未来就要下雨。

天上鲤鱼斑，明天晒谷不用翻：秋季天上有小块白云，则第二天天气晴好。

白龙取水不隔夜：夏、秋季天上白云倒挂，马上会有雷阵雨。

早看头顶穿，夜看四脚悬：夏、秋季早晨看头顶天空无云或少云，黄昏看天边四周清爽、无云或少云，则第二天是晴天。

朝有眉毛云，日上必有风：春、夏季早晨有眉毛状细云，中午前后必有大风。

着夜烧，明朝戴个大箬帽：春、夏、秋季，傍晚太阳下山时，若西边天空一片红云似火烧一般，则第二天有雨。

早阴阴，午阴晴，半夜阴天不到明：夏季早晨满天乌云，到中午太阳在乌云中时隐时现，到上半夜仍旧乌云连天，那么下半夜就有雨了。

乌云东方来，不落雨便是风：夏、秋季乌云从东方推起，迅速扩大，那就会有雨或风。

西北乌云起，雷雨马上到：夏、秋季西北乌云推起，必定要起阵头。

西南黑笃笃，化费圆团粥：秋、冬季西南方有乌云，等一两个时辰就会下雨。

若要明朝雨多，今夜黑猪渡河：天空中若有黑云状如猪（或称"织女筑桥"），明朝会有雨。

黄昏起云半夜雨，半夜起云雨就来：夏季黄昏起乌云，到半夜定会下雨；半夜起乌云，马上就会下雨。

云行东，车马通；云行西，雨凄凄；云行南，水连天；云行北，好晒谷：根据春、夏、秋三季云层行走方向的不同，会出现不同的天气。

朝怕南云涨，夜怕北云起：春、夏、秋季早晨南天起黑云且在扩大，晚上北天起黑云，不到第二天就会有雷阵雨。

云相斗，天气变：根据夏、秋季云层行走方向的不同，天将下雨或有台风。

一块乌云在天顶，再大风雨也不怕：夏、秋季乌云当头，雷阵雨不会大或仅仅空阵头。

乌云脱云脚，明日晒断腰：春、夏季乌云分散脱离云层，雷阵雨不会大或只是空阵头，第二天仍晴热。

乌云接日头，半夜雨弗愁：特别在春季，本地上空气流都是由西向东，如果在西边出现大片云层从地平线上堆积起来的现象，表示天气开始转坏，会起风或下雨；随着云层向东移，若太阳落在大片与地平线连在一起的乌云里，那么夜里就有雨了。"雨弗愁"意即一定会有雨，不用担心。

乌头风，白头雨：夏季乌云起块便是风，白云起块有雨来。

朝霞晚霞，无水烧菜：夏季早、晚云成彩，主大旱。

今夜缸爿云，明日晒煞人：夏、秋季晚上有缸爿状云，第二天一定晴热。

乌云东方来，不落雨便是风：夏、秋季东方有乌云来，就会起阵头，不是风便是雨。

早看东南黑，雨水午前急：夏季早晨东边天空有黑云，雷雨或阵雨马上来临。

日落云连天，必有大雨来：一年四季，日落时乌云连天，预示天气马上要变，定有雨来。

云行团团聚，必有台风雨：夏、秋季天上云呈团块状，云块行得急，未来必有台风雨。

早看东南，夜看西北，若天明来日晴：夏、秋季早晨看东南下脚，晚上看西北下脚，若清爽少云或无云说明第二天天好。

夜雨天亮止，朝雨午后停：一般规律，晚上下雨到天亮会停，早晨下雨到中午停。

开门落一场，关门落一夜：一般规律，一清早下雨不会下得久，晚上下雨要下一夜。

一落一只钉,落来落去不肯停;一落一个泡,落过就天好:春、夏、秋季落阵雨时,落到地上像钉子一样,点子重、不流动则预示会落久雨;雨落到水面变成一个个水泡则预示落得时间短,只落一阵子就会天好。

夏雨隔田生:夏、秋季雷阵雨往往只隔块田或隔条岸发生,如这边下雨那边无雨。

秋雨连绵西北风:秋雨小而多,往往连续下雨后会吹西北风。

落雨就怕天亮:下雨时天上雨云、白云增多,雨会下得更大,有一种下雨天越发明亮的感觉。

阵头雨好过,蒙花雨难熬:阵雨时间短,下了即停;毛毛雨虽细小却密,且时间长,钻进布眼致衣裳湿透,使人难受。

云头浪雨吓小戆:夏、秋季天上云层里下的雨只一阵子,有时雨点粗大但时间短。也说"云片头雨吓吓小戆"。

阵头隔夜,要落三日三夜:夏、秋季阵头雨隔夜会变成"长拖(音'泰')雨",夜里也不停,要落很长时间。

春雨贵似油,夏雨遍地流:春雨落的时间短且作物需要水,故雨水宝贵;而到落夏雨时,土壤中已有一定的水分,作物不再需要过多的水,可让它遍地流走。

春天呒烂路,走一步干一步:春季落雨时间短、雨量少,道路易干,不影响干活。

三伏有雨秋后热:三伏天有雨,秋后一定热。

七月夜雨壮如肥:七月的夜雨一般都是雷阵雨,因为打雷时会产生庄稼所需要的微量元素,有利于庄稼生长。

八月胡子落满田,呒柴呒米苦黄连:从白露到秋分因雨水集中,此时水稻又不成熟,种田人呒柴呒米,日子过得像黄连般苦。也说"八月胡子落满天,呒柴呒米苦黄连"。

四月初八落仔雨,蚕豆小麦像个鬼:四月是小麦、蚕豆生长的关键时期,若初八落了雨,将导致该月雨水偏多,作物根系生长勿好,会造成减产。

（二）赏日月星虹

日出一点红，不是雨来便是风：一般早晨太阳升起时呈一点红，周边云层也是红色的，则午后不是风便是雨。

日出猫眯眼，落雨不到夜：日出时太阳在云层中若明若暗，看勿清，到晚上一般有雨。

日出有晕，今要下雨：日出时太阳有晕轮，可能白天有雨。

日头发白，飞沙走石：太阳升起时发白，预示将有大风来。

日出一垛墙，下午雷阵雨：春、夏、秋季日出时乌云像一垛墙，挡住升起的太阳，那么下午就有雨或雷阵雨了。

日落青光照，明朝晒煞老和尚：夏、秋季太阳落山时，西天呈现青光，则第二天一定会热。

日落胭脂红，不是雨来便是风：太阳落下去时呈胭脂红色，预示第二天天气要变。

早霞不出门，晚霞行千里：日出前后，东方出现鲜红色的朝霞，表明空气中的水汽已经很多，预示天气将要转雨，就不能出门；如果在雨天日落时出现大红或金黄色的晚霞，表示在本地西边天已经转晴或者云层已经开裂，预示本地上空云雨将东移，天气要转为晴好，可以出远门。

日落云连天，必有大雨来：日落时乌云连天，则预示天气要变有雨来。

日枷雨，月枷风：日晕有雨，月晕吹风。太阳或月亮周围有时出现一道色彩艳丽的光圈，俗称"枷"，气象学名为"晕"。这种冰晶结构的云常由冷暖空气相遇生成，是风雨来临的预兆。由于这种云离地几百千米，风雨从云层落到地面要十多个小时，所以也有"日枷三更雨，月枷午时风"的说法。

日落乌云涨，半夜听雨声：太阳落山时有黑云堆起来，下半夜就要下雨。

日头困晏朝，晒到中午地皮焦：春、夏、秋季日出迟，天晴好。

早出日头夜落雨：春、夏、秋季日出早，晚上变天有雨。

月亮着蓑衣，明天落勿稀：夏、秋季月亮被云层包围，则预示第二天

将有雨。

月亮发毛，大雨滔滔：春、夏、秋季月亮被雨云包围，预示将有大雨来。

月光星光照烂地，连夜落勿及：春、夏、秋季晚上地皮还潮说明空气中水分足，必有雨。

水里星荡有大风：夏季晚上若见水中星动荡，则第二天必有大风。

星眨（煞）眼，有大风：夏季晚上天空星星若一闪一闪在动，则第二天一定有大风。

夏夜风稀来日热，夏夜星密来日热：夏季晚上若风小则第二天热，若天上星密第二天也一定热。

要知明天热勿热，但看夜星密勿密：夏夜天空星密，第二天必定晴热。

日高三丈要下露：秋、冬季天气渐凉，下午三时左右日高三丈，植物叶片上会有小水珠即露水。

东鲎日头西鲎雨：在春、夏、秋季降雨前后，天空中会出现"彩带"，淀东人称"鲎"。若鲎在东方表示雨云已东移，本地就会晴好；若鲎在西边，则表示大气的雨层会逐渐向东移过来，导致本地有雨（日头过西，才会见到东鲎，反之则见不到西鲎）。

朝鲎雨，夜虹晴：春、秋季早晨有鲎，雨即来；晚上有彩虹，则不会有雨。

鲎低日头高，明朝着蓑衣；鲎高日头低，明朝晒得皮要焦：春、夏、秋季若鲎低于日头，鲎过就落雨；若鲎高于日头，第二天就会阳光高照，晒得皮要焦。

断虹高挂，有雨不怕：夏、秋季天上出现不完整的彩虹，即使有雨也不大。

南虹风，北虹雨：夏、秋季南天有彩虹起大风，北天有彩虹落大雨。

对日虹，不到头：夏、秋季对着太阳有彩虹出现，不久将会下雨。

（三）望闪电、闻雷鸣

春雷日日阴，天晴水结冰：春天有雷的日子，一般都是阴雨天；若要天晴，一定要发冷头结冰。

春雷十日雨：春季起了雷阵雨，有一段时间天勿会好。

雷公先唱歌，有雨也不多：夏、秋季乌云升起时若不夹有白色雨云，即使雷声四起也不会有大的雨。

雷轰天顶，小雨漂田；雷轰天边，大雨连天：夏、秋季雷声在头顶，雷阵雨不大；雷声在四周，雷阵雨就大。

雷声四周转，有雨也勿远：夏、秋季雷声若在天边四周转着响，则会有雷阵雨，且雨水马上到。

头莳雷，没灰堆；二莳雷，叉袋满：头莳起雷下大雨，易形成涝灾；二莳起雷会风调雨顺好年成。

东南雷声隆，阵雨会落空：夏、秋季东南方向有雷声，雷阵雨一般起勿成，俗称"空阵头"。也说"东南阵，起勿成"。

小雨先，雷后雨；大雨先，雨后雷：夏、秋季起雷阵雨若先雷后雨，则阵头起勿大；若先雨后雷，则雷阵雨往往会很大。

疾雷易晴，闷雷难晴：夏、秋季阵头起得快，天也好得快；如果阵头不清，有间断雷声，天就不会晴好。

八月无空雷，有雷必有暴：八月里是大汛日子，一般无空阵头；有雷阵雨时一定会很大，甚至下暴雨。有"八月落满田"一说。

卯前雷，卯后雨来催：夏、秋季天亮前起雷，一般雷阵雨就会到。

一夜起雷三日雨：夏、秋季下半夜响起雷声，一般连续三天都会有雷阵雨。

阵头隔夜，要落七日七夜：夏、秋季晚上起雷阵雨，到天明仍有雷电和雨，则预示将有一周的雷阵雨天气。

东闪西闪，晒煞泥鳅黄鳝：夏、秋季如早晨或傍晚东边天空和西边天空都有闪电，一般起勿成雷阵雨，当天至第二天太阳晒得大地热。

南闪火门开，北闪有雨来：夏、秋季如果南边天空有闪电，则不会起阵头，而且天将更炎热；如果北边天空有闪电，则一般阵头已酿成，就有雨来。

电光西南，明朝日头炎炎；电光西北，明朝雨落绵绵：夏、秋季西南天空有闪电，则不会起阵头，第二天仍旧炎热；若西北天空有闪电，则会起阵头，第二天一定下雨。

东霍霍，西霍霍，明朝仍旧干卜卜：夏、秋季只有闪电无雷声，不会有雨。霍霍：闪电。

南闪半年，北闪眼前：夏、秋季夜晚晴而见闪电，若闪在南边天空，会有长期晴好天；若闪在北边天空，就要下雨。

（四）感受雾霜雪

三朝雾露发西风：冬季连续三朝有迷雾，预兆冷空气将来临，风向也将由东南转向西北。

三朝雾露顶遭雨：春、夏、秋季三朝有重雾，相当于下了一场雨，可解决干旱。

雾露毒日头，晒开癞痢头：重雾很快清爽，天气一定晴好炎热。

雾夹霜，热得慌：一般指秋雾、冬雾，雾夹霜当天会晴热。

大雾久晴：春、夏、秋季重雾之下晴天多。

雾里日头，晒开石头：重雾即清，当天一定炎热。

雾吃霜，起大风：春、秋、冬季霜天有重雾，一般会起大风。

晓雾收，晴天到：春、夏、秋季早晨雾露即散，则马上会有晴天。

雾重天见晴，瑞雪兆丰年：秋、冬季重雾天，雾消开天一定晴。春节前下的冬雪起到保暖、保墒的作用，预兆丰年。

重雾三日，必有大雨：春、夏、秋季若连续三日有重雾，空气中达到一定的湿度时就会下大雨。

黄梅雾露，雨在半途：黄梅天本来空气中水分足，若起大雾一般不会清，当日就要下雨。

雾里西风苆里雨，苆里西南就落雨：春雾吹西风到苆里会下雨，苆里吹西南风马上就下雨。

昼雾阴，夜雾晴：秋、冬季如果晨雾不散开，则白天以阴雨天气为主；如果夜里有雾，则会凝结成重露或霜，第二天会晴好。

春雾日头，夏雾雨：春季早晨雾散开一般是好日头；夏季有雾，因湿度高，变成水珠便下雨。另有"雾露勿开就是雨"之说。

三日春霜九日晴：春季连续三日有霜，一定会连晴多天。

霜吊南风连夜雨：十月有霜日吹南风，当晚就会下雨。

早霜晴，晚雾阴：秋、冬季早晨有霜一般为晴天，晚上有雾一般为阴天。

霜夹雾，干得走投无路：秋、冬季有霜又有雾，一定晴好干热。也说"霜夹雾，干枯枯"。

春雾晴，夏雾雨，秋雾凉，冬雾雪：春分前有雾天为晴天，夏至后有雾天为雨天，秋天雾露天气凉爽，冬天有雾冷得要下雪。

腊月雾，来年五谷丰：冬至日起腊月有迷雾，预兆来年丰收。

霜下东风一日晴：秋、冬季下霜日吹东风，只有当天晴好，第二天就会下雨。

春霜不隔夜：春季由于温度升高，有霜也不会过夜。

霜厚暖，雪厚寒：冬季霜厚天气暖和，雪厚天气一定很冷。

春雪一场，水到半场：春雪若下了一场很快融化，则预示还会下雨，导致水位抬高。

雪等伴，再落一尺半：春、冬季下了一场雪后，如果积雪不化，一般会有第二、第三场雪。"雪等伴"也叫"雪等淘"。

雪前暖，雪后寒：冬、春季下雪前不会太冷，下雪后因烊雪要吸收热量，天气就冷得多了。

春雪不烊，饿断狗肠：春雪不化必定雨来送，天气一定寒冷、多湿，不利于作物生长，造成减产。

腊雪不烊，穷人饭粮：冬至日后落雪不化能起到保温、保墒的作用，来年春熟一般丰收。

春雪一把刀，腊雪一层被：春雪低温、多湿像一把刀子，对作物生长不利；腊雪保温、保墒，好似盖了一层被，有利于作物生长。

见雪为晴：冬天连续阴雨寒冷，往往到下雪后天才能转好。

九里雪，大寒前不成堆，大寒后雪成堆：冬季大寒前的雪一般是雨夹雪，随落随融，而大寒后的干雪能堆成堆。

瑞雪兆丰年：腊雪大，明年是个丰收年。

第三节　季节、日期与天气

扫码听音频

年初一有霜好年景：年初一有霜，预兆年内风调雨顺。

初三一朝霜，一个稻头两人扛：正月初三下霜，主丰年。

农业丰收

有利呒利，但看三个"十二"：正月十二叫"做官十二"，二月十二叫"百花十二"，三月十二叫"种田十二"。如果这三个"十二"都是晴天，则预示作物丰收。

头八晴，二八晴，好年成：正月初八晴，二月初八晴，会带来好收成。

正月夜雨好种田，二月夜雨没淹低田，三月夜雨发尽桃花水：从立春到惊蛰常落夜雨，白天晴好，土地潮湿好种田；从惊蛰到春分不仅多落夜雨而且白天也落雨，雨水多，低田地受淹；从春分到谷雨夜雨多，加上前一个月雨水，就会发桃花水汛。

二月廿八多大风：春季二月廿八是多风的日子，通常这天都有大风。

二月夜雨黄梅根，只怕廿九、三十关了门：春季二月夜雨是黄梅天的根，若农历二月廿九、三十不落夜雨，黄梅天就不一定雨水多。

二月干一干，三月宽一宽：春季二月里干旱，到三月里一定多雨。

三月三吹得庙门开，螺蛳老蚌哭哀哀：三月初三吹南风，主干旱，螺蛳、河蚌只好爬向河（湖）中心。

三月三难得田鸡叫，丰年必定到：三月初三一般听勿到田鸡叫，若有田鸡叫，则预兆今年丰年。

三月初三田鸡报：此日农人听田鸡叫，以午时为准，即午时前蛙叫主涝，午时后蛙叫主旱。

三月桃花水，四月田干裂：三月里有桃花水汛期，到四月里雨水就少，呈旱情。

春天小倌脸，一日变三变：春季天气多变，如同小孩时哭时笑，脸部表情多变。

春天夜雷三日雨：春季起雷，雨水多。

春天风多，秋天雨多：春天多吹风，秋天雨水多。

春天雾露，雨在半路：春天的有雾天一般当日散开当日晴；若雾散不开，则第二天可能是阴雨天。

四月初八雨，小麦田里出仔偷面鬼（音"举"）：四月初八下雨，往往小麦歉收。

踏青去

四月十四雨点响，蓑衣箬帽一抢光：传说四月十四为吕洞宾生日，这天下雨预示黄梅时节多雨。

四月十六落大雨，一年勿要牛打水：通常四月十六有雨，年内能风调雨顺，不用或少用牛打水。

水产丰收

有谷吭谷，但看四月十六：四月十六若下雨，则预兆丰年。

四月十六，天上有云，地上有谷：四月十六是阴天或小雨天，则预兆丰年。

五月二十分龙雨，破车搁勒弄堂里；二十一雨，高山平地好种田：五月二十日下的雨称"分龙雨"，若二十一日仍下雨，则以后风调雨顺，高田、低田好耕种。

梅里伏，热得哭：夏季黄梅里碰着大伏天一样的高温，一定很热。

未吃端午粽，布袄不可送：过了端午节，天气慢慢转暖。

五月二十三回龙雨，四十五天勿落雨：五月二十三日下的雨称"回龙雨"，以后一个半月会少落雨。

雨落黄梅头，斫麦像贼偷；雨落黄梅脚，打断黄牛脚：雨落黄梅头，因烂麦场，麦子收得少像被偷去一样；雨落黄梅脚，因雨水相对少，牛打水的日子多，有累断黄牛脚的现象。

雨打黄梅头，四十五天吭日头；雨打黄梅脚，四十五天赤刮刮：通常雨落黄梅头，以后一个半月一直为阴雨天；而如果雨落黄梅脚（五月中旬），五月的下半月和六月里都会雨水少，呈旱情。

梅里西南莳里雨，莳里西风满天晴：从芒种到夏至吹西南风便是莳里的雨，莳里单吹西风不会下雨。

莳里东北常常雨，莳里西南日日晴：从夏至到小暑吹东北风会常下雨，吹西南风一般不会下雨。

三莳三送，低田白种：夏至后半个月称"莳期"，分三莳，通常莳期雨水多，如果因雨水特别多造成涝灾则低田受淹。

六月初一落雨井泉枯，初二落雨井泉浮，初三落雨连太湖：六月初一下雷阵雨，以后落雨日就少；初二落雨后，雷阵雨就多；初三下雷阵雨后，基本上天天一个阵头，内河水位很快会抬高。

六月初三麻花雨，红粉娇娘出踏车：六月初三落麻花小雨，以后雨水相对少，呈旱情。踏车：踏着水车（取水工具）。

六月初三雨蒙蒙，塘底翻身鱼断种：六月初三落一点小雨，则预兆年内将干旱。

六月初三落仔雷阵雨，上昼耘稻下昼困：六月初三落了雷阵雨以后基本上天天下午有雷阵雨，人们在田里只劳作半天。

六月初三起仔阵，七十二个走马阵：六月初三起雷阵雨，基本上天天中午后要起阵头下雨。

五月南风落大雨，六月南风干煞人：从芒种到夏至吹南风会下大雨，暑期吹南风不会下雨。

六月西风火烧天：六月里吹西风，天气炎热，如同火烧一般。

六月西风雨凄凄：暑期吹西风，导致暖湿空气与较冷空气相遇，一般会多下雨。

入伏北风当日坏：大暑里吹北风，当天就要下雨。因为冷、热空气相遇，故有"夏雨北风生"之说。

伏里西风多秕谷：伏天吹西风，雨水多、温度低，不利于水稻壮秆拔节和发根，后期易倒伏，结实不满，多秕谷。

四月南风金不换：从立夏到小满吹南风，则晴好天多，有利于农耕。比喻此风宝贵。

五月阴气重，秋后多台风：从芒种到夏至阴雨天多，秋后台风也多。

五月初一晴，牵水牵断筋：若五月初一是晴天，则预示五月旱，农家忙着牵水抗旱。

五月初一雨，长工寻活做：若五月初一下雨，则预示全月雨水调匀。

五月雾露，雨在半路：五月天有迷雾，则雨水多。

六月风潮，赛过粪浇：六月多雷阵雨，产生的氨随雨水落到田里胜过以大粪浇田。

六月不热，五谷不结：暑期天不热，作物达勿到一定积温，会不结实或结实不好。

六月六，晒得鸭蛋熟：六月初六通常是高温晴好天气，连鸭蛋都有可能晒熟（夸张，极言气温之高）。

六月勿出汗，秋后必要乱：六月里天不热，秋后囤里呒不米，必定会造成生活混乱。

七月初七晴皎皎，磨镰好斫稻：若七月初七是晴天，则后一段辰光以晴天为主，有利于收割中稻。

收　割

八月雾露，雨到半路：八月雾露天一般都会转为雨天。

八月初一难得雨，九月初一难得晴：八月初一往往晴天多，九月初一常常雨天多。

十月宜下霜，无霜次年荒：十月应该有霜，若无霜，夏熟作物缺少春化作用，将给作物生长、结实带来影响，会造成减产。

十月中，梳头打扮当一工：十月中旬日短，故有此一说。

十月南风似小春：十月吹南风，天气温暖。

十月赢小春：十月里天气温暖如春天。

重阳有雨连接连，重阳无雨一冬晴，重阳有雾一冬干：若重阳日下雨则以后雨水多，若重阳日无雨则一个冬天雨不多，若重阳日有雾则一个冬天干旱。

九月十三雨扬扬，稻谷头上出青秧：九月十三下了雨后，秋雨绵绵，晚稻谷粒要发芽冒青，年成勿好。

九月十三晴，钉鞋挂断绳：若九月十三是晴天，则以后下雨日少，雨鞋派不上用场。

九月十三晴，稻庐不结顶：若九月十三是晴天，则以后晴天多，稻庐可以不结顶（意即无须防雨淋湿）。

秋后南风当日雨，秋后北风地干裂：秋分后（晚秋）碰着南风当天会下雨，遇到北风当天不会下雨。

十月木樨蒸：阳春十月暖和，接近高温。

十月小阳春，无被暖烘烘：阳春十月一般天气晴暖。

重阳无雨看十三，十三无雨一冬晴：通常重阳天晴好，则九月十三有雨；若九月十三无雨，则一个冬天以晴天为主。

冬天南风三日白：冬季连吹三日南风，将会迎来一场大雪。

水九旱三春，菜麦稳笃笃；旱九水三春，菜麦烂断根：如果到九里雨水多，则三春上一定雨水少，天干爽，麦菜生长良好，会增产；如果到九里干旱，则春里雨水多，麦菜要烂根，会减产。

寒水枯，春水潜：冬季寒冷，雨水少，河、江、湖中水脚小，待到春里雨水一定多，造成春水潜出的现象。

忻康公园一角

腊月初三晴,来年阴湿到清明:若腊月初三是晴天,则来年一定阴湿天多,一直到清明。

腊月暖,六月旱:若冬季腊月暖热,则来年六月一定干旱。

八月十五云遮日,正月十五雪打灯:若八月半天气阴,则来年正月半往往有雨雪。

拦九头一棍,一冬也平常:若冬至起九极冷,则以后一个冬天冷也平常。

两春夹一冬,无被暖烘烘:旧俗以立春为春季开始,天气从此渐暖。如果逢阴历闰年,则一年有十三个月,本年的立春在正月而下年的立春又提前到十二月,这就成了"二春夹一冬"。第一个立春是春季开始,第二个立春则预示冬季将过去,所以有"无被暖烘烘"之说。

冬无雪,麦不结:冬天不下雪,不够冷,达不到"三麦"春化的温度要求,致使以后不结实或结实勿好,会减产。

四月菜花汛,六月黄梅汛,八月稻花汛:一年中的大汛有三个,即菜花汛、黄梅汛、稻花汛。

月半十六两头红:每月的十五、十六,太阳还没落山,月亮已升起,出现两头红的现象。

上看初二、(初)三,下看十六、(十)七:上半个月看初二、初三,若不下雨,则接下来一段辰光以晴天为主;下半个月看十六、十七,若不下雨,则接下来也以晴天为主。

廿七、廿八落仔交月雨，初一、初三勿肯停：若上个月的二十七、二十八落了雨，本月的初一落雨初二停，初三又落雨，则上半月晴天日子少。

第四节　物象识天

扫码听音频

河里鱼打花，天天有雨来：因气压低，鱼要上浮透气，预示有雨到来。

鱼塘翻水要发水，鱼塘起泡有雨到：塘底的微生物藻类生长到一定时期，因缺氧跃出水面或鱼颚水叫"翻水"，鱼塘翻水与汛期相关，预示将有雨来，会上涨水位。同样，由于气压低缺氧，微生物聚在一起呈水泡状翻起，则预示雨就要到来。

空山回声响，天气晴又爽：气压正常，天气晴爽，故回声响。

磨子还潮，阵头要到：雨前磨子还潮，说明空气中水分足，预示雨或雷阵雨就要到。

久晴田鸡叫，大雨就要到：长时间天好后，突然多处听到田鸡的叫声，说明雨就要到了，因为田鸡喜温湿环境。

猫吃青草天有雨，狗打喷嚏天要晴：夏、秋季天气闷热，猫口渴要吃青草，预示天要下雨；阴雨天，狗打喷嚏，说明气压趋于正常，天要变晴。

九月田鸡叫，十月犁头跳：九月里蛙鸣雨水多，十月里一般比较干旱。

灶烟下沉（烟火不出门），阴雨即生：春、夏、秋季因气压低和空气中的湿度高，炊烟下沉，飘不出门，预示不久有雨来。

曲蟮唱山歌，有雨不会多：蚯蚓喜湿润、有氧的环境，晴天或雨后傍晚有叫声，说明气候还好，即使下雨也不会多。

蚂蚁搬家要下雨：蚂蚁向高处搬家说明天要下雨了。

青草吐白沫，三天变颜色：青草上的"白沫"是草上的虫子因缺氧产生的生理反应，也表明空气中湿度大，预示三天之内天气就要变，要下雨。

宅脚出渍，有雨不停：因空气湿度大，宅脚还潮有水渍，预示不久雨就会来。

茅厕奇臭，来日雨稠：天气闷热造成茅厕内的大粪发酵恶臭，说明未来雨水不会少。

燕子蜻蜓低飞，蛇挡道，牛舔前蹄雨就到：春、夏、秋季下雨前，气压低，蛇虫出洞透气，燕子、蜻蜓低飞吃虫，或老牛舔着湿潮潮的前蹄，都表明天就要下雨。

鲤鱼跳，雨水到：因下雨前气压低，鲤鱼跃出水面。

久晴鹊噪雨，久雨鹊噪晴：久晴，喜鹊发愁而叫，预示有雨到；久雨，喜鹊欢唱，预示晴天到。

蚂蚁成群，明天勿晴；蚂蚁迁居，明天将雨：蚂蚁成群外出预兆天气将变，第二天不是晴天；蚂蚁搬家，预示第二天有雨。

桃花落在泥浆里，掼麦掼勒蓬尘里：若清明时节雨水多，则小满时节一定干旱。

水缸着裙，大雨不停：水缸外沿出水，说明空气中水分足，要下雨。

鸡早宿天必晴，鸡晚宿天必雨；田螺螺蛳浮水面，雨天也不远；蚂蟥沉水底，晴天在眼前：这些生物的行为与气压、温度有关，故有此物候显示。

蜘蛛结网，久雨必晴：蜘蛛结网等候虫子，表明气压转向正常，天气将转好。

蚱蜢扑脸，下雨不远：气压低，蚱蜢乱飞，预示天将下雨。

灶灰结块，起风天变：若灶膛还潮，灰结块，则不是风便有雨。

鱼佘浮水面，水腥气，有雨来：气压低，鱼常浮出水面透气，说明有雨将到。

雨天知了叫，晴天马上到：雨天蝉鸣说明气压回升，马上转入晴天。

雀声发愁，大雪纷飞：因大雪来临，麻雀无处觅食，故有发愁之声。

蚊飞聚堂着蓑衣，蚂蚁筑坝雷风雨：夏、秋季大雨前，气压低、天闷热，蚊子很多，蚂蚁要出洞透气、搬家，说明雨将至。

早嘎风，夜嘎雨，下午嘎嘎永无雨：群鸭同鸣之声称"嘎"，可预测风雨。

鸡愁风，鸭愁雨：闻鸡鸣声预示有风，闻鸭鸣声预示有雨。

第五节 一年农事择要

扫码听音频

（一）季节与农事

菜籽收花二十日忙：三月底菜籽收花，过二十天至四月中，收割大忙到。

清明浸种，谷雨种秧：传统早中稻的育秧、种秧时间。

立夏秧田光：传统晚稻育秧需立夏做秧田。

生了小囡有奶来，到了黄梅有雨来：黄梅是大汛期，自然有雨水。

小满排车，白露拆车：传统早中稻的稻田灌溉时间要从小满到白露。

先养儿子先出道，先种黄秧先黑稻：传统早中稻易早发，小满里种秧到芒种已黑稻田，好比早养儿子早出道。

大麦勿吃小满雨，小麦勿吃芒种水：传统小满割大麦，芒种割小麦，宜抢收。

小满种秧正当时，芒种种秧勿算迟，夏至种秧收一半，小暑种秧收点种：传统早中稻的种秧时间，注意适时，不能延误。

小暑发棵，大暑长粗，立秋长穗：按传统晚稻的生长规律来安排农事。

六月里西风，稻管里生虫：六月吹西风，多雨，温度、湿度高，易发生螟害。

六月盖条被，田里弗生米：六月偏寒，田里呒不米。因为水稻生育期有固定积温，温度不到，发棵不好，成穗勿好，产量就低。

黄梅寒井底干，莳里寒没竹竿：黄梅天气温不算高，遇冷头雨水少；莳里气温已升高，遇冷头就会多下雨。

芒种忙忙种：芒种开始抢收"三麦"、油菜，抢种秧苗，预示大忙开始。

芒种芒种，样样要种：芒种起，所有植物都可以种了。

夏至种秧勿算晚，铁扁担挑稻两头弯：传统晚稻五月中旬种秧不算最晚，只要管理得当，还是能够丰收的。

大暑不浇苗，到老呒好稻：大暑水稻长粗，须施长粗肥，才会有好稻。

处暑肚里一粒谷：传统晚稻在处暑阶段幼穗开始长成且分化，已有稻穗雏形。也说"处暑头唧一粒谷"。

白露白迷迷，秋分稻秀齐，寒露呒青稻，霜降一齐倒：传统晚稻后期至成熟要经过的节气。

立秋不落耥，处暑不耘稻：七月头立秋后不宜耥稻，七月中不宜耘稻，因为水稻已经定型，开始拔节孕穗，耘稻、耥稻会伤稻。

三伏有雨苗勿壮，秋后霜早子不强：暑期雨多，田间温度低，不利于稻苗生长发育；秋后霜早低温，不利于水稻结实。

处暑一声雷，秕谷绕场堆：处暑日下了雷阵雨，造成低温、高湿的环境，不利于幼穗生长，结实差、秕谷多。

闰年勿种十月麦：闰年有十三个月，十月种麦已经晚了。

麦怕清明连日雨，稻怕寒露早下霜：尺麦怕寸水；水稻幼稻分化碰到寒露霜冷头，结实率会下降。

秋分早，霜降迟，寒露种麦正当时：传统种麦在九月中上旬，寒露季节是适时的。而秋分偏早，霜降又嫌迟。

麦怕三月寒，稻怕秋里干：麦抽穗期怕冻害，稻孕穗期怕干旱。

麦秀寒，冻煞看牛囡：三月里麦秀时，还有强寒潮，仍须防冻。

三月沟底白，稍草也变麦：麦是旱性作物，农历三月清明季节干旱，对小麦生长有利，能起到壮根强秆的作用。

雨落黄梅头，麦子赶紧收：麦子在黄梅时节就要收割，以防烂麦场，且麦熟过顶桥，必须抓紧。

麦田白三白，一亩收三石：麦田在惊蛰、清明、立夏三个阶段干旱，能丰收。

麦秀风来甩，稻秀雨来淋：麦秀靠风来传粉，稻秀靠雨湿润穗颈来传粉。

麦要冬发足，菜要春里兴：麦子要在冬天发足壮苗；油菜要在春里长足，若在冬里长足则容易遭受冻害。

麦浇芽，菜浇花："三麦"要胎里富，以肥料浇芽；油菜要花期富，以肥料浇花，都是最经济有效的施肥方式。

立冬、小雪北风起，小麦、蚕豆齐下种：旧俗立冬播种小麦、蚕豆适期。

未到惊蛰一声雷，七七四十九日门难开：惊蛰未到便响雷，将连续有雨雪、阴霾天气，作物受冻、渍害，将减产，农人日子难过。也说"雨打惊蛰前，四十九日勿开头"。

（二）农事耕作

深耕浅种出黄金：耕作层深，苗种得浅（除个别作物外），有利于根系生长，达到根深叶茂的效果，一般产量高。

深耕细作，稻子长到下巴：水稻耕作若深、细、周到，产量就会提高。

儿要亲生，田要深耕：用亲生儿子作比喻，指田深耕产量才高。

三耕三耙，勿垩也生好稻：春、夏季水稻田达到三耕三耙，如同施肥料一般，稻苗生长好。

小沟阔墒头，春熟十成收：春熟作物做到小沟阔墒头，产量相对比较高。

深耕密植得珠宝，浅耕密植得柴草：同样密植，深耕后根系扎得深，强壮有力，所以产量高；浅耕后根系扎得浅，脚软易倒伏，所以产量低。

深耕细作，荒田变熟：深耕细作，除尽杂草，土壤做熟有利于作物生长，荒田能变成熟田。

（三）田间管理

千遍万遍，比勿上头遍：第一次管理最重要，如"稻稿黄秧草稂芽"，以后除草就轻松了。

稻稿黄秧草稂芽：旧时稂稻在黄秧期（栽后一周内），此时杂草呈幼芽状,正是稻田活泥除草的最佳时期。

种田好勿好,但看田中有无草;耥稻好勿好,但看草芽氽起有多少:旧俗种田看田草,耥稻看草芽。

田横头兜兜,白米多收三斗:旧俗农人常望田横头,只有及时发现问题,管理才能跟上,从而夺得高产。

稻兴欺草,草兴欺稻:稻势兴旺,草就少;杂草兴盛,则稻苗稀少。

只种勿管,打破饭碗:只种勿管造成草荒苗僵,减产歉收,就要缺粮挨饿。

稻秀齐,摸摸长层皮:水稻后期的肥水管理十分重要。

山歌勿唱忘记多,好田勿做成草窠:种田好比唱山歌,多唱多做勿忘记,辛勤劳作才有得有收。

一日养草十日拔草,要拔草芽勿拔"草爷":一日养草会花费十日拔草工;草要拔草芽,待到拔"草爷"时花费的功夫就大了。

一戳头,二塘耙,一生一世种勿发:如果水稻田除草粗放,耥稻一戳头、锄草二塘耙,就耥勿掉草芽,锄勿掉草根,起勿到除草的作用,将来一定草欺稻。

稻勿经耥,谷勿长:旧时秧苗立根生长后,第一道工序就是耥稻。在稻苗边除尽杂草芽,耥熟泥块才有利于秧苗立根生长,成为好苗、壮苗,为高产打基础。

稻田丰收

稻熟三道水，米重粒子才饱满：秋分后稻田还要打水（俗称"还稻水"），需三朝水，稻子才能活熟到老。

黄秧搁一搁，到老勿发落：黄秧期断水或深栽，稻苗成僵苗，稻苗不会发棵，难以转绿。

秧搁谷，稻搁伏：秧板上落谷冒青后要干一干，以利于幼根生长，称"搁谷"；在水稻后期搁稻主要是减少老根长新根，防止倒伏，称"搁伏"。

黄秧淘一淘，到老十分稻：黄秧期淘一淘稻田，拔草、耥稻，一定是使稻长足的基础。

白露磨得车场光，三石老米稳当当：白露后水稻田里水要顺，勤打活水，把牛车基踏得光，秋后一定收成好。

夏至地头草，赛过毒蛇咬：夏至起进入高温高湿期，杂草生长茂盛，除草须花费的功夫大，胜过被毒蛇咬。

麦田一套沟，从种抓到收：种麦一套沟，从开始播种到麦子成熟一直要管理好。

一尺勿通，万丈无用：夏熟作物喜旱，田间都要开好一套排水沟，同时在开好沟系的基础上，要不断清沟、理沟以防堵塞。

大水耥稻，赛过粪浇：耥稻是为稻田除草活泥，为稻苗拉断老根使其长新根，所以耥了次稻好比施了次肥，能促使黄秧转黑。

耘稻要唱耘稻歌，两脚弯弯泥里拖；眼窥六只棵里秄，双手扒泥捧六棵：旧时唱耘稻山歌，鼓足种田干劲，一心要收三石六（亩产）。

磨刀不误斫稻工："四秋"大忙争分夺秒，很有必要花工夫把镰刀磨快，达到斫稻快、效率高的目的。

开店容易守店难，种秧容易管理难：种田好比开店，日常管理是根本。

黄秧落地三分稻，七分管理在后头：种稻占三分，管理占七分。

科学种田，越种越甜：实行科学种田，推广先进技术，解放了一大批劳动力，确保种植业高产、优质、高效，农户收入增加，生活大为改善，种田积极性越来越高。

（四）日常肥料

人靠饭撑，田靠肥壮：人吃了饭，干活才有力；田施了肥料，收成才好。

揩（拾）狗屎种田，穿新衣过年：揩狗屎为了肥田，好比穿新衣过年。也有"勤积肥，促增收，实现丰衣足食"之意。

庄稼一枝花，全靠肥当家：庄稼长得好，全靠肥料助其成熟结实。

春天粪满缸，秋后谷满仓：种田人宜在冬春积足肥料，秋后才能夺丰收。

以肥养肥，一本万利：绿肥也要靠肥养才能丰产，种好绿肥既能肥田也能肥稻，简直是一本万利。

田要肥养，稻要肥长：肥养田，田脚好；肥长稻，产量高。

花草阵阵香，稻像小矮墙：红花草肥田、肥稻，稻长得似墙，稻穗厚实。

花草薄薄摊，豆饼要上担：旧时种田只要薄摊红花草，便可抵得上豆饼上百斤。

花草红彤彤，白米挑勿动：旧时种田肥料靠红花草，红花草充足，才能增产增收。

若要收成好，罱泥捞水草：旧时种田提倡罱泥加捞水草，积足有机肥料，确保增产丰收。

养猪勿赚钱，回头看看田：养猪虽赚勿着钱，但猪埘、猪灰能改变田脚，田好了才能种好稻。

养了三年蚀本猪，壮在田里勿得知：表面上看养了三年猪亏本，却看勿到猪肥施好了田脚。

有钱垩田勿放债：旧时明智的种田人有钱去买肥料，而不去放债。

一把扫帚垩三亩田：旧时种田人靠勤劳积肥，如扫鸡屎、捉狗屎、铲千脚泥等。

种田勿垩，白忙一夏：种田勿用肥，再勤管理作用也不大。意同"庄稼一枝花，全靠肥当家"。

腊肥是金，春肥是银，春肥腊施银变金：夏熟作物腊肥是基础，也称

"胎里富"，春肥腊施作用和效果都好。

没有粪臭，哪来饭香：无肥就缺米，饭香来自臭肥。

腊肥一笃（滴），春粪一勺：这里指夏熟作物施腊肥作用大。

种田不要问，只要功夫粪：旧时种好田一靠功夫，二靠肥料。

种田种到老，不要忘记河泥稻：旧时种田最基本的肥料是河泥。

狗屎黄金草，垩田长好稻：狗屎肥，垩田壮。

种田两样宝，猪窠红花草：旧时种田用肥靠猪灰、红花草。

人要补，桂圆枣子；田要补，河泥草子：田补如人补，都要靠补源。

河泥晒得过，等于一堆屙：肥田用的河泥，必须晒过。因为晒过的河泥中腐殖质经空气作用能转化成氨以肥田。

种芋没谱，地松加猪窠：种芋头不要多少经验，只要地松加猪窠。

冷粪果木熟粪菜，生粪上地连根烂：果木、蔬菜用熟粪，如用生粪，容易烂根致死。

种田吭花巧，只要肥料垩：传统说法，强调肥料的作用，其实也不完全如此。

肥田不如先肥秧：肥田与肥秧，要先肥秧，俗称"秧好稻好"。

（五）收种集籽

种子年年选，产量节节高：种子勿选要杂，年年选才能产量节节高。

好种长好苗，好苗出好稻：好种长出好苗，秧好才能稻好。

什么葫芦结什么瓢，什么种子长什么苗：作物是有遗传的，种豆得豆，种瓜得瓜，好种才有好苗。

勿吃稻种谷，勿下空秕谷：种稻要留好种，播种要用好谷。

连种三年老来青，陈年宿债全还清：20世纪50年代，松江县种田状元、全国劳模陈永康培育的晚粳良种"老来青"，享誉苏南乃至全国。淀山湖地区也推广种植，水稻产量大幅度提高，农民得到极大的实惠。

种子调一调，等于上肥料：种子调纯，不用肥料也能增产。

有钱人买种，无钱人买秧：有钱人买好种子，种得多；无钱人只好买秧，种得少。

稻看平（整齐度），麦看墩（厚实）：整齐度高的田块水稻产量高，有麦墩头的田块"三麦"产量高。

种子纯一纯，产量增一成：品种好，纯度高，不用肥料也能增一成。

场选不及田选，田选不及穗选：选种方式一般以穗选为主，这样的选种纯度高，丰产便有了基础。

三年不选种，混杂一笼统：三年不选种，种子会退化、变异、混杂，使原品种的丰产性状下降，产量下降。

（六）庄稼丰收

上场搬到下场，损失三斗饭粮：粮食收获后多次搬动，容易落粒损失。

脱粒勿净，每亩四斤：稻、麦、油菜脱粒不干净，每亩起码损失四斤。

一星半星，有肉三斤：指在田块、场地、脱粒后过磅要拨准显示斤两的"星星"，以免误差。或意为"要求颗粒归仓，星星点点都不能浪费"。

春熟八成收：主要指油菜籽八成熟就可收割。

鸭子吃谷，一肚半斤：一只鸭子吃满一肚子稻谷有半斤重。

麦要抢，稻要养：收获要针对谷物品种定，麦子收割靠抢，好似俗话"麦熟过顶桥"那样快；稻要养，淀东人称"养老稻多长一层皮"。

三春不如一秋忙，抢到手里才是粮：三春忙还不算忙，一秋忙才是真正忙，因为秋季是"大熟"水稻收获的季节。

丢掉黄秧抢麦场：旧时早中稻满里种秧，此时恰巧是麦子收割的季节，要急忙抢收夏熟。

稻上场，麦进氅（仓），油菜籽扛在肩膀上：指夏熟季节要完成的主要农活。

刈（音"斫"）青不刈青，产量差百斤：水稻宜养不宜抢；割青稻产量每亩损失上百斤。

稻香阵阵

稻倒伏剩点粞,麦倒伏剩层皮:稻倒伏秕谷多,碾米时碎粒(粞)多、整粒米少;麦倒伏粒不"才"(饱满),打粉时麸皮多、面粉少。

(七)预防病虫害

西南风,稻生虫:夏、秋季吹西南风雨水多,高温多湿,螟害发生率高。

春雾吊秧,秋雾吊虫:春雾温度高好养秧,秧苗拔长快;秋雾温湿度高,螟虫等害虫生长快。

蜻蜓天上转,虫子地里生:夏、秋季高温高湿,气压低,此时地里害虫发育快,蜻蜓满天低飞找虫吃。

春雨麦生病,春雪烂菜根:下春雨,田间湿度高,农作物易得赤霉病、叶锈病、霜霉病等;下春雪,因冻害、渍害,菜根容易烂。

秋冬飞雪少,来年虫子多:秋、冬季少下雪,冰冻不重,杀虫力度不够,致使来年虫子基数多,危害程度就高。

早稻早种,晚稻遭虫:早稻早种,早稻上的虫子转移到晚稻,晚稻遭虫害就严重了。

要想害虫少,除净地边草:去除杂草虫窠,就能减少害虫基数。

(八)农家养牛

牛是农家宝,管理要周到:养牛全靠工夫管理,饱暖劳逸要照看周到。

养牛无巧，住暖吃饱：养牛无花巧，只要给牛住暖吃饱。

寸草切三刀，无料也长膘：柴草切得细、泡得软，即使不添糠、饼料，牛也能长膘。

冬天不加料，春天无力道：养耕牛一般冬天要加糠、饼料，助牛长膘，春耕才有力道。

牛有千斤力，不能一时逼：用牛要有耐心，不能应急而逼，否则适得其反，甚至伤人破家生。

牛要勿落膘，夜草少勿了：晚上要给牛添草料，尤其是冬天更要重视，才能使牛勿落膘。

百日饱，长个膘：牛只要长时间喂饱肚子，一定能长膘。

好马一鞭，好牛一肩：役马靠甩鞭，用牛要护肩。一是牛肩胛上的轭头，用棉布包扎好；二是定时让牛休息、喝水、吃草料。

第六节　传统农田作物

扫码听音频

（一）水稻

秧好半年稻：水稻秧苗是基础，秧苗粗壮，栽到大田成活快、发棵快。也说"秧好半熟稻"。

造屋看梁，稻好看秧：造屋选梁是关键，种稻育秧最要紧。

儿子要有亲爹娘，莳秧要莳篾片秧：莳秧时秧体如篾片扁蒲，将来稻才能长得好，好比小囡要有爹娘才能养得好、长得好。

莳秧要莳混水秧：种秧时田里水要混，这样秧苗根系能粘上肥水泥，容易早活。

莳秧要莳当日秧：种秧要种当日秧，勿种隔夜秧，这样秧苗根系受损害的时间短，有利于活棵。

娶亲要娶好姑娘，种秧要种扁蒲秧：扁蒲秧粗壮、根须多，莳在田里早活棵。

秧苗莳得稀，耘稻笑嘻嘻；割稻一包气，牵砻哭啼啼：秧苗莳得稀，耘稻省力花功夫少，但到割稻时，由于稻稀、穗头少，产量减少，致使牵砻时悲伤甚至啼哭。

莳秧莳大棵，耥稻笑呵呵；斫稻乱柴窠，牵砻打老婆：水稻大棵稀植，耥稻时田里苗多就高兴，但因大棵早发，苗体大、不通风，病害多又易倒伏，致使割稻时柴多穗少，成了乱柴窠，以至于造成家庭矛盾。

担绳挑秧，箩装稻：大棵稀植苗体大，病虫害多，穗数少，秕谷多、好谷少，产量低。

行阔勒头小，刈稻笑眯眯：行阔有利于光照，水稻生长良好，勒头小保证一定密度，产量不会低，割稻时开心得笑眯眯。

早莳一棵，叫声阿哥：早稻籼稻对光照要求高，早播早栽能提早成熟。

早晚关门同天亮，早晚种秧同刈（割）稻：晚稻粳稻这种短日照作物，播种早晚对成熟期影响不大，在一定的光照条件下，不同播期的水稻在同期成熟，早晚种秧却可以同时收割。1955年，淀山湖地区推广的水稻栽培治螟就基于这个道理，把晚稻推迟到小满落谷、夏至种秧，结果水稻在霜降前也能收割，不仅减少螟害，还取得大面积丰收。

行阔勒头人，刈稻一肚气：行阔勒头大，由于苗少，将来稻穗也少，产量一定不高，所以割稻时生一肚子气。

莳秧莳到边，多收油盐钿：土地利用率高，总能多收一点。

燕子来，忙种秧；燕子去，稻花香：水稻生育期可比照家燕来回。

若要稻苗长得好，黄秧落地先除草：种稻的基础工作就是除草，除草除草芽，不除"草爷"，所以黄秧落地先除草。

耥稻要耥二三回，垈稻要垈六塘耙：耥稻时，要在勒头里推拉两三回，草荒田垈稻要垈六塘耙。

一耥一耘荒不了,一粥一饭饿勿煞:只要坚持好好管理,就是一耥一耘的田块也不会荒。

人在岸上跳,稻在田里笑:六月里天气热,有利于水稻发棵长粗。岸上跳:人在田岸上热得发跳。

秋前撩稗,胜似放债;秋后撩稗,胜似卖柴:秋前拔稗不会损失稻(因幼穗还没长),肥料不浪费,产量高、收成好,胜似放债;相反秋后拔稗,幼穗已长成开始分化,此时稻被踏坏,造成伤苗倒伏,产量低、收入少。

"淀尚优品"大米

秋前不搁稻,秋后喊懊恼:秋前雨水少,搁稻脱水有利于水稻长新根,稻脚硬;如到秋后搁稻,雨水多,搁稻搁勿成,后悔莫及。

人怕老来穷,稻怕秋里干:人怕老来穷困过苦日子,稻在秋里成熟期就怕干旱。处暑、白露阶段一旦干旱,对稻穗的生长发育不利,将来产量勿高。

种兴稻勿及养老稻:水稻后期靠养,如果这一关把勿牢,即便看似旺盛,将来谷勿饱满,千粒重低,产量也勿会高。

娇养的儿子勿养爷,早仆的稻子独长柴:从小宠惯的小囡长大勿养爷;早倒的稻子只剩柴,因为稻穗秕谷多、好谷少。

(二)"三麦"

连种三年麦,稍草欺煞麦:连种三年麦,一定草多,故要轮作,一年种麦一年种油菜。

种麦敲锣钹，刈麦像秆窠：种麦时天气干旱，出苗稀少，出的苗后期粗壮有力像秆窠（一种粗硬的芦草）。敲锣钹：形容天旱垡地发出的响声。

种麦烂泥浆，刈麦白相相：种麦时雨多田烂，麦粒不入土，出苗少又瘦，再受冷冻雨渍，苗死或被晒煞，致使后期苗极少，割麦时便没几根麦子了。

麦有穿山之力，独怕烂泥封顶：麦苗在泥土干时穿透力很强，如果烂耕烂种，烂泥封顶，就无力穿透了。

一立冬，小麦种得勿通风：立冬，小麦播种基本结束。

麦浇芽，菜浇花：指种麦种菜籽最经济实惠的施肥方法。

若要长好麦，冬至前头压：腊前压麦效果好，有利于培棵增加分蘖。

麦要壅，稻要空；麦要压，稻要挖：麦子要培土上泥，稻要去土耘耥；麦子要压拍麦泥，水稻要耘稻挖空苗边泥土以利于发根。

冬天敲敲，胜似春天浇浇：冬天上泥拍麦，促进"三麦"发根分蘖，比给麦田里浇粪还要好。

寸麦不怕尺水，尺麦倒怕寸水："三麦"前期一寸麦勿怕一尺水，后期一尺麦却怕一寸水。

干断麦根，挑断担绳，牵断磨心："三麦"为旱性作物，三春上雨水少，一定丰收。

九九勿通沟，春熟十成收：春熟作物是旱性作物，冬至起九到明年二月雨水少，就是三沟不清理，麦子也一定长得好。

开麦沟，一尺不通，万丈甭用：开麦沟必须尺尺通，才能畅通无阻。

（三）油菜

冬至菜花年大麦：油菜最迟冬至前要种好；大麦最晚在过年前要种好。

连种瓜田瓜要死，年年种菜菜勿兴：年年种瓜的田，土中对瓜有害的微生物越来越多，造成瓜苗干死、瓜藤萎缩；同样，如果田里年年种油菜，菜籽病害多，也种勿兴。

落雨里种菜籽，绕田收收一山巴：冒雨种菜籽，菜苗勿发、黄叶勿退，种

勿兴油菜。

种菜勿拣苗,到老长勿好:油菜秧苗要间苗,不能密,否则达勿到壮秧要求,种勿兴菜籽。

矮脚四叶齐,百斤勿稀奇:指白菜型油菜好苗的标准。

矮脚六叶齐,高产勿稀奇:指甘蓝型油菜好苗的标准。

若要油,二月沟里流:油菜结籽期,二月里要雨水湿润,菜沟里有水渍。

若要油,菜花沟里捉泥鳅:油菜结籽期要多雨水,籽粒才能饱满。

冬里兴,勿算兴;春里兴,收百斤:油菜冬里长势盛易遭冻害,春发油菜产量高。

一脚菜花两脚豆:指种油菜和蚕豆的行距。

(四)红花草和蚕豆

一熟红花草,三年田脚好:以红花草肥养田,田脚好。

寒露落草,死多活少:旧时落红花草一般在秋分后、寒露前比较适期,寒露落籽,嫩苗经勿起霜冻。

清明白皮皮,立夏搪勿及:清明还见红花草稀少,到立夏已相当茂盛,搪红花草忙得来勿及。

草种勿选落其子,留种要留中代子:草种不用选种,只要留好中代子。意即不选头茬、末茬,要留中茬。

寒里有草脚,春里有草发:红花草寒里见到草脚,到春里一定勃发,长得很好。

立夏搪花草:立夏开始可以搪红花草了,红花草和烂泥混合沤制肥料。

小雪勿见叶,立夏勿见荚:蚕豆播种要适时,一般在秋分到寒露间下种。

立冬勿出洞,到老一根葱:立冬看勿到豆苗,到老勿发棵。

蚕豆不要粪,只要用点灰:种蚕豆要用磷钾肥,因豆有根瘤菌,能吸收灰中的磷钾肥。

蚕豆一把灰,一棵收一盘:灰是种蚕豆的肥料。

蚕豆不要粪，只要九月沉：蚕豆不必浇粪，只要适时播种。

蚕豆清明见结，谷雨有吃：蚕豆在清明时见豆荚，到谷雨才可吃。

（五）蔬菜

正月种竹，二月种木。

二月二，瓜茄落蔬齐落地："落蔬"又写作"落苏"，即茄子。

清明出竹笋。

清明种瓜，船装车拉。

清明种玉米，处暑好收成。

清明谷雨，种瓜点豆。

五月种薯重十斤，六月种薯一把根。

夏至种豆，不论地瘦。

夏至两边豆，重阳两边麦。

夏至起蒜，不起就碎。

头茬棉花二茬豆，三茬只好种赤豆。

茬里芝麻伏里豆，忙当里头种绿豆。

头伏萝卜二伏芥，三伏要把菜种下。

处暑萝卜白露菜。

七月排葱，八月排蒜。

八月中秋不在家，五月端午不在地：指大蒜的生长期。

头茄末茄勿是茄。

生地萝卜熟地麻。

早浇萝卜晚浇菜。

干花湿荚，黄豆丰收。

三十六天青菜，二十九天浇。

若要菠菜大，弗要白露过；若要萝卜大，弗要六月过；若要山芋大，弗要清明过。

横排芋头竖排葱。

淹弗死白菜,干弗死葱。

瘦弗煞格黄豆,肥弗煞格韭菜,干弗煞格芝麻,淹弗煞格芹菜。

秋分玉米不抽头,可以斫(割)来喂老牛。

河里敲冰响,慈姑泥里长。

三天萝卜四天菜:菜,即萝卜出芽。

三月种芝麻,着地生枝丫;四月种芝麻,当头一朵花:芝麻宜在三月里种下。

种芋三遍粪,吃芋不用问。

牛眠茄子,狗眠豆:茄子允许长得高,豆则要求长低些。

深种茄子,浅种秧。

菠菜聋聋,敲敲就长:敲敲,即除草、施肥。

第七节　田野琐语点滴

扫码听音频

种田人不识天,不好种田。

种秧不会看上埭:照着别人的样子去做。

人骗地一天,地骗人一年。

人勤地出宝,人懒地出草。

大家一条心,黄土变成金。

单干一条线,合作一大片。

若要庄稼好,踏煞地边草。

白米饭好吃田难种,鲜鱼汤好吃网难结。

起早勿忙,种早勿慌。

做天难做四月天,做人难做半中年。

228

秧要日头麻要雨，公要馄饨婆要面。

请教别人不蚀本，只要舌头滚一滚。

打铁自把钳，种秧自下田。

用钱用在刀口上，耘稻耘在草头上。

佮牛剩条筋，佮船剩只钉。

荒年饿勿煞勤俭人。

读书人怕赶考，种田人怕耘稻。

人要防懒，物要防烂。

牛瘦角勿瘦，人穷志勿穷。

三百六十行，种田第一行。

吃饭勿忘种田人。

养儿方知爹娘苦，种田晓得吃饭难。

天上老龙，地上老农：指老农有丰富的气象知识。

小囡盼过年，老农盼种田：有了希望才有收获。

日晴夜落（雨）天，做煞老长年（老长工）。

田夹地，做到死：田夹地，即种田亦种地。

四时八节，农活不歇：四时，即春、夏、秋、冬；八节，即立春、春分、立夏、夏至、立秋、秋分、立冬、冬至。

春节日，夏争时：夏季农活多。

三月清明勿算迟，二月清明勿算早：要巧打算、勤安排。

吃过清明饭，生活做勿及。

一年之计在于春，一日之计在于晨。

朝一忙，夜一忙，一双空手见阎王：人生在世天天忙碌，但勿多追求。

一岁年纪一岁人。

勿要一番手脚两番做。

一熟水稻一熟菜麦，种田种到头发白：也说"一熟水稻一熟菜，种田种到头发白"。

谋事在人，成事在天。

若要富，农工副：农业、工业、副业是致富的途径。

生意六十年，种田万万年。

猫三、狗四、猪五、羊六、牛十二：指动物的孕育月数。

卖蛋换盐，养猪过年：养猪派上大用场。

敲锣卖糖，各管一行：各有分工，不要多管（闲事莫管）。

天怕寒露风，人怕老来穷。

身边有铜钿，走路飞如风；身边无铜钿，走路像瘟虫：无钱精神萎靡、脚步沉重。

要讨好，绕格焦：好心招来麻烦。

零碎驳趸当：积少成多。

敲忒牙齿朝肚里咽：有苦说不出。

躲得过初一，躲勿过月半。

十箩十畚箕，挑满老宅基：指看手指纹。

晴天一身汗，雨天一身泥：形容干活卖力。

朝踏露水夜踏霜。

空叉袋，斛白米：不劳而获。

拼死吃河豚，要命啃芦根。

卵子落在冰缸里，吭要吭紧。

久晴必有久雨：物极必反。

狗太（伸）舌做，鸡缩脚吃：热天忙活，冷天歇息。

温饱思淫欲，饥寒起盗心。

轮着观音暴，必有风雨来：相传，二月十九是观音的生日。前三天后四天必有风、雨，俗称"观音暴"，涉及二月十九、六月十九、九月十九。

冷在三九，热在三伏。

冷天冷勒风头里，穷人穷勒租债里。

西风起蟹脚痒。

清明螺蛳赛只鹅。

六月黄鳝赛人参。

六十年风水轮流转,百年田块转三村:沧海桑田随时间而变。

三岁定八十:小时候的脾性往往影响一生。

节气勿饶人:旧时一年分为端午、中秋、年关三节,人人都要过。也说"节令勿饶人"。

勿气勿愁,活到白头。

佘来木头勿可撩。

三日两头浇,三十天好动刀:蔬菜要勤浇灌。

三个婆婆抵一面锡锣:老妇爱辩嘴舌。

吃仔新米饭,讲啥陈闲话。

羊吃干枯没奈何:没有办法,只好吃苦。干枯:指枯干的草。

熟菱老个香。

六月里冻煞老胡羊,话起来埭头长。

卖忒房子买船撑,卖忒娘子偷婆娘:算计不通,行为不正,势必得不偿失。

茅山道士摆道场,有仔本事呒家生。

黑狗偷仔油,打仔白狗头:错怪别人,制造冤案。

十人见仔九摇头,阎罗王见之太(伸)舌头。

命里有时自会有,命里无时莫强求:人宜安命,勿生妄想。

困得昏懂懂,六月初三浸稻种:比喻不懂农时。

六月初三莳板田,算来还在上半年:指耽误农时。

六月呒黄昏,十月呒早晨:六月、十月可起早摸黑干活。

一亩园,十亩田:菜园、果园等花功夫大。

一粒谷,七担水。

好雨落勒荒田里,鲜花插在牛粪里:比喻美女配丑公。

好人怵攀谈:人不坏,只是说话不中听。

百步呒轻担：走长路，再轻的东西都会很重。比喻任重道远。

一河泄水：指特别流畅。

养老日日宿，养小日日鲜：宿，即老一套、老样子。

乡下狮子乡下调，乡下锣鼓乡下敲：从实际出发。

落得腊雪自有黄梅做，行得春风自有夏雨来：有施必有报。

五福寿为先，百善孝为先，万恶淫为首。

树有千丈，落叶归根：万物复归其根。

苍荒蚊熟：苍蝇多荒年，蚊子多熟年。

虾多荒年，蟹多乱世。

头九冷，二九暖，三九冻得团团转。

附：与农谚相关的名词注释

〔数九〕

九是时令的名称，有热九、冷九之分。冷九是从冬至日算起，每九天为"一九"，第一个九天称"头九"，第二个九天称"二九"，以此类推，一直数到第九个九天，共81天，这是一年中最冷的一段辰光，称"数九寒天"。"三九"正值阳历一月中下旬，是全年最冷的时期，有"冷在三九、四九"的谚语。热九从夏至开始。九内若阴雨日多，则称为"水九"；若晴好日多，则称为"旱九"。淀山湖地区流传着"旱九水三春""水九旱三春"的农谚，说明冬、春季节之间晴雨情况存在联系。

〔九九歌〕

冬至起九叫"冷九歌"：

头九暖，二九寒；三九二十七，在家喊勿出；四九三十六，摇船冻橹棚；五九四十五，铁搭不落泥；六九五十四，杨柳青滋滋；七九六十三，棉袄二肩甩；八九七十二，猫狗歇荫地；九九八十一，犁耙齐出动。

夏至起九叫"热九歌"：

一九至二九，扇子不离手；三九二十七，烊冰水吃吃；四九三十六，争在露天宿；五九四十五，树头秋叶舞；六九五十四，乘凉不入屋；七九六十三，夜睡寻被单；八九七十二，单被换夹被；九九八十一，家家炒脚炉。

〔三春〕

古代以阴历正月为孟春，二月为仲春，三月为季春，合称"三春"。若以节气推算，"三春"相当于从立春到谷雨的时段，也称"春节到谷雨"。淀山湖地区称立春到惊蛰为"前三春"，春分到谷雨为"后三春"；春节在立春前称"长三春"，春节在立春之后叫"短三春"。一般"长三春"时清明在阴历三月，"短三春"时清明在阴历二月。立春到谷雨的这段辰光，阴雨日较多的称"水三春"，晴好日多的叫"旱三春"。"三春"天干湿对春耕、备耕、春种有较大的影响。

〔黄梅〕

包括黄梅天、梅季、霉季、水黄梅、旱黄梅、早黄梅、迟黄梅、倒黄梅、重黄梅等多种称呼。

从芒种到小暑这一个月称"黄梅天"或"时（蒔）天"，即阳历六月上旬至七月上旬。黄梅即从入梅到出梅的一段辰光，恰逢梅子成熟时期，因为这时段天气长期暖湿，器物易霉，所以梅季也叫"霉季"。梅季是根据我国传统的"干支纪日法"推算的，入梅是芒种后的第一个丙日，出梅是小暑后的第一个未日。现在则根据这一时段内的温湿情况而定，甚至有空梅或少梅现象。民间根据梅雨造成旱涝的程度，将其划分为水黄梅、旱黄梅。一般入梅时间早、梅雨期长、降水量大的称为"水黄梅"；在正常梅雨季节不出现连续性的降雨或降水量很少的称为"旱黄梅"。淀山湖地区在小满后、芒种前出现的梅雨叫"早黄梅"，推迟到小暑后出现的梅雨为"迟黄梅""晚黄梅"，小暑后梅雨再度维持相对稳定的现象为"倒黄梅"。小满后出现了旱黄梅，但芒种后雨水增多又出现似黄梅现象，即又入梅，则称为"重黄梅"。

〔三时（蒔）〕

农谚"三时（蒔）三送，低田白种"，三时（蒔）是淀山湖地区农民安排的农事时令，从夏至后一日始称"入时"，头时三天，二时（中时）五天，三时（末时）七天，合称"三时半个月"。从明代开始已流传。从夏至到小暑的半个月为多雨期，莳秧需要雨水，故叫"时梅天时期"，也称"莳期"。如果三时（莳）期间雨水多向下送就要造成涝灾，故有"低田白种"的说法。

〔三伏〕

三伏，又叫"三伏天"。从夏至后第三个庚日到立秋后第一个庚日的一段时间称为"三伏天"。我国古代确定"三伏"期也用"干支纪日法"推算，每年夏至后第三个庚日称"初伏"，每个伏期一般为十天，末伏在立秋后。第一伏的十天是固定的；第二伏要根据初伏的迟早来确定，有时是十天，有时是二十天。三伏是一年中最热的一段时期，农谚有"热在中伏、大伏"，中伏起的十天或二十天是三伏中最热的阶段。

第六章　口口相传说谚语（修身齐家类）

第一节　乡邻个性百态

扫码听音频

（一）公平坦荡

一人一碗，打翻勿管：父母对子女财物的分配特别公平，但以后的经营要看自己。

一只手搀两个人：强调的是不能徇私、偏袒一方，对于两方都要善于调解，以免产生误会。

心不光明点啥灯，念不公平看啥经：事物发展变化的根本是内因，外因只是条件。人首要的是心正、念正。

手心是肉，手背是肉：待人处世不能厚此薄彼。

勿帮和尚，勿帮师姑：公正办事，谁对就支持谁。

人要面孔树要皮：人活着要有人格，要有尊严。

牙齿当阶沿石，讲出话来从勿赖：形容说话硬、作数。

日里不做亏心事，半夜不怕鬼敲门：指人坐得正、行得直、奉公守法，就不用害怕。

牛瘦脚勿瘦，人穷志勿穷：牛瘦但脚劲还在，人穷但志气还在。

叮得响，磨得亮：形容光明正大。

身正不怕影子斜：奉公守法，就不用担心什么。

脚正不怕鞋子歪：意同"身正不怕影子斜"。

坐得正、立得稳，那怕和尚、尼姑佮板凳：意同"身正不怕影子斜"。

挪得起，放得下：指具有大丈夫的气质，能屈能伸，得失并不放在心上。挪：拿。

说仔不怕，怕仔勿说：敢作敢当。

真金不怕火炼：不做亏心事，有真本事，就什么也不怕。

摊得开，卷得拢：理直气壮，清清楚楚，明明白白，没什么见不得阳光的，意指光明正大。

（二）吝啬贪心

小洞里摸勿出大蟹：吝啬之人不会有大气派。

日里借勿出油盏：形容气量特小之人。油盏：中华人民共和国成立前农村普遍使用的一种简陋的照明器具。

鸡骨头里算出鸭滋味：节约得有点过分。

捏仔大头勿放小头：形容小气，家里的物件哪怕是最小的、无用的，也舍不得送人。

铜钿眼里跶跟斗：形容一心只想着钱财。跶：翻。

猫嘴里挖勿出河鳅：某种利益已被别人侵吞，要不回来了，即使弄出来也是大打折扣。也说"猫嘴里吐不出囫囵鳅"。

割卵勿出血：①比喻刀刃很钝。②指为人特别吝啬。

粥打杆子饭打印：在粥、饭上做记号，比喻人吝啬、刻薄。

过河拔（拆）桥，上楼掇梯：比喻只顾自己的利益，不顾他人死活。

吃别人吃出汗来，吃自家急出汗来：讽刺那些爱占便宜、气量特小之人。

吃别人狼吞虎咽，吃自家乌龟（音"举"）背牵：讽刺那些爱占便宜、气量特小之人。

占坑缸，弗殷污：空占着也不让别人。殷污：拉大便。意同"尸位素餐"。

挖人家墙脚，补自家缺口：损害人家的利益，帮自家获得好处。

租田当自产：旧社会地主语，现指把别人的东西当成自己的。

算筋算骨：过于算计。

勒杀吊死：小气，干事不爽快。形容纠缠于小事不放。

量柴头，数米粒：连柴、米等日常易耗物也要量见数明。

狗屁到灶：过分爱惜钱财，舍不得给人家。

行灶里退出木柴来：讽刺那种贪得无厌的人偶尔假惺惺地不收他人钱财。批评受人财物者的虚假表现。

（三）虚荣狂妄

打肿面孔充胖子：因要面子，做出力所不能及之事。

死要面子活受罪：硬撑面子，自讨苦吃。例：① 吃喜酒送贺礼，明明入不敷出，为不失面子宁可举大债，即~。② 一担货物较重，明明担不起，可因为很多人看着，故强行担起来，导致内伤吐血，即~。

身上绸披披，屋里呒不夜饭米：不顾家庭的经济状况，硬要着光鲜的衣服装门面，苦了家人。意同"走出来时是小开，回到屋里是瘪三""三千铜钿家当，二千八百着勒身上"。

忍痛着绣鞋：意同"死要面子活受罪""打肿面孔充胖子"。

臭鸭蛋自称赞：明明是蹩脚东西，还要自吹自擂。

满瓶（水）勿响，半瓶（水）叮当：真有本事的人不轻易外露，而稍有一点点本领的人到处炫耀。意同"响水勿透，透水（烧开的水）勿响"。

癞痢头伲子自家个好：自家的总是好的。贬义，含护短之意。伲子：儿子。

天高皇帝远：形容偏远地区上面管不到，不受约束。

只有人人说人人，呒拨人人说自身：对别人和对自己的标准不一致，不虚心。

有嘴话别人，呒嘴话自身：对别人和对自己的标准不一致。不虚心。意同"只有人人说人人，呒拨人人说自身""只用电筒照别人，不用镜子照自身"。

青天箬帽大，皇帝自家做：戴着箬帽只能看到那么大的一块天，自以为老大。比喻见识短浅，自以为是。箬帽：斗笠。

拨仔伊三分颜色，就要开大红染坊：形容勉强学会本领，人们稍微有一点认可，就目空一切。

看人挑担勿吃力，自上肩胛嘴要噘：比喻旁观别人做事总以为很容易，自己动手就感到不好办了。意在批评妄自尊大、过高估计自己本领的人。

眼睛生勒额骨头浪：目空一切，什么都不放在眼里。意同"眼界高"。

满口饭好吃，满口话难讲：吃饱了撑着还不要紧，可话说过了头就难收场了。

暴学三年天下去得，再学三年寸步难行：刚开始学习知识、技能，就自以为什么都懂了，可以走遍天下；继续学习、钻研下去，随着见识增长，方知前面学的仅是皮毛，再进一步困难重重。暴：刚。

田鸡跳勒戤盘里，自称自卖：形容自夸。

描金箱子白铜锁，外头好看里向空：① 贬低人家的财力。② 作自谦之用。意为自家表面殷实，其实内部空虚。

（四）阴险虚伪

人门前一笑，人背后一刀：形容人伪善，当面态度和善，背地里阴险毒辣。

门角落里军师：形容背地里出坏主意的人。

人门前讲人话，鬾（鬼）门前讲鬾（鬼）话：指在不同对象面前各说一套话，搬弄是非，挑拨离间，制造事端。

熟人打重榔头：口称是熟人，暗中下狠手。意同"吃吃自家人"，即越是熟人，越是自家人，越要"斩"。

当面一套，背后一套：人前人后不一样。

讲归讲，做归做：讲一套，做一套。

勿怕双脚跳，就怕朝偌笑：不怕公开的吵闹，就怕暗中使坏。

打瞳眽，割脱舌头：变化太快、太突然，让人猝不及防。

亦做师娘亦作觋（音"举"）：指扮演双重角色。比喻一面装好人，一面做坏事。师娘：巫婆。

面孔笑嘻嘻，不是好东西：貌慈心险，笑里藏刀。

落水鳖骗上岸：比喻骗术高。

骗人上楼拔楼梯：① 在骗得人们的帮助达到自己的目的后，不但不感恩，还使绊子，可谓"卸磨杀驴"。② 也有"诱敌深入，断其后路（退路）"之意。

嘴里说出糖来，腰里拔出刀来：嘴甜心狠。意同成语"口蜜腹剑"，以及"嘴里蜜糖，肚里砒霜""面浪笑呵呵，心里毒蛇窝"。

一面孔阿弥陀佛，一肚皮男盗女娼：讽刺那些表面仁义道德，暗地里却干着见不得人的勾当的人。

千穿万穿，马屁勿穿：人人爱听好话，拍马屁吃得开。也说"千错万错，马屁勿错"。

日里文绉绉，夜里偷毛豆；日里装君子，夜里当小偷：比喻两面派的伪君子。

讲的比唱的还好听：指某人虚伪，只是说得好听，没有实际行动。

若要黑心人，吃素淘里寻：指那些心肠阴险狠毒的人，往往假装吃素信佛者的模样。

说嘴郎中卖假药：意指嘴上像个医生，卖的却是假药，说明越是吹嘘越有问题。"卖假药"亦作"呒好药"。

挂羊头，卖狗肉：比喻用假招牌、假货骗人。

假客气碰着真老实：形容弄巧成拙，讲客套话吃了亏。

脚踏两只船：① 投机取巧，与双方周旋，以获取利益。② 比喻没有决断。

（五）浮夸势利

只听楼梯响，勿见人下来：只听到"说得好"，但实际上什么都不落实。

贪多嚼勿烂：指工作、学习不自量力，一味多揽，结果一样都没有干好。

逃脱鳗鲡臂膊粗：有意夸大失去了的东西的价值。

雷声大雨点小：指一些人夸夸其谈，尽说大话，其后很少行动，甚至一事不办。

癫痫勿癫花头大：花头花脑，噱头噱脑。

只重衣衫勿重人：以穿衣的质量来评判一个人；只看外表形象，不看实际本领。

先嫁床，后嫁郎：形容人势利，只看重物质。

床头有仔三担谷，死后勿怕无人哭：讥人之势利。

穷人说话勿作准，有钱放屁也（音"匣"）来闻：穷人说话不作准，强调的是人微言轻，尖锐地讽刺势利之人。

穷在闹市无人问，富在深山有远亲：人穷，亲戚虽近也不来往；有钱，虽路远在深山也有亲戚会过来。

狗眼乌珠看人低：指势利眼，瞧不起人。眼乌珠：眼睛。

黑眼乌珠看见白银子：只看见钱财等利益，贪婪、势利的表现。意同"见钿眼开"。

娘舅替外甥摇船，看在铜钿面上：不计辈分，只看工钱。

（六）保守谨慎

三步留一步，免得徒弟杀师傅：比喻做任何事情要慎重考虑，留有余地，免得以后吃亏。杀：取代。

徒弟出山，师傅讨饭：旧时某些老板待徒弟满师，即辞退师傅，只为支付较低的工资。故老师傅往往不愿收徒。

教会徒弟，饿煞师傅：意同"徒弟出山，师傅讨饭"。

两手一摊，随你哪办：撒赖。

两手一摊，死人勿关：指没有办法，无能为力。

吃饭防噎，走路防跌：形容小心得过分。

走路看脚印：形容特别胆小，不敢创新突破。

走路怕踏煞蚂蚁：比喻过分小心谨慎，胆小怕事。

肩胛浪搁勿起灯草：形容怕负责任。

树叶子落下来怕打破头：形容非常小心谨慎。

捧仔卵子过桥：比喻十分小心谨慎。例：伊在上司面前一直~，怕得罪上司，可上司还要寻伊响势（找麻烦）。

鳑鲏鱼，作滩涂：① 指人胆小，不敢到大风大浪的环境中去。② 比喻人没出息。

三寸舌害仔六尺身：① 贪吃生病。② 多言招祸，真所谓"病从口入，祸从口出"。

勿做媒人勿作保，一世无烦恼：做事要慎重考虑，别贪小便宜吃大亏。同"拉个虱来头里搔"正相反。

出头椽子先要烂：劝人不要太出头露脸。意同"枪打出头鸟"。

舌头底下压煞人：人言可畏，小心招惹大祸。

多吃饭，少开口：告诫言多必失。

饭吃三碗，闲事勿管：少管闲事，少惹祸。

乖人不吃眼前亏：自我防范，见机行事。

河水勿犯井水：互不侵犯。

眼弗见为净：① 指眼不见，心不烦，明知有错不去过问。② 指食品生产过程肮脏，没有亲眼看到，就当是卫生佳品。

（七）忘本赖皮

讨勒老婆忘记娘：讥讽男人成了家就不孝顺父母了。

吃水忘记脱掘井人：指受了好处忘记做贡献的人。

只记头榻勿记糖：只记人家的不是，勿记人家的好处。头榻：打头皮。

吃仔好饭，忘记脱前三年讨饭：谴责忘本之人。

吃馒头不记，吃拳头就记：意同"只记头榻勿记糖"。

肚饥糠也好，饭饱肉嫌肥：富了忘记穷光景。

要和尚求和尚，勿要和尚杀和尚：随心所欲，薄情寡义，毫无感恩之心。

救人救仔落水狗，回转头来咬一口：人面兽心，恩将仇报。

搬场忘记脱家堂：教育小辈不要数典忘祖。家堂：祖宗仙逝后牌位安放的地方，是供小辈祭拜之处。

捭捭伊长格，搓搓伊圆格，撅撅伊扁格：软皮条。

鼻头墨赤黑，吃仔讴勿吃：赖皮，说谎，不承认。

死蛇迸，癞团劲：死撑一股赖皮劲。癞团：癞蛤蟆。

打伊勿动手，骂伊勿开口：耍无赖。

杀伊吭剥血，剥伊吭剥皮：死皮赖脸，拿其没办法。或指遇上赖皮欠债，什么都要不回来。

雌蟹舍勿得脐，雄蟹舍勿得螯：① 优柔寡断，下不了决心。② 各有所好，难以取舍。

（八）急躁马虎

上半日种树，下半夜就要乘凉：比喻心情急躁，意在告诫人们不可性急。

开口要，闭口到：在极短时间内就想得到，比喻急性子。

心急吃勿得热粥：急于求成，仓促上阵，往往把事情搞砸。

炒虾等勿及红：比喻心情急躁。

急惊风碰着慢郎中：心里急得不知所措，却遇上吊儿郎当、松松垮垮的办事人。

捉个贼来连夜解：引申为"立即吃掉""立即处理掉"。例：人家送来一只大公鸡，不多会已上饭桌，真是～。

捐仔一段就跑：指还没弄明白事情的原委就去做了。段：比喻事物或话。

得着风就扯篷：① 本意指快，引申为忙着搬弄是非，传播小道消息。② 刚得势，便张扬。

七搭八搭，蒲鞋着袜：十分不配对、不相称。

天浪一斧头，地下一凿子：形容做事无计划、无分寸。意同"东一榔头，西一棒子"。

冬瓜缠拉茄门里：冬瓜与茄子非同一门类。指把原意完全搞错了，含胡搞之意。

头痛医头，脚痛医脚：① 马虎了事，缺乏全面计划。② 治标不治本。

拎错秤纽绳：没有弄清事情的真相。也说"头纽舛勒二纽浪"。

拉勒篮里就是菜：指待人处世不分好坏、不加挑选。

狗头上抓抓，猫头上拉拉：做事粗而没有顺序，一会儿干这，一会儿干那，结果一样都未干好。

眉毛胡子一把抓：比喻做事不分主次，不分轻重缓急，抓不住重点。

探脱帽子，呒拨脑子：做事不考虑后果。

摇仔三日三夜橹，还勷擤缆绳：① 形容说话不着边际，做事不得要领。② 粗心大意到无法形容。

眼泪簌落落，两头掉勿落：各方面都想照顾好，却无能为力。也说"牙齿脱脱落，两头掉勿落"。

黑铁墨塌，吃伊勿煞：一时难以看准，强调不要以貌取人。

（九）笨㞏乖戆

三拳头打勿出格闷屁：指人特内向，随便怎样都默不作声。

不出血不罢休：非得到不可收拾的地步才罢手。

阿㞏㞏膀牵筋：㞏，即特倔，转不过弯，九牛难拉。膀牵筋，即把事情搞黄、搞砸。

实质烟筒头：脑袋不开窍。

脑子勿转弯：一根筋，死心眼，固执己见，不知变通。也说"勿碰鼻头不转弯""勿吃苦勿成人""勿到黄河心勿死"。

黠惢面孔笨肚肠：人漂亮，但脑袋不开窍。也说"聪明面孔笨肚肠"。

聪明一世，懵懂一时：平时看起来啥都晓得，有时为某一事却拎不清、转不过弯来。也说"聪明一世，糊涂一时"。

聪明反被聪明误：玩小聪明、贪小便宜反而吃了大亏（贬义）。

有吃覅吃猪头三：有得吃却不吃的人是傻瓜。

乖乖乖，蜒蚰吃百脚：指弱者反胜过强者。也说"乖乖乖，麻子替癞痢拎草鞋"。

乖人吃一半，呆人吃一半：指太过算计，并不一定样样占得便宜。也说"乖人一半，呆人一半"。

精精精，裤子剩条筋：太会算计别人，其结果输得赤条条。

泥菩萨住瓦屋，戆人自有戆福：比喻不乖巧的人不一定都吃亏，也有占得便宜的时候。

戆进勿戆出：貌似傻里傻气的人其实很会打小算盘，专想得利，不肯吃亏。

长得俏，总是俏；装得俏，惹人笑：过分打扮得娇艳反而会被人笑话。

若要俏，冻得硬翘翘：比喻追求漂亮，宁可挨冻（一般说年轻女性）。也说"要风度，不要温度""若要俏，冻得像狗叫"。

踏煞勿翘，妆煞勿俏：不知道人家好在哪里，自己又没有条件而胡乱学样、极尽打扮，其结果更显丑陋。此俗语是对成语"东施效颦"最好的解释。

（十）睿智直率

老草报根还留青：意同"野火烧不尽，春风吹又生"。

借伊格拳头，擉（音"赎"）伊格嘴：借力打力。

趁热打铁，趁汤下面：借光，利用有利条件办事。

篱笆扎得紧，野狗钻勿进：比喻家庭、集体团结，不受旁人离间。反之为

"戗篱破，野狗钻"。

镬子乘热掇：趁热打铁，一鼓作气。

一根肚肠通到底：直爽。

勿兜圈子勿绕弯：有啥说啥。

肚皮里囥勿牢闲话：指人没有城府，什么都会讲给别人听。也说"空心肚皮直肚肠"。

㷒嘴好肚肠：意同"尖刀嘴，豆腐心"。

㨄开天窗说亮话：直截了当，挑明了说。后句为"关起门来讲真话"。

真人面前甮说假话：直截了当地揭穿他人的谎言。

十只指头有长短：不能强求一律。

十房媳妇十样讨，十个囡吾十样嫁：比喻处理事情各不相同，应从实际出发。

戏法人人会变，各有巧妙不同：每个人都有不同的思维方式，各有不同的应对方法。

碰鼻头转弯：到底拐弯，意指要灵活应变。

（十一）促狭笨拙

无洞里搂出蟹来：凭空捏造，没有的事编得像真的一样。

鸡蛋里寻骨头：百般挑剔，无事生非。

象牙筷上扳皱丝：象牙筷这么光滑，还要在上面找刺儿。比喻挑剔、找碴。

硬装斧头柄：生拼硬凑，牵强附会，将不实之事甚至罪名强加于人。

粳勿好，糯勿好：百般挑剔、寻衅。

勿见棺材勿掉泪：顽固不化（含警告之意）。

勿识相要吃辣火酱：给人警告。

扶勿起的刘阿斗：刘阿斗系三国时期刘备的儿子，怯懦无能，虽有诸葛亮辅佐，也守不住蜀国基业。比喻人无能，干不了大事。也说"抱勿上座格刘阿斗"。

敬酒勿吃吃罚酒：比喻好好地劝说不听，只能用强迫的手段让其就范。

锣鼓勿敲勿响，蜡烛勿点勿亮：指有些人不听好言劝说、教育，只能靠训斥、警告使其顺从。

搀勒凳啷，猎勒地啷：扶弗起。也说"搀凳头勿起"。

口吃南朝饭，心对北番人：怀有异心，图谋不轨。

念得连络，忘记车轴：说话啰唆，抓不住关键。

答应得噢噢应应，忘记得干干净净：别人所托之事从不放在心上。

讲起来头头是道，做起来悖头悖脑：只说不做。也说"说话中的巨人，行动中的矮子"。

大不算，小搂乱：① 算计差，气量小。② 抓勿住重点。

外头拾着五升米，屋里豁脱七斗粮：贪小利，失大财。豁脱：遗失。

佘脱木排捞火筒：不顾大财失去，却抓住微不足道的小财不放。有自嘲或嘲讽他人之意。火筒：吹火之物。也说"佘脱木排撩门闩"。

拾了芝麻，丢了西瓜：比喻因小失大。

偷鸡勿着蚀把米：心术不正想捞点好处，不料反而倒贴点出去。

人催不走，鬼（音"举"）催直奔：指是非不分，糊里糊涂地跟随别人走到岔道上去了。

小鸡交拨勒黄鼠狼：敌我不分，自遭损失。

斗米养仇人，升米养恩人：比喻救济、施惠要注意分寸，做得过分效果不一定好。

引鬼哆亡人：原意是迷信说法，即越是信奉，鬼神就越上身。后引申为迁就恶魔般的坏人，反被以为软弱可欺而使其得寸进尺，由此感到不安。

有奶就是娘：只要对自己有利，什么事都干。

爷来爷好，娘来娘好：毫无主见。

杨树头倒来倒去：缺乏主见，随风摇摆。

到东吃羊头，到西吃猪头：到处滥胡调。

引狗勿得上台面：对某些人的错误、缺点越迁就和宽恕，对方越是变本加厉。言外之意贬斥对方不是人。

有福不会享，上仔火来等天亮：① 不会利用有利条件，任其浪费流失。② 指不会享受。也说"有福不会享，吭福等天亮"。

自扳石头自搭脚：原想伤害他人，反而害了自己。也说"搬起石头砸自己的脚"。

羊肉䭉吃着，惹仔一身骚：私下想捞点好处，结果不但没有得到，反而留下话柄。

拉个虱来头里搔：比喻热心助人反而招惹麻烦。

要讨好，饶疙焦：想要讨好他人或做好某事，结果适得其反。

轻拳撩重拳，打煞吭拨怨：无端惹人、欺人，活该被人重揍。

湿手捏仔干面粉：① 不慎揽上了尴尬之事，想摆脱有点儿难。② 跟自己无关的事情一旦去插手就撇不清关系了。

戳米囤饿煞：有上好的条件不会利用。

挒仔金饭碗讨饭：有上好的条件不会利用。挒：腋下夹物。

鞋子䭉着落个样：想得到的没有得到，自己的主观意图倒让人觉察到了。

（十二）虚浮自私

一句天，一句地：说话不着边际。

一张嘴唇两爿皮，翻来翻去㑊（音"才"）是伊：指人说话一会儿这样、一会儿那样，总能找出理由来。

十句九乇落，一句勿着落：说话全不可靠，一句都没有着落。

只有自家吭拨别人：形容自私、自大，眼中无他人的样子。

死格说出活格来：形容花言巧语。

空口说白话：说话没有根据，凭空瞎说，不负责任。

瞒仔老人说古话：比喻背着知情人乱吹一通。

嘴浪吭拨毛，说话勿牢靠：形容某些年轻人说话不可靠。

麦柴管当令箭：比喻把别人随便说的话当作重要依据，小题大做。这里的"别人"一般指领导或有地位的人。也说"野鸡毛当令箭"。

形容勿出：小题大做，小曲大唱。例：这一点点小事，偌~仔，当桩大事体哉。

像煞有介事：① 好像真有这么回事似的。② 好像真有什么了不起似的。

刀钝怪肉老：瞎埋怨。

屙污屙弗出怪马桶：办不成事，不从自身找原因，而把责任推向客观事物。

马屁拍足，苦头吃足：想得到好处，要巴结讨好他人，结果适得其反，不仅一无所得，反而受到损害、遭到训斥，甚至惩罚。

马屁拍拉马脚上：溜须拍马不得要领，效果适得其反。

相打道里借拳头，木匠手里借斧头：看错方向，找错对象。也说"看勿出山水""看勿出三四"。

见风就是雨：比喻只看到一点儿迹象就轻率地信以为真，并做出某种反应。

生病人脱鬼（音"举"）商量：同阴险奸诈之人商量。意同"羊入虎口"。

造屋请来箍桶匠，买眼药走进石灰行：找错对象，看错方向。

该仔和尚骂贼秃：当面给人难堪。该仔：当着。

俏媚眼做拨瞎子看：向别人示好，别人却置之不理、没感觉。

皇帝不急急太监：当事人不急着办理，周围人却在瞎急；多管闲事。

顺风背牵，逆风扯篷：措施不当，吃力不讨好。

跟仔和尚买木梳：比喻不加思考、分析，盲目随人，看错对象。

看弗出风云起色：反应迟钝，缺乏判断能力。

火煜好看，难为人家：只知道看热闹而不把人家的痛苦放在心上，甚至幸灾乐祸。

吃仔灯草灰，放格轻巧屁：事不关己，说话轻飘飘，不着边际。

走路唱山歌：行事随意，不负责任。

闲人只说闲话，走过人只说风凉话：意指不是知心着意之人不会尽心尽力地给予帮助。

落雪落雨狗欢喜，麻雀肚里一包气：一事当前有人欢喜，有人忧愁。

一只喇叭七个洞，七路赚来八路用：讽刺那些用钱大手大脚、毫无计划、支出大于收入的人。

天好只顾酒肉饭，雨落吙不钉鞋伞：只晓得吃喝，连最基本的生活必需品都没有。

今日有酒今日醉：只图眼前一时痛快，没有长远打算。

只晓得吃，勿晓得屁股出：屁股出，即裤子破烂不堪。意同"天好只顾酒肉饭，雨落吙不钉鞋伞"。

叫花子不留隔宿食：当天有钱当天花，一点不留后路。

有末三样四样，吙拨末捞盐搭酱：生活无计划，用钱不会细水长流。

吃尽当光，勿喊冤枉：指吃光、用光的生活方式，只图眼前，不考虑后果。

吃点，着点，死仔棺材薄点；勿吃，勿着，临死蒲包一只：劝人得享受时且享受。

门角落里厾屎（音"污"）不度天亮：指做事不考虑后果，做了坏事、错事，甚至违法犯罪，总有穿帮、报应的一天。

皇帝万万岁，小人夜夜醉：比喻贵贱者各得其乐，不担心事。

稻熟皇帝麦熟官：讽刺夏收及秋收后滥吃滥用之人。旧时淀东人称秋收为"大熟"，夏收为"小熟"，故也说"大熟皇帝小熟官"。

日图三顿，夜图一惚：① 百事不管。② 毫无进取之心。

到啥山，斫啥柴：① 事先无所准备，临时再想办法。② 随机应变，适应环境。

做一天和尚撞一天钟：得过且过。

船到桥门自会直：意同"到啥山，斫啥柴"。

善渡桥

天大格祸,只不过碗大的疤:闹出大祸,最多杀头。

狗急跳墙,人急叫娘:欺人太甚,一旦被逼急了也要蛮干。

拼(音"偏")死吃河豚:比喻为了某种目的不惜以生命去冒险。

要么楼上楼,要么楼下搬砖头:要么能成大事,要么闯下泼天大祸。有"搏一记"的意思。

横势横,拆牛棚:形容豁出去了,不计后果。

程咬金,三斧头;头新鲜,尾巴厌:做事开头几天认真,以后每况愈下。

登坑勿揩屁股:只有开头,没有收尾,每项工作都干不好。

新箍马桶三日香:开头几天认真,以后就马虎了事。

一只手捏如意,一只手捏算盘:比喻作风不踏实,只顾打如意算盘。

困扁仔头,想戴西瓜皮的帽子:想入非非。

癞蛤蟆想吃天鹅肉:痴心妄想。

老虎勿吃人,形状吓煞人:比喻是纸老虎。

扳户槛大阿哥,出门就吃苦:指对内显得凶狠,对外懦弱无能。意同"洞里老虎"。

过仔黄梅买蓑衣:事后才准备,毫无效用。

事后诸葛亮:比喻事后才发表意见的人或事后才出主意、想办法。

活啦臭梧桐,死仔摸香氍:指人活着时家人厌之、弃之,而亡故后什么都好,内含谴责之意。臭梧桐:阔叶、味臭的草本植物,生长在坑缸(粪坑)

旁边，遭人厌弃。香奁：女子放化妆品的容器，有股香气。也说"活着臭污藤，死仔木香棚"。

活着一棵草，死仔当做宝：意同"活啦臭梧桐，死仔摸香奁"。

客去扫地，贼出关门：意同"过仔黄梅买蓑衣"（其实"亡羊补牢"仍有必要）。

第二节　漫话家庭内外

扫码听音频

（一）有关妇女

宁可跟讨饭的娘，也勿跟做官的爷：指母亲更能体恤、爱护子女。

有媳妇讲媳妇，呒媳妇讲鸡婆：旧时常有婆媳不和的，婆婆背后谈论媳妇。

走进庙门讲媳妇，走出庙门讲豆腐：意同"有媳妇讲媳妇，呒媳妇讲鸡婆"。

呒拨媳妇嗷媳妇，有仔媳妇气煞（死）婆：强调婆媳关系极差。

忤逆媳（音"新"）妇守孝堂，孝顺囡吾哭坑缸：媳妇再不好，长辈死了也能守在孝堂里；再孝顺的女儿却无此待遇，也只能哭唠叨。旧时强调媳妇是自家人，而嫁出的女儿是外头人。故域内有旧规，即医术、武术等绝招传媳妇不传女儿。现这种观念已改变。

种田勿着一年，讨娘子勿着一世：说明妻子的好坏关系着全家人幸福与否。

嫁出囡吾泼出水：旧时指姑娘一出嫁就如泼出去的水，娘家不得过问了。

熬煞媳妇做仔婆：做媳妇时受尽婆婆刁难，甚至被虐待；一旦自己成了婆婆就熬出头，可以仗势欺压媳妇。此语亦常用于官场。

夜晴勿是好晴，慢娘呒拨好心：强调慢娘对前儿女存有虐待之心。这种

看法较为片面。

夏天的日（音"业"）头，慢娘的拳头：用夏天毒辣的日头形容慢娘虐待前儿女，心狠手辣。这种看法较为片面。

一女勿吃两家茶：旧时订婚男方须送"茶"给女方家，故女子许配人家叫"吃茶"。意思是一个女孩不能同时许配给两家。茶：茶礼。

三个泼辣女人顶勿过一个黄胖男人：男人有男人的用场，女人有女人的作用。再多、再能的女人也不一定能顶替男人的作用。这种看法较为片面。

豆腐肩胛铁肚皮：对女性的戏谑之语。带有开玩笑的意味。

小脚一双，眼泪一缸：封建社会缠足给妇女带来了极大的痛苦。

天字出头夫作主：封建社会妇女出嫁后，就要听从丈夫的。

牛屎罨田勿壮，女人说话勿当：形容旧社会妇女没有地位，说话不算数。现代社会，这种看法则较为片面。罨田：给田施肥。

只有一船摇二橹，呒拨一女嫁二夫：旧时强调做事不能超越道德规范。

头发长，见识短：对女性的歧视。

头妻草，二妻宝：说男人喜新厌旧，爱续娶之妻。

讨出圈：姑娘讨出嫁。

出圈饭：女方亲戚在姑娘出嫁前请她吃的酒饭。

家无主，扫帚颠倒竖：指家里女人做主，违反常规。也说"船艄上前"。

吃老公，着老公，灶里无柴烧老公：指妻子处处依赖丈夫。

要吃要着嫁老公，麨吃麨着搋（音"握"）啥空：依赖丈夫，实足的柴米夫妻。

家花勿及野花香，转做家花也勿香：比喻某些男人嫌弃家妻，渴望外遇。

雄鸡不啼雌鸡啼：调侃、讽刺某女人太强势，处处抛头露面，大事小事全由她做主。

雄猫勿发雌猫发：指老婆很强势，大事小事都由她作主（含有调侃、贬损之意）。

黠哑媳妇烧勿出呒米饭：意同"巧媳妇难为无米之炊"。

套扦子：旧时一般是男子请媒求女，凡女子主动求亲的，淀东人说"套扦子"（含鄙视之意）。

（二）有关孩童

一时猫脸，一时狗脸：小孩哭笑无常。

一哭一笑，两个馒头一跳：小孩哭笑无常。

吃饭不晓得饥饱，困觉勿晓得颠倒：孩子幼小不懂事。

含勒嘴里怕烊，抱勒手里怕冷：形容溺爱年幼子女。

阿大着新，阿二着旧，阿三着破，阿四着筋：以前淀东人家孩子多，经济又窘迫，做了一件新衣便让几个孩子轮着穿，到最后不见完整布料，只剩下筋筋条条。

要让小囡安，常带三分饥和寒：小囡吃饱穿暖才安稳，但不能吃得过饱、穿得过暖。

咬脱奶奶头，日脚勒后头：形容对子女从小缺少管教，日积月累，养成恶习，长大后犯了罪还会怀恨父母。这是对父母过分溺爱孩子的警示。

棒头唥出孝子，筷头唥出逆子：强调父母对孩子不要过分溺爱，要严格管教。

（三）家人之间

一个爷娘出九种人：也说"龙生九子，子子不同"。

一笔写勿出两样姓：强调自家人不能见外，要出力相帮。

狗不嫌家穷，儿不嫌娘丑：母爱情深。

三代不出舅家门：指人的面相带有明显的遗传因素。

门前大树好遮阴：指有前辈照顾、袒护，子女、小辈就省心幸福。大树：指前辈的财力、权势。也说"背靠大树好乘凉"。

手心是肉，手背也是肉：父母对子女平等疼爱。也说"手心手背侪是肉"。

打虎还要亲兄弟：遇险遭难之际，旁人往往靠不住，唯有亲兄弟拼死相救。也说"上阵父子兵,打虎亲兄弟"。

吃奶三分像:指新生儿吃了谁的奶,在长相、性格上就有了几分相像。即便孩子是领养的,由于长期受到影响,性格、举止、颜面也会与养父母有些相仿。

吃尽滋味油盐好,走尽天边爷娘好:强调母爱大无边,父母的恩情永不能忘。

好煞外头人,谋煞自家人:家里人再不好总是自家人,外头人再好也是外头人,强调血缘关系是第一位的。也说"恶煞亲兄弟,好煞外头人"。

冷么要被絮,老仔要度细:意为人老了需要子女照料。度细:指儿女。

忤逆勿天打,一代还一代:告诫人们要孝敬老人,不要给后代留下坏印象,否则将来自己老时也会遭到同样的报应。

若要好,老做小:家人相处的时候,小辈固然要孝敬长辈,但长辈也要对小辈包容、忍让、爱惜一些,家庭才和睦、有生机。

金窠银窠,勿及屋里狗窠:在外总有不便之处,千好万好不如家里好,要珍惜。

家有贤妻,丈夫不遭横事:好妻子能扶助丈夫避祸得福。

盐钵打翻酱缸里:合在一起,没有什么损失。比喻家人之间不应计较多给少拿,以和为贵。

娘娘相公是屋里叫出去格:强调只有家庭和睦、互敬互爱,才能得到外人尊重。

文化下乡

镬子里滚铜板：滚来滚去，滚弗到外头去。意同"盐钵打翻酱缸里"。

猫养猫值钿，狗养狗值钿：自家生养的孩子都被家人疼爱着。值钿：宠爱，宝贝。

横抱三年那得大，竖抱三年那得长：言父母育子女，无日不望其成长。

臂膊朝外弯：自己人帮外头人。

臂膊朝里弯：强调自己人总要帮自己人。

买（造）屋看梁，讨（攀）囝看娘：母亲是女儿的榜样和表率。

破扫帚相对罄畚箕，一对好夫妻：比喻夫妻十分相配，互相影响。多作贬义用。也说"蟑螂搭灶鸡，一对好夫妻"。

（四）人际交往

一条船上一个舵，一个朋友一条路：多交朋友，就能得到更多的帮助。

只脱时辰，不脱日脚：言约定之日期，决不拖延、失误。

在家靠父母，出门靠朋友：江湖诀，意含友好结交外头人。

朋友，朋友，"碰"一个"有"：有钱才是朋友，指交友也讲物质基础。

朋友，朋友，"碰"着仔"忧"：无钱招待不起朋友，心里忧。

柴米夫妻，酒肉朋友：以通俗的语言揭露某种丑陋的现象，反映了夫妻之间、朋友之间以利益为上、不能真心相待的情况。

酒肉兄弟多多有，落难之中半个无：指酒肉朋友一碰到需要他们帮助时，都躲得远远的。

朋友千个少，冤家半个多：朋友越多越好，冤家越少越好。意同"多个朋友多条路，多个冤家多个坟"。

朋友易得，知己难求：一般的朋友容易得到，真正推心置腹的挚友难以找到。

上门勿见土地：指特意拜访某人家或单位，却未碰到主人或办事人员。

呒事不登三宝殿：亲临某处，有事相求。

铁将军把门：大门上锁，访客碰壁。

勿好揪牢仔牛头吃草：只能自愿，不可强求。

只问啥人做，不问啥功夫：只看结果，不讲过程。功夫：指所费的时间、所耗的精力等。

爷有娘有，不及自有：通过自身的努力所收获的才是自己的；自有自便当。

求人勿如求己：提倡自力更生，克服困难，不能老是请求人家帮扶。

别人的老婆焐勿热脚：原指婚外情靠不住，这里比喻不能靠借人家的金钱或物品度日。

做仔媒人勿能包养伲子：对相助之人不能要求过高。

跌倒扶起，勿如自家爬起：遇到困难自己努力解决，不能老靠别人帮扶。

靠山山要倒，靠水水要干：不靠六亲，强调自力更生。

行得春风有夏雨，行得好心有好报：① 比喻有恩于人总会得到报答。② 比喻给别人方便，就会得到人家相应的回报。

既要锦上添花，更要雪中送炭：锦上添花固然是好，但雪中送炭更可贵。

给饱者一斗，不如给饿者一口：在别人急需帮助的时候给予帮助，功德无量。

送佛送到西天，摆渡摆到江边：指帮人做好事要做到底，不能半途而废。

说话说拨知音，送饭送拨饥人：在别人急需帮助的时候给予帮助。

落雨落勒荒田里，烧香烧勒枯庙里：空有措施，效果不大。

公说公有理，婆说婆有理：各持己见，互不相让，意见不统一。

勿要气，只要记：① 出了问题不要一味生气，要记住教训。② 对仇人不要脸上生气，而要记在心里。

有理无理，出拉众人嘴里：是非好坏，自有公论。

有理勿在高声：凡事要平心静气地讲道理，凭喉咙响、态度凶不能解决问题。

有理走遍天下，无理寸步难行：只要有理，走遍天下通行无阻；如果无理，哪怕半步也行不通。

吃人格嘴软，欠人格理短：加强自律，力戒多吃多占。

吃格是米，讲格是理：强调人应有一定的道德规范，不能蛮不讲理。

歪理十八条，真理就一条：真理只有一条，其余说得再多都是歪理。

谁人背后无人讲，哪个人前不讲人：指很多人都会在背后评价人，但他们也免不了被别人评价。

一只碗不响，两只碗叮当：指引起争吵的双方都有责任。

大事化小事，小事化无事：① 指调解纠纷，平息矛盾。② 不负责任地故意把事情缩小、掩盖矛盾。也说"大事化小，小事化了"。

牙齿也要嚼痛舌头：指相处再好也有起摩擦之时。

勿看僧面看佛面：劝人看在第三者的情面上，帮助或宽恕他人。

好死勿如恶活：劝人不要自寻短见，活着总有希望。

相骂呒好言，相打呒好拳：骂过、打过之后劝人不要计较（劝架语）。

船头上相骂，船艄上白话：形容夫妻闹矛盾，过一会儿就好了。

（五）家常闲话

一跤跟斗跌勒青云里：交好运。

三百六十行，行行出状元：无论什么工作，只要好好干，都能干出不平凡的成绩来。

少年木匠老郎中：木匠要年轻力壮的，而郎中（医生）年龄大的经验丰富。

甘蔗老头甜，越老越鲜甜：比喻人老当益壮或晚年境况良好，越老越值钱。

生意钿，六十年；衙门钿，一蓬烟；种田钿，万万年：强调重视农业。

金乡邻（音"轮"），银亲眷：近邻胜过亲眷。

看他勿像样，是个雕花匠：人不可貌相。

种田人穷来铁搭撑，生意人穷来一洞浆：指种田强于做生意。

跳出龙门交好运：苦尽甘来。

一事无成，先掸（音"端"）檐尘：年前大扫除，俗称"掸檐尘"，这是民间习俗，含有"除旧迎新"之意。

一啥勿啥，先送灶君：旧历年前，穷人虽然买不起年货，到了十二月二十四夜，却不能忘记"送灶君"。

端午勿吃粽，老来朆人送：农历五月初五端午节，民间都有吃粽子的习俗。老来：指故世。

勿吃辣火勿晓得辣：凡事只有亲身实践、体验了，才会知道真正的感受。

勿听老人言，一世苦黄连：老人的话是经验之谈，告诫人们要认真听取。也说"勿听老人言，吃苦在眼前"。

七石缸，门里大：在家里凶巴巴的不可一世，一出门就成了软骨头。

大门角落里的灶家老爷：意同"七石缸，门里大"。

大鱼吃小鱼，小鱼吃虾米：比喻弱者被强者欺压（弱肉强食）。

见仔大佛得得拜，见仔小佛踢一脚：形容欺软怕硬的势利小人。

在家像龙，出门像虫；扳户槛大阿哥，出门就吃苦：意同"七石缸，门里大"。

斧头吃凿子，凿子吃木头，一木吃一木：① 指一级吃牢一级，一级压一级，以大压小。② 比喻层层落实责任。

盐船浪吃仔亏，到豆腐船浪拔淡：遭强者欺侮，找弱者弥补。

四个人斗牌，五个人要钱：含有"劝人不要赌博"之意。

宁做天浪一只鸟，勿做人家一房小：旧时代小妾只是富翁的玩物，低声下气，极不自由，如笼中之鸟。

老弆（音"举"）勿脱手，脱手勿老弆：社会上的骗子欺诈花样百出，比喻人不要轻易将财物脱手。老弆：见多识广、经验丰富之人。"弆"亦有收藏、保藏之意。

吃一趟亏（音"区"），学一趟乖：强调吸取教训。

好事不会做，坏事勿好做：告诫人即使做不了好事，也不要做坏事。

坐吃三年海要空：不劳动，无收入，再厚的家底也会败光。也说"做做吃吃勿碍啥，坐吃三年海要空"。

抽头聚赌犹如杀人放火：强调组织聚赌害人尤甚，危害极大。

物要防烂，人要防懒：人若一味懒惰，就像物体腐烂一样一发不可收。

爬得高，跌得重：欲望越大，失望越大。多指官场。

树怕弹线，人怕见面：指搬弄是非、说假话的人最怕事情败露。

顺风篷勿扯足：不要趾高气扬地一味张扬，要适可而止。

造屋百工，拆屋一哄：比喻成家立业难，而败家则在瞬间。

摇船呒快慢，勿消停船吃顿饭：不进则退，鼓励人要坚韧不拔，总会成功。

绿茵场上

想勿开，性命总归难：告诫人要豁达，不要斤斤计较、耿耿于怀。

满饭好吃，满话难说：人要谦虚、好学，不可自大傲慢。

一个和尚挑水吃，两个和尚抬水吃，三个和尚呒水吃：指既要做好人员分配，又要发挥大家的积极性，防止推诿、扯皮。

公要馄饨婆要面：比喻意见得不到统一。

老大多仔失洋船：指没有一个具体的带头人统一安排、调度就做不好工作。老大：船老大。失洋船：大海里翻船。也说"老大多仔打翻船"。

倪子多来勿养爷，养个孙子吃大大：儿子多了不但推诿、扯皮，不赡养老人，还要搜刮父母的钱。爷：指父亲。大大：指爷爷。

媳妇多仔婆烧饭，倪子多仔爷挑担：比喻子女多了相互推脱、缺乏责任，反而办不成事，累坏老人。

热面孔贴冷屁股：指一方很热情，另一方却不领情。也说"热气换伊格冷气"。

挨上门，自掇凳；炒冷饭，自家盛：遭冷淡，不怕别人的白眼，是一种自嘲的说法，也有调侃之意。挨：拖延，舍不得走。

活勿来去，死勿吊孝：绝交。

撽（音"支"）钻头碰着引线头：针锋相对。也说"针尖对麦芒"。

桥归桥，路归路：①互不相干，不往来。②问题要分开解决，不能混为一谈。

偌走偌的阳关道，我走我格独木桥，黄牛角水牛角各归各：分道扬镳，互不相干。

钉头碰着铁头，冤家碰着对头：硬碰硬，比喻固执、任性的两个人只要在一起就会发生争执。

情愿独偷只狗，勿愿佮偷只牛：不愿合作，比喻合伙做大生意，不如独自做小生意。

长鞭子勿打转弯格牛：万事要看情势，适可而止，既不要过分，又不可放任。

皇帝勿差饿兵：叫人干事应给予一定的酬谢。

清官难断家务事：家庭之事纷繁复杂，外人难以判断。

靠山吃山，靠水吃水：充分挖掘和利用自身的优势。

眼勿开：①势利，看不起人。②嫌礼物轻或少。

话头大来：夸大其事，吹牛。也说"浪头大来"。

要紧勿煞：①自以为某件事很重要。②急急忙忙的样子。

碰着"赤佬"：比喻遇到倒霉的事。赤佬：指鬼怪、鳖。

扒棺材勿着：生儿太晚。

赤赤皮皮光：由于好逸恶劳，把祖上传下来的财物吃光、赌光。也叫"赤脚地皮光"。

张天师被鬼迷，神道弗相信：强调不在情理之中，无人能信。

第三节　劝导明理晓义

扫码听音频

（一）辩证思考

大镬子勿满，小镬子滗干：比喻只有集体富了，个人才能跟着富，集体搞不好，个人就跟着倒霉。

小船歇拉大船边，三日勿忧买油盐：小船歇，大船经营，正常进行着，所以日常生活开支就不用担忧。歇拉：停靠。大船：指主要的生产经营体。也有"背靠大树好乘凉"的意味。

水涨船高，肉多汤腻：事物相互关联，效果有好有坏。

河水满，井水宽：比喻只有共同富裕，大家才能共享。

山外有山，楼外有楼：劝人做事不要自大，要谦虚。

软柴捆得拢硬柴：软功夫倒能收服强硬者。比喻用柔软的方法，往往能起到意想不到的效果。

秤砣虽小压千斤：比喻外表虽不引人注目，实际很起作用。

棋高一只，缚手缚脚：比喻技术高人一头，对方就无法施展本领。

硬树自有硬虫钻：一物降一物。不要自以为强悍，还有更强的能治你。

强人自有强人收，还有强人在后头：意同"硬树自有硬虫钻"。

道高一尺，魔高一丈：原指佛家用于警告修行者要警惕外界诱惑。后比喻取得一定的成就后，遇到的障碍会更大。现常写作"魔高一尺，道高一丈"，比喻正义终将压倒邪恶。

一枝动，百枝摇：比喻互相牵连。局部有所动作，就会波及整体。

村里出仔好嫂嫂，满村姑娘侪（音"才"）学好；村里出仔柳树精，搞得黄河水勿清：强调榜样的好坏影响极大。

先进典型颁奖活动

（二）有备无患

天下无难事，只怕有心人：比喻只要有毅力、肯下功夫，想干的事情一定能办成。

火到猪头烂，功到自然成：强调下了足够的功夫，自然会取得成果。多用于勉励人认真踏实地去干，勿要急于求成。

只要功夫深，铁杵磨成针：比喻只要有毅力，肯下功夫，想干的事情一定能办成。

开仔饭店不怕大食汉：指有担当、有准备。

只有千夜做贼，呒拨千夜防贼：说明防贼之难，含"不能单靠防，必须主动治理"之意。

勿等来雨而修屋，欭要临渴而掘井：凡事都要事先做好充分准备，不要临时仓促上阵。

出门带只小鸡钿：出门多少要带点钱，以防不测之需。

出门常带三九衣：天有不测风云，以备急需之用。

有米勿怕饭晏（音"爱"）：只要准备充分，早晚都能成功。

养儿防老，积谷防荒：着眼未来，早做准备。

养兵千日，用在一朝：指平时费功夫做准备，真到用时才能得心应手。

家有黄金万两，勿如一技在身：家产再多也有花完的时候，但学好一门手艺，一辈子就不用为吃穿犯愁。

晴带雨伞，饱带饥粮：有备无患。意同"出门带只小鸡钿""出门常带三九衣"。

平时不烧香，急来抱佛脚：① 比喻平时不来往，遇有急事才去恳求。② 凡事平时不去准备，临时慌忙应对。常指学生平时学习马虎，临到考试才抓紧复习功课。

有酒有肉敬远亲，火烧房子喊四邻：强调四邻的重要，平时要互相帮助、互相尊重。有酒有肉时，既要敬远亲眷，更不要忘记身边的乡邻。

死要人，活要人，无事端端要啥人：人情也要靠积累，平时冷淡人家，一旦家里有事，就无人来帮你。

临时上轿穿耳（音"尼"）朵：平时准备不足，事到临头才想办法。意同"临渴掘井""临时抱佛脚"。

（三）循规蹈矩

又要马儿好，又要马儿不吃草：嘲讽某些人要干事但不肯花本钱。马儿：比喻干事。

石卵子里榨勿出油来：比喻不顾条件，即使采取强硬手段也不可能达到目的。

远水难救近火：比喻迟来的救助不能解决眼前的问题。含"要按规律办事"之意。

勤谨拨懒格笑：虽然勤劳，但由于种种原因而没有好的收获，被他人嘲笑。劝人处事应讲究科学技巧。

小洞勿补，大洞吃苦：指人犯了小的错误要及时改正，以免将来酿成大错。

酒、色、财、气四把刀，迷了心窍自跌倒：酒、色、财、气好比四把刀子，被它迷了心窍，会害了自身。

赌钱钉铜起，做贼偷葱起：不要以为坏事微小就可以做，长此下去会酿

成大错。钉铜:一种儿童游戏。

钱到赌场,人到法场:形容赌博危害之大。

蒙花雨,落沉田:比喻小事或小处不注意,就会酿成大祸或造成严重损失。

漏缸一条缝,沉船一个洞:指小处不注意,就会酿成大祸。

鳑鲏鱼啄江滩:小鱼也会渐渐销蚀堤岸。江滩:堤岸。意同"千里之堤毁于蚁穴"。

第四节 贬斥劣迹恶行

扫码听音频

(一)偏执极端

人心勿足蛇吞象:形容贪婪到极点。

人有良心,狗不吃屎(音"污"):形容本性难移。

人短三尺,勠脱伊攀主客:指对外形似显不足者,也要注意防范。这种说法有偏见,不可信。

江底戳得够,人心点勿够:人心难测,要时刻警惕。

好人哾不肚脐眼:指世上无好人。此话过头,不可信。

良心叞(音"尺")拉坑缸里:指人不懂感恩,没良心。也说"良心畀狗吃忒哉"。

逢人只说三分话:对人常有戒心,缺乏磊落胸怀。

矮子肚里疙瘩多:意同"人短三尺,勠脱伊攀主客"。

日里吃太阳,夜里吃月亮:日夜干坏事,持续作恶。

勿怕红面关老爷,就怕抿嘴弥陀佛:谨防笑面虎。有怀疑过头之嫌。

东山老虎要吃人,西山老虎也(音"匣")要囫囵吞:比喻世上的坏人一样恶毒。

吃死人勿吐骨头：贪得无厌到了疯狂程度。

杀人勿怕血腥气：形容十恶不赦，坏事做绝。

拳头大，臂膊粗：形容恶人凶相。

（二）揭丑斥虐

一百只塌饼贴不满一百人的嘴：做了不好的事，人们一定会议论。

千年做贼总有一日要穿：天网恢恢，疏而不漏。

丑媳（音"新"）妇难免要见公婆面：做了见不得人的坏事，定会被人知道而受到惩罚。也说"丑媳妇早晚要见公婆"。

吭拨勿透风的墙：形容做了坏事终究会被发现，是隐瞒不了的。

纸包勿住火：比喻做了坏事一定会暴露。

钟在寺里，声在外头：好的名声会传颂，不好的名声也是包不住的。

瓶口扎得没，人口扎勿没：做了不好的事，人们一定会议论。

家眼不见野眼见，野眼不见天看见：形容做了坏事终究会被发现，是隐瞒不了的。

一洗帚甩杀十七八只蟑螂：指斥不分青红皂白者，打击面大。

上吊揩（音"背"）脚：指斥乘人之危，加以陷害。

火上添油，雪上加霜：意同"上吊揩脚"。

带累乡邻吃薄粥：一人的失误连累众人遭殃。

鹭相打，难为生病人：意同"城门失火，殃及池鱼"。

烂竖髈上踢一脚：比喻人家已经遭受到了灾祸而苦不堪言，还要加以打击、陷害。

乘势踏沉船：指斥乘人危急的时候加以陷害。

落井丢石头：意同"落井下石"，乘人之危，加以陷害。

墙倒众人推：比喻趁机对一旦失势或遇到挫折者进行攻击。意同"树倒活狲散"。

（三）积习难改

生拉格鸟（音"吊"），叫拉格声：指人生来的性格、脾气想改变很难。

江山好移，本性难改：指人本性的改变比江山变迁还要难。

好木头勿氽到张家湾：骂人"不是好东西"，物以类聚（张家湾是淀山湖镇原沈湾村的一个自然村。《晟泰村志》里有这句话的典故）。

狗嘴里吐勿出象牙：比喻品行坏的人说勿出好话、想勿出好主意。

嚼嘴和尚念勿出正经：形象地说出坏人不会给人出好主意。

染缸里勿出白布：一个言语、品行龌龊之人是不会有好心的。

破甏里腌勿出好咸菜：①比喻基础条件不好，不可能产生好的东西。②也比喻品性不好的父母生养出来的子女也好不到哪里。这种观点较为片面。

偷食野猫性勿改：贼心难改。

贼吭空手：一心想偷，贼手不闲。

一步走错百步斜：强调干事开头、开局的重要。开头不好，以后就会越走越歪。

上歪一寸，下歪一尺：初时稍差，终酿大祸。

上梁不正下梁歪：比喻上面的人行为不正做缺德之事，下面的人跟着效仿。上梁：上级或长辈。

大鱼吃勿起，小鱼嫌腥气：指生活中脱离自身实际，拈轻怕重，挑肥拣瘦。引申为小事（工作）嫌小不愿做，大事无能不会做。

白布落进染缸里：①比喻人已堕落到不可挽救的地步。②也指沾上污点，永远也洗不清。

后形骨也（音"匣"）牵脱：说话做事毫无规矩，或不着边际、无药可救。

小狗对坑缸发咒：强调本性难移，恶习难改。

盐钵头出蛆：比喻说假话，不着边际。

第五节　表明看法观点

扫码听音频

（一）命运贵贱

人有千算，勿及老天一算：人再有算计，也不如大自然的安排。说明人力不如天力。

天无绝人之路：困难再大，总有克服的途径。

马拉松赛事

牛吃稻柴鸭吃谷，各人头上福：每个人的命运不同，要心平气和、随遇而安。用于自嘲或劝说场合。

六十年风水轮流转：随着时间的推移和世道的变迁，人的命运也跟着发生变化。有时指情况又回到原先的样子。

吉人自有天相：好人会有上天相佑，有好报。

百做百穷，讨饭格祖宗：即使勤劳能干，也难摆脱贫困。言外之意是找不着致富门路。

好有好报，恶有恶报：善恶终有报应。意同"人在做，天在看""行啥良心，过啥日脚"。

运来推勿开，倒霉一齐来：运气好时好事接踵而来，倒霉起来坏事接二连三。

横财勿赋（富）命穷人：命里注定，无法改变。

周阿龙命里穷，拾着鸭蛋两头空，拾着黄金要变铜：意同"横财勿赋命穷人"。

郎中医病，不能医命：命运、天意无人能违背。

前世作仔啥个孽：怪自己命不好。

额角头碰着天花板：形容运气好。

天看见着袜，地看见赤脚：形容鞋破底穿。

瓦爿也（音"匣"）有翻身日，困龙总有上天时：指贫穷也会改变，劝人增强脱贫致富的信心。意同"百日阴雨总有晴"。

少年苦不算苦，老来苦真格苦：强调年轻时要不怕艰苦打拼，免得老来真正吃苦。

手里无钱活死人：两手空空要样无样。

今年巴望来年好，来年还是件破棉袄：希望改变自己贫穷的命运，但是一直是老样子。也讥讽只有目标没有行动或行动不当的人。

头顶人家屋，脚踏人家地：形容特别穷。意同"上无片瓦，下无寸地"。

有铜钿，人过年；呒铜钿，人黏过：有钱能过好日子，没钱的人只能勉强度日。

百会百穷，勿会做相公：什么都会做的人往往忙得不亦乐乎，但收入不一定多，而吊儿郎当、什么都不太会做的人收入未必少。这句话折射出确实存在的某种社会现象。也说"吃力勿赚钿，赚钿勿吃力""做煞勿发财"。

划破水面，图张嘴面：形容渔民的清贫生活。

吃仔早饭无夜饭：食不果腹。也说"吃了上顿无下顿"。

江北望到江南好，到仔江南还是煨行灶：意同"今年巴望来年好，来年还是件破棉袄"。

花无百日红，人无一世穷：指富贵的生活不会世代长久，贫穷的日子也不会生根。鼓励穷人努力改变命运。意同"富不过三代,穷不过三代"。

穷穷穷,屋里还有三担铜:外表一副贫穷相,家里搜搜刮刮还有值钱的东西。多指家道中落的境况。铜:钱,铜钿。

穷算命,富烧香:穷人盼望命运好一点,会花钱请算命先生算命;富人有钱,为保富便常进庙门烧香。

皇帝也(音"匣")有草鞋亲:富人也有穷亲戚。

铜钿银子轧大(音"度")淘:指钱能生钱,引申为有钱人赚钱的机遇多。

袋袋碰着布:很穷,口袋里分文没有。

欲多伤神,财多累身:贪恋色欲则伤精神,家大业大则忧虑失财。

落雨勿爬高墩,穷人勿攀高亲:强调门当户对。

痴子望天塌,穷人望民反:穷得叮当响,但还抱着不切实际的幻想。也说"穷人望命翻"(改变命运)。

瘦牛大角:外表看看还光鲜、有点排场,内里实则空虚。

橹板干,铜钿完:形容渔民家无积蓄。橹板干:指没有下河(湖)捕鱼,也就没有收入。

(二)厌恶埋怨

勿吃粥饭格:骂人没脑子。

耳(音"尼")朵听得老茧起:听得不耐烦之意。

年纪活啦狗身啷:白活了一把年纪。

杀猪人死仔不吃带毛猪:没你也能办事。

矮婆俭,讨惹厌:对力所不能及之人前来帮忙做事所说的调侃话。

茄子落苏,一对搭拉苏:指"一对宝货",有厌恶轻视之意。

金鲫鱼缸里出仔黑必鬼:闹得满缸水浑,指好人堆里出了个坏人。黑必鬼:黑鱼。

骨头吥拨四两重:比喻人轻浮。

㪗煞仔爷吃娘格喜酒:形容败家子闹得全家不安。

食多屎（音"污"）多，烂稻柴灰多：指大话、废话多，使人讨厌。

愀（音"丘"）戏多锣鼓，小人闲话多：不中听、不着边际的话特别多。小人：品位低的人。

说仔一声，惹（音"柴"）仔一坑：说了一句话，引来许多啰唆之言。

三日（音"热"）三夜晒被头勿干：指有的人吵架后，三日勿罢四日不休，没完没了。

眼睛里扎勿得粒屑：指心眼小，见不得别人好。

猪鼻头，狗耳（音"尼"）朵：闻勿出香臭，听勿出好赖话，指不辨是非。

鹅食盆里鸭插嘴：局外人瞎插手、瞎干预。

大庙不收，小庙不留：① 没有出路。② 指被人冷落。

大船唥勿晓得小船唥咯苦：埋怨人没有同情心。

只有杀罪，呒拨饿罪：因为不让吃饭而满腹牢骚。

托人托格黄伯伯：批评受托之人敷衍了事，甚至忘得干干净净，导致延误时机。

满园春色

百亩田，床喂躺；三亩田，烂双膀：富人享清福，穷人太辛苦。

行仔好心呒好报：做了好事却得不到好的报偿。

鸡叫做到鬼叫：指干活时间长，非常疲劳。劳碌埋怨语。

空有牛力，无地可耕：① 有力无处使，有才能得不到发挥。② 光棍无老婆。怨语。

蓬早起碰着隔夜人：有人比你还要早。也说"起早碰着隔夜人"。

蓬早起，摸夜午：意同"鸡叫做到鬼叫"。

跑末跑勒前头，拿末拿格零头：花的精力比别人多，得到的好处却比别人少。

（三）意外巧合

小吃大惠钞：指在饭馆、茶楼等处邂逅亲友，而代为付账。本想省钱吃点小东西，因人多而付了大钞票。

尾巴大（音"度"）仔头：在偶然情况下，物的附件价格大于主件。

小鸡大（音"度"）仔娘：意同"尾巴大仔头"。含有"本末倒置"之意。

小洞里搂出大蟹来：意想不到，爆出冷门。

冷馒子里爆出热栗子：意想不到，爆出冷门。意同现今所谓的"黑马"。

烧脚赶出和尚：香客占了和尚的位置。比喻客人占了主人的地位。意同成语"喧宾夺主"。

猫厥屎（音"污"），狗作主：① 瞎管闲事。② 指领导拿不出中心意见，下级众说纷纭。意同"狗拿耗子"。

门勿开，户勿开，屋里勿见只八仙台：莫名失物，暗指有内贼。

眼睛一霎，老婆鸡变鸭：变化太快、太突然，让人猝不及防。

黄毛丫头十八变，临时上轿变三变：形容变化大，灰姑娘变仙女。

一涠水滴在油瓶里：形容不偏不倚，正巧。涠：滴。滴在：掉在，掉到。

千日难得虎瞌睡：传说老虎平时不打盹。① 形容机会难得。② 比喻偶然为之，很少出现。瞌睡：瞌睡。

勿怕一万，只怕万一：指事情发生的概率虽然很少，但也有出现的可能。

吃素碰着月大：无可奈何地吃了一个月的素，却偏偏碰上大月，还得多吃一天。① 比喻事情极不凑巧，不必做的事反而去做了。② 指并非真心要做的事情，偏偏耗时比较长。月大：大月，农历中有三十天的月份。

肚皮饿碰着赊方糕：自己需要什么来什么。

话人脚底痒：刚刚说到某个人，头一抬那个人就在面前。

说到曹操，曹操就到；话起落雨，檐头水滴：形容十分凑巧。

瞎猫碰着死老鼠：比喻碰巧做成某事。

第六节　闲谈日常生活

扫码听音频

（一）衣食住宿

一夜勿困，十夜勿醒：睡眠不足就会提不起精神，强调不能违反生活规律。

人生一世，吃着两字：强调衣食是人生之必需。

大荤勿吃死人，小荤勿吃苍蝇：除了死尸、苍蝇外，什么都要吃，不挑食。

少吃多滋味，多吃少滋味：任何好吃的东西，吃多了也会乏味。

未吃先谢，敲钉转脚：比喻人精明。请人帮助，人家未曾答应，而他一味道谢，使人难以回绝。

头颈绝细，独想餟祭：颈细却贪吃。形容某些人身体不壮，却特别能吃。餟：祭祀时用酒酹地。餟祭：与方言"吃"义同，是对吃的詈语。

吃勿落，三碗着一涸：指人的饭量大，是调侃之言。

吃仔湿格，袋仔干格：一般指嫁出去的女儿回娘家后，又吃又拿，无所拘束。湿：指酒饭。干：指钱财。

吃吃光，勿生疮：玩笑话，全部吃光。

吃饱做不动，坐定打瞌眬：刻画了好吃懒做的懒汉形象。

吃勒碗里，望拉镬里：① 形容贪吃。② 贪心，小心眼。

吃得饱，推勿倒：只有实力雄厚了，才不怕面对各种问题。

吃煞勿奘：指吃得再多、营养再丰富也没有用，还是长不胖。奘：胖。

红烧要甜，白烧要鲜，炒头要荞：① 介绍烧菜的技巧。② 比喻因地制宜，把握特点，讲究方法。

呒米娘娘死饱饭，有米娘娘勿吃饭：这是穷人无奈自嘲的一种说法。指有米娘娘家庭比较富裕，能吃的东西多，故饭吃得少；呒米娘娘家庭比较困难，只有死粥、死饭，故饭吃得多。

男人吃饭龙取水，女人吃饭数珍珠：① 男女吃饭各有特点。② 指男人要有男人的样子。

佛靠金装，人靠衣装：注重仪表、美化外形，可以提高自身的价值。

坐有坐相，立有立相，困觉也有困相：凡事要讲规矩。意同俗语"坐着像座钟，立着像棵松，困着像只弓，走路像阵风"。这是坐、立、困、走的"正相"。

贪嘴勿留穷性命：由于贪婪而丢失性命。

药补不及食补：强调为防病重，平时注意饮食搭配，功效胜过吃补药。

面黄昏，粥半夜，小粉粥走过街沿石，南瓜当顿饿一夜：意为晚饭只有吃米饭，整夜才不会感觉到饿。

临困烫烫脚，好比吃帖药：睡前用热水洗脚，可以通筋活血，对身体大有好处。

食酒不顾身，爱色不顾病，争财不顾亲，斗气不顾命：酒、色、财、气不能贪，皆可杀身致命。

活食吃啦死皮里：意同"吃煞勿奘"。

清明螺，抵只鹅：言螺蛳当春肥美。也说"清明螺蛳抵只鹅"。

隔灶头香：原指邻居烹饪闻着特香，后引申为别人家的东西总是好的。

（二）养生治病

杨柳树，到处秸（音"扦"）：比喻处处都能生存。

荒年饿勿煞手艺人：有一技在身且勤劳总能生存。

虾有虾路，蟹有蟹路：在生活、工作中，每个人有不同的应对办法和生活途径。

勥怕穷人饿煞，穷人肚里有七十二样方法：意同"虾有虾路，蟹有蟹路"。

三分医，七分养：一个人生了病，重在平时的调养，医治只占三分。

千金难买老来瘦：人老了，瘦一点，身体负担轻，更健康。

无病赛过活神仙，有病像只煨灶猫：向往健康。

牙痛勿是病，痛起来真要命：注意保护牙齿。

气多伤神，食多伤身：平时心情要好，饮食要适量。

早吃姜，夜吃卜，郎中先生看见哭：适时地吃姜片、萝卜，防病健身。也说"夜吃萝卜早吃姜，郎中先生看见哭"。

饭后走百步，胜过开药铺：散步对身体有益。

若要身体好，一日笑三笑：保持乐观的心态有利于身体健康。

英雄只怕病来磨：再有本事的人也会生病，一生病就什么事都做不成。

馋唾勿是药，处处用得着：指人的唾液对人体非常重要。

病来如山倒，病去如抽丝：指病发时又快又猛，痊愈却非常缓慢。也说"得病容易祛病难"。

（三）扬俭贬懒

一天省一口，一年积一月；一日一文钱，三年要一千：经常节约一点点，就能积少成多、聚沙成塔。

七石缸经勿起沙眼漏：节约要从点点滴滴做起。

三年烂饭买条牛：吃三年烂饭可省下买一条牛的钱。说明坚持节约好处多。

木槿花勿要当牛料：好的、贵重的东西（包括人才）要珍惜，不要浪费。以木槿花当牛料暗喻浪费。

大懒差小懒，小懒差门槛：形容一群懒人做事推诿。

只有懒人，呒拨懒地：只要不偷懒，所种植的每一寸土地都有回报。

白脚花狸猫，吃仔朝外跑：比喻不作为、吊儿郎当，对家事漠不关心。

美丽庭院

讨仔三年饭，做官也（音"匣"）呒心相：心思野，不肯干活。

吃饭射（音"俗"）箭，做生活背牵：比喻吃饭跑在人前，吃饭时特快，干活时特慢。背牵：拉纤助船行，脚步走不快。

吃要饱，着要好，一世讨饭料：讥笑想吃好、穿好但又不肯干活的人。

猪困长肉，人困卖屋：讥笑懒惰之人是败家子。

朝怕露水中怕热，夜怕蚊虫早点歇：懒惰之人的托辞。

勤人嫌日短，懒人望夜长：勤劳的人嫌白天太短、活干得少；懒惰的人希望夜长一点，可以多睡一会觉。

算盘珠，拨一拨，动一动：专指那些毫无自觉性的人。

懒牛屎尿多，懒人推头多：懒的牛耕起田来一会儿拉屎，一会儿撒尿；懒汉总是寻找各种借口逃避劳动。推头：找借口。

吃勿穷，着勿穷，勿会算计一世穷：强调要精打细算。算计：计划，打算。

吃得过，臭腐乳；着得过，老粗布；困得过，家主婆：不要小看臭腐乳、老粗布，它们吃起来、穿起来最实惠；同样不要看不起自己的老婆，老婆最是贴心人。

早起三日当一工：起得早，干三个早晨的活相当于干一天的活。

除仔黄昏呒半夜：指人特别勤劳，除了白天劳动外，夜里也做得很晚。

家有千金，勿及日进分文：家产再多，坐吃山也空；有活干、有收入才能长期生存。

铜钿用勒刀口浪：钱要用在关键、重要的地方。

麻雀也（音"匣"）有三日寒雪粮：多少要留点积蓄。

着衣看门坊，吃食看来方：吃穿有度，日常开销要量入为出。

蒙花雨落湿衣裳，小酒杯吃光家当：虽是蒙花雨、小酒杯，时间长了，衣裳会湿，一家家当也会吃光。

鳑鲏鱼也（音"匣"）留三寸肚肠：指人多少要有点心机。

（四）聚财举债

一分价钱一分货：以货物的质量来论价格。也说"啥货啥价钱"。

八合斗升箩两头秤：形容奸商大升大秤收进，小升小秤卖出。

三年勿接客，接着只弯喇叭：对没有做成生意的怨言。

手里无钱活死人，一钿逼煞英雄汉：讲钱的重要性，无钱寸步难行。意同俗语"钱不是万能的，没有钱是万万不能的""大丈夫不可一日无权，小丈夫不可一日无钱"。

人为财死，鸟为食亡：极言对钱财的贪婪之心。

小钱不去，大钱不来：做生意人的生意经。生意场上只有舍得花小钱，才能赚大钱。

六十勿借债，七十勿住（过）夜：指人到老年以后，为不留身后遗憾，应自己约束自己。

有仔七钱三，勿怕天来坍：钱能通神。也说"有钱能使鬼推磨"。

坐要坐钿，立要立钿：处处要钱。

若要亲眷断，只要三千铜钿缠一缠：有借无还，讨讨惹气，甚至吵架，长此下去亲眷关系会破裂。

挖拧扒来铁搭垄：平时省吃俭用，多年积累一些钱，一下子花光都不够。

挖拧：掏耳屎的工具，比喻点滴积蓄。铁搭㲹：比喻大量失财。

亲兄弟，明算账：双方关系再好，也要把经济关系理清楚。

借铜钿眉开眼笑，讨铜钿恶声白眼：向人借钱时眉开眼笑，面对讨债人恶声白眼。也说"立之放债，跽（跪）之讨债"。

赊一千，勿及现八百：指不能兑现的空头支票不如能得到的实际利益有用。

黑眼乌珠见之白银子：人对钱财都有贪婪之心。

算盘珠浪勿饶人：算得斤斤计较。

千年勿赖，万年不还：典型的"老赖"。

无债一身轻：尽量不要借债，欠债要及早还清。

勿怕凶，只怕穷：原意是指无钱还债。后引申为对态度再凶、再蛮横的人，总有对付的办法，对穷得身无分文的人却毫无办法。

有借有还，再借勿难：强调人要讲诚信，有事就好办。

虱多勿痒，债多勿愁：欠别人的钱多了反而不着急。指因不利的事太多而麻木了。

借仔米，还伊粞：忘恩负义，缺德、没良心。粞：细碎的米粒。

勿怕不识货，只怕货比货：只有经过比较，才知道东西的质量与价钱。

东头走到西头，一石只剩七斗：形容旧社会米价暴涨。

同行是冤家：同行竞争，形似冤家。

好货勿镪，镪货勿好：意同"一分价钱一分货"。也说"好货弗便宜，便宜呒好货"。镪：便宜。

卖酒勿掺水，赛过勒骗戆（音"举"）：旧时卖酒者多掺水诳骗顾客。

开店容易守店难，开厂容易关厂难：生意难做，赚钱不易。

死店活人开：店是死的，生意是活的。强调人的经营策略很重要。

贼偷石臼，待望脱手：指手里有比较麻烦、棘手的东西和问题，亟待解决。

勿做饿煞，做做气煞：赚钱困难，创业艰苦。也说"做一行，怨一行"。

麻子揩粉，蚀煞老本：形容做生意蚀本。揩粉：指在脸上涂脂抹粉。

望天讨价，着地还价：卖家与买家为各自的利益讨价还价。

裁缝勿落布，死脱家主婆：克扣顾客的余布，俗称"落布"。这是旧社会成衣业的潜规则。

隔行如隔山：指不入这个行当，不了解其内部运行的情况。

敲锣卖糖，各人一行：各有行当生意。

第七章 短语长句逞口才

第一节 一至二字

扫码听音频

晵（音"晃"）：雨天中午前后雨止，出一会太阳，预示还要下雨。例：日～～，一船舱（将下满一船舱雨）。

晛：下雨天中间出了一会太阳，叫"日晛"。音、义似"显""现"。

塽（音"爽"）：高而向阳的地方。例：高～，指地势高而向阳。

襄：皱，折叠。衣服穿歪了，淀东人说"衣裳着来襄哉"，或说"衣裳着来七歪八襄"。

炀：① 火旺。② 熔化金属，也作"烊"。

瞢（音"蒙"）：目不明。

矇：眼睛失明。

懞：朴实敦厚。

咋：与"诈"（欺骗、假装）不同，有"赖皮"的意思。例：～人。

饶：宽容。例：～恕伊这一回、～～伊这一次。

冈：① 赌。例：侬不相信，吾和你～十块洋钿。～东道，即赌，猜输赢

或对错。② 蒙蔽。

屏：① 抑制，忍耐，坚持。例：伊~劲好来！② 不吭声，不立刻回答别人的问话或要求。

差：① 指使别人或被人指使做事。例：在伊手下头，不大好吃饭，一直被伊~来~去，忙煞哉。② 差遣，派遣。

雇：① 出钱让人给自己做事（雇用）。② 出钱使别人用车、船等给自己服务。

详：琢磨。根据某些线索和迹象揣摩、推想。例：这字写得蛮潦草的，我~仔半日，刚刚~出来。

相：对人或事物仔细端详。

起：① 产生。例：伊有点~疑心。② 长出。例：~泡。

殚：败废。例：~家当、~荡痞。

殟：心里烦闷，不舒服。例：~塞。

缠：① 纠缠。② 应付。③ 缠绕。

舛（音"缠"）：① 差错。② 违背。例：~错，即错乱、不正确。③ 形容词，不顺遂，不幸。例：命运多~。

趤（音"别"）：追赶，引申为比试。例：今天我要和他~苗头，看一看到底谁输谁赢。

诖：用欺骗的手段取得。例：~铜钿、~小鬼。

拐：用欺骗的手段弄走（人或财物）。

在于：① 指出事物的本质所在或指出事物以什么为内容。例：先进人物的特点~他们总是把集体利益放在个人利益之上。② 决定于。例：去不去~你自己。

在场：亲身在事发现场。

生就：生来就有。

割裂：把不应当分割的东西分割开（多指抽象的事物，如友谊、感情等）。也说"割割裂裂"。

记认：① 辨认。② 名词，便于记住和识别的标志。

咂摸：仔细辨别（滋味、意思等）。例：① ~着酒的香味。② ~~他这话是什么意思。

捉摸：猜测，预料（多用于否定）。例：难以~、~不定。

毛估：粗略地估计。也说"毛估估"。

着力：① 努力，很用力。② 厉害，剧烈。例：肚皮痛得~来。

犯着：值得，必要。反之为"犯勿着""勿犯着"。

吃区：吃亏。例：~就是福。

吃进：接受而无异议。

吃牢：认定某人干某事。

恇帐、壳帐：① 预料，料到。② 打算，准备。也说"壳配"。反之为"勿恇帐"。

数落：① 列举过失而指责，泛指责备。② 列举着说。

批揭：① 说人的不是。② 批评，比较刻薄，带有讽刺意味。也说"批坍"。

顶缸：代人受过或承担责任。意同"顶包"。

顶扛：争辩。例：他脾气不好，爱跟人~。

定道：以为，认为。

定局：把事情最后定下来。

定做：① 故意。② 专门为某人或某事，按特定要求制作（物品）。

走神：精神不集中，注意力分散。

走味：失去原有的滋味、气味。例：话一到他嘴里，就~了。

走眼：看错。

走嘴：说话不留神而泄露了机密或发生错误。

走形：失去原有的形状，变形。

走样：失去原来的样子。例：话，三传二传么，就~了。

经用：经久耐用，经得起使用。

待等：等候、盼望、急迫地等待。也说"待望""候等候"。

迁就：将就别人。意同"牵就"。

牵匀：平均，均匀，使均匀、合理。淀东人说话的语境中"牵匀"也有"均匀"的意思。

牵扯：牵连，有联系。

牵涉：一件事情关联到其他的事情或人。

牵连：① 因某个人或某件事产生的影响而对别人或别的事不利。② 联系在一起。

牵累：因牵制、牵连而受累，连累。

牵扳：揭老底。

牵头：① 组织，召集。② 牵线人。③ 领头。

连档：① 串通在一起（做某事）。② 比喻关系密切（多含贬义）。

悬空：① 离开地面，悬在空中。② 比喻没有落实或没有着落。

宕空：悬空，引申为虚妄不实。例：～话。

㧢空、握空：做虚妄没有结果的事。例：迭桩事体不是该能咯，伊勒拉～。

琢磨：① 思索，考虑。例：你～～这里面还有没有什么问题？② 雕刻和打磨。

隐瞒：掩盖真相，不让人知道。

相瞒：隐瞒。

相劝：劝告，劝解。

相面：看面相。

相商：商量，协商。例：该桩事体，伲几个人啊要～一下，看到底哪能办。

相帮：帮助。

热昏：头脑发昏，不理性。例：用脱该点钞票，买来该个不好用的物事，阿是勒拉～。

敞（音"晓"）亮：原为天气转晴，也说"敞青"。后引申为真相大白。

歆：散开，气上冲貌，也用"畠"。

晓得：知道。

来得：① 胜任。例：粗细生活伊才~。② 相比之下显得。例：海水比淡水重，因此压力也~大。

当仔：以为，认为。

道仔：以为。例：我~啥人，是洪老爷啘。

道破：说穿了。例：一语~天机。

梗转：转换，倒转，转过来，回过头来。

揽事：① 无端猜疑别人将矛头对准自己，主动去对号入座。② 承揽。

嫽事：招惹是非。嫽：戏弄。也用"撩"（撩拨、撩逗）。

寻事：找麻烦，故意引起争端。

寻思：思索，考虑。

寻味：仔细体会。

体味：仔细体会（体验、领会）。

领教：接受人的教导或欣赏人的表现时说的客套话。

尽让：使别人占先，推让。

尽量：达到最大限度。

趁让：放任。例：小因勿可以~伊，一歇要该样，一歇要个样。

装强：人来疯。

耽（音"担"）误：因拖延或错过时机而误事。

耽搁：① 停留。② 拖延。③ 耽误。

受累：受到拖累或连累。

受用：① 享用，得益。例：学会这种本领，一辈子~不尽。② 形容词，身心舒畅（多用于否定式）。例：听了这番话，他心里很不~。

受气：遭到欺侮。

缠缠：应付（自谦之语）。例：① 瞎~。② 吾做不好的，~拉倒。

碰僵：因彼此不投机而引起冲突，弄僵。

瞎扯：没有中心、根据地乱说。

瞎舛：说话天一句地一句，不着边际地瞎说。

瞎抓：没有计划、条理地做事。

瞎俏：言行不当，有失规范。例：你不要~，你这样做是不对的。

瞎吹：胡乱夸。

瞎㐌：说胡编乱造的话。

譂谩（音"待迈"）：冷譂、不顾，待人不周、不恭。一般常作套话、客气话。例：这次~哉，请原谅。

应验：（预言、预感）和后来发生的事实相符。

应酬：交际往来，以礼相待。

偿还：归还（所欠的债）。这里既包括物质的，也包括精神的，即人情债。

作兴：① 应该，情理上许可。例：不~，用于否定。② 时兴。③ 副词，可能，也许。

作准：算数，作数。

清白：① 纯洁，没有污点。② 清楚，明白。

清脆：①（声音）清楚悦耳。② 食物脆而清香。

讲究：① 重视。② 对生活等方面的要求高，追求精美。

空头：指有名无实、不发生作用的，又指做事不实。例：弄~支票、~政治家。

俏算：合算。

啥唔（音"含糊"）：① 不分明，不明确，不清晰。② 不认真，马虎。③ 犹豫，胆怯。

笼统：缺乏具体分析，不明确，含混。

光表：① 指人的衣着光鲜亮丽。② 也指人说话、为人等圆滑。

清净：① 没有事物打扰。② 清澈。

清静：（环境）安静不嘈杂。

寸当：把握分寸。

便当：方便，简单，容易。

便宜：① 方便，合适，便利。例：院子前后都有门，出入很~。② 价钱低。例：~货。③ 不应得的利益。

相赢：便宜，合算。

本生：本来，原来。

本胎：原有的，意为娘胎里就有的。意同"本来"。

原生：① 完整，囫囵。② 本来，原来。③ 没动用过的。

原本：原来，本来，本身。

经绩：对物品比较爱惜，不滥用。

劈对：正对。

劈面：迎面，当面。

囵实：事情牢靠，做事认真，材料真实，等等。

佲角：原指木匠做桌椅时两角相合。后引申为做事、干活配合互济，圆满完成。

扎乖：处世看得出情势，听话，识趣，机灵。例：小囡要~，才能不吃亏。

扎劲：① 带劲，够刺激。② 令人精神振奋，感兴趣，有劲、来劲、起劲。也说"着劲"。

着硬：形容坚强，有力量。

着底：最下面，比喻低劣。也说"着末"。

着杠：到手，有着落。

着末：最后。例：~收梢。

着色：① 颜色比较突出。② 动词，给画画涂上颜色。

着身：合身，贴身。

着实：指办事落到实处，牢靠。

着劲：意同"扎劲"。

着乖：精明，懂得进退，知趣，机灵，会察言观色、看情势。意同"扎乖"。

着落：下落，落实。

崭货：好东西，品质好的物品。

风光：① 体面，光彩。② 炫耀。

光鲜：① 身上穿着衣服干净，利落。② 处世得体，受人称赞。

搭煞：好像命运有意安排，负面的东西正好缠在一起，令人无奈。

上照：指拍出来的照片中，人的模样、表情等都很好。例：伊蛮~咯。

台硬：有骨气，讲信义。

天生：天然生成。

像腔：① 像样。②（架势等）像那么一回事。

腔调：原指戏曲中成系统的曲调调子等，后借指人的说话语气、声音、表情、样子等。也说"腔三"（含贬义）。

醒灵、醒困：睡着时警觉性高。例：他很~，晚上撤走，没那么容易。

第二节　三　字

扫码听音频

一干仔、一家头：① 一个人。② 独自一个。

一大（音"度"）淘：形容人很多。

一只袜：一丘之貉，一路货色。

一只鼎：原指流氓中最有本事的人，现常比喻在某一方面技艺高超的人。

一包焦：全部包下来。例：大小生意~。

一记头：一下子。

一来兴：① 一下子，一次。② 一个计量单位。

一簇堆：（人、物）聚在一起。例：交关人轧勒~，勿晓得勒作啥。

一拔直：笔直朝前。

一枪头：仅仅一次，一次性。

一帖药：比喻具有使对方服帖、服从的本事，别人不敢有丝毫异议或对抗。

一的的、一点点、一滴滴、一笃笃、一咪咪、一米米：很少，一点儿。

一洇酱：① 十分穷苦，穷得一塌糊涂。② 一塌糊涂，不可收拾。

一哄头：形容许多人一下子干同一件事。

一根筋：死板，固执。

一家门：全家。

一落了：一直这样的。也说"一路了"。

一折倒：剩下的物品全部卖给一个顾客。

一落色：种类相同、大小相同。

一排生：并排在一起。例：门口停仔~的脚踏车。

一得㩧：指全部，一概。也说"一拉罗"。

一落托：形容多而连续不断。

一橛橛：形容矮小。例：该个人矮来，只有~。

一镬熟：把各种东西一起放在锅里煮熟。

人眼糊：若明若暗，若有若无，蒙上一层雾的状态。一般指天未亮或天将暗的时间。

人来疯：一般指小孩在有客人来时撒娇、胡闹地表现自己，借以引起别人对自己的注意和夸奖。

三不知：原指对事情的开头、中间和结尾一无所知，后泛指什么都不知道。

下勿落：① 下不来，指在人前受窘。② 下不了。例：打小囡，吾是~手格。

下巴涎（音"馋"）：随口硬搬别人说的话，称"拾仔人家下巴涎"。

大（音"度"）勤共：动静搞得很大。意同"大张旗鼓"。

大呼隆：形容无秩序地一拥而上，声势虽大，但效果差。

大马哈：没有主意、计谋，只会跟着别人干事的人（含贬义）。

大到来：很大。

大路货：普通、一般的货。

大俞顿：指很胖且没有力气之人（含贬义）。

上勿上：①吃不消。意同"吭勿落"。②达不到。③患病了。

上紧点：赶紧，快一点，多卖点力。

小儿科：①比喻无足轻重的技艺工作。②指数量很少。③借指小气，被人看不上。

小器倌：泛指吝啬、气量小的人。也说"小气倌"。

小有样：人或物虽小，但架子、模样很好。

小灵灵：小、少，较小。

小辫子：特指被人抓住的把柄。

数得着：比较突出或够得上标准。也说"算得上""话得上"。

数不着：比较起来不算突出或够不上标准。也说"算不着""话不着"。

门槛精：指人精明。

干麸麸：意指缺少水分，手感如麸皮。麸：小麦磨成粉过筛后留下的麦皮和碎屑，俗称"麸皮"。也说"干卜卜"。

木肤肤：形容迟钝、麻木。

开唅口：古人开口曰呿，闭口曰唅。旧俗女子出嫁到夫家，第一次开口叫公婆，称"开唅口"。

开染坊：指得到别人一点好脸色，就忘乎所以。一般用于孩子撒泼、撒娇时大人训斥孩子的话。例：越惯越坏，只要给他三分颜色，他就~了。

天开眼：①苍天有眼，报应分明。②难得碰着，好似天意安排。

天晓得：表示难以理解或无法知道。也说"天知道"。

少根筋：脑子糊涂，领会时就差人一截。

少弗得：缺不得，不能少。

牛吃蟹：勉强干一件生疏活。

牛角尖：比喻固执地去研究无法解决或不值得研究的问题，常说"钻牛角尖"。

劝相打：劝止双方打架，劝架。

勿入味：原指烧的菜不入味，后引申为不通情理。

勿入调：原指唱歌或唱戏不入调门，后引申为做人不守规矩、不正派。

勿像腔：不像话，不成样子。常指言行越出情理、法纪。

勿上路：比喻做人不在理上。

勿经意：不注意，不留神。

勿在乎：不放在心上。

勿习上：不求上进，不学好样，不学好。也说"勿上料"，即不是上等的料子。

勿犯着：意同"犯勿着"。

勿出惶：形容怕生，不善于交际。

勿至于：表示不会达到某种程度。

勿必说：没必要说，指某种程度更深。

勿色头：① 倒霉，晦气，不吉利。② 不好，不顺利。例：这大喜之日，你弄出这~的事情。③ 不知好歹。

勿齐头：或多或少，或长或短，不正好。

勿买账：不服气。

勿悾帐：意想不到，没料到。

勿连牵：① 说话表达不清楚。② 办事不像样。例：做该点生活也~，嘴倒挺硬的。

勿好看：① 难堪。② 不美。

勿受用：不舒服。

勿临盆：不服气。

勿讨俏：指说的话、做的事不能讨得人的欢心与好感。

勿成器：形容人不堪造就，没出息、不成才。

勿过门：指还没完。

勿问讯：不过问。

勿称心：不符合心意。

勿得知：① 没有感觉。② 不知。

勿管账：不管，不过问。

勿算数：推翻，作废。

勿作兴：不应当，不可以。

勿适意：① 不舒服。② 生病。③ 不满意（视觉）。

勿罢休：不能就此算数。

勿推板：不错，好。

勿梳齐：事情没结束。

勿清爽：① 不干净。② 杂务缠身，抽勿出身。

勿地道：① 不合适，不合理。② 不正派，行为不端。

勿足道：不值得说。

巴勿得：迫切盼望，恨不得。

见勿得：① 不能遇见（遇见就有问题）。② 不能让人看见或知道。③ 看不惯，不愿看见。④ 小孩看见父母会发嗲。例：该个小囡~来。

扎台型：硬撑面子，摆阔气。

气勿过：看到或碰到不平的事，心中不服气。

亨棚冷：一共，总共。

打回票：退回来，被拒绝。

打嗝顿：迟疑了一下。

打瞌眈：打盹，小睡。

打相打：打架。

打圆场：劝解双方打开僵局，平息矛盾。

打通账：合在一起，不分彼此。

漫港·等风来

打野鸡：空余时间外出寻活，增加收入。

打允（音"掌"）子：给鞋底钉上牛皮之类的底子，以延长鞋子的使用寿命。

出（音"拆"）才情：替人出主意。

出洋相：①出丑，献丑。② 言行举止出格或穿着不合时宜让人嘲笑。

轧闹猛：凑热闹。

轧扁头：形容处于忙乱、困窘的境地。

乍门相：不感兴趣。

白起早：白白里起得早，没用。

讨便宜：存心占便宜。

讨劳碌：自寻忙碌。

发彶崩：非常着急或情绪非常激动，反应强烈的样子。

发毒劲：发傻劲。也说"发戆劲"。

发嗲劲：撒娇的样子。

对脚板：面对面坐着。

对胃口：合口味，比喻适合自己的思想感情。

闷宫将：原指着（下）象棋的绝招，现比喻将对手置于死地使其无法回手的沉重打击。

匡一匡：估算一下。

自度蛮：自尊心特强，认为很了解周围的人，所以在不征询他人想法的情况下做出主张。

自搁度：① 自以为老大，凌驾于他人之上。② 发号施令。

托落软：异常柔软。

托落酥：非常酥软。

托落熟：① 非常熟悉，非常熟练。② 食物或果物熟透了。

老价三：价格很贵。

老价铟：①价格不菲。② 价格照旧。

老厍（音"鸭"）货、阿厍货：质量差的东西，破烂货。厍：房屋快要坏的样子。

老眼来：显得苍老，与实际年龄不符。

吓煞快：很吓人的程度。

吊胃口：原指用好吃的东西引起人的食欲，现比喻让人产生欲望或兴趣。

吊心境：触动人的痛处、伤心事或隐私。

吊膀子：勾引，挑逗，调情。

曲辫子：① 没有见过大场面，不懂世故。② 自己有物不肯借人，但又不怕难为情，经常要向人家借东西。

吃勿畅：没能尽情地吃个够。

吃勿准：把握不住，不能确定。

吃勿消：支持不住，受不了。

吃勿落：吃不下。

吃抓抓：挨打。也说"吃家生"。

吃轧头：受指责，受气。

吃轧档：两头受气。也说"吃夹档""吃轧头"。

吃田螺：原指戏曲演员表演时忘词。后引申为讲话或背诵时忘词，讷讷地说不下去。

吃生活：挨揍。

吃白食：不花一分钱白吃别人的东西。

吃钝头：受讽刺。

吃松头：替别人办某件事没办好，遭批评，甚至挨打。

吃搁头：遭遇非议、挫折甚至打击。

吃讲醵（音"具"）：农闲时节，一些邻居、熟人按份子凑钱沽酒买菜，一起碰杯闲谈。

吃大饭：专想赚大钱，或承接很难完成的任务。

吃恺饭：专门跟、靠别人"吃饭"的人。释义中的"吃饭"指工作、做生活。

吃梢包：替人代买的东西，因委托者不中意，代买者只好自己吃进。

吃功夫：① 费时间，耗精力。② 用功力。

肉拆屁：形容菜肴中肉的分量太少。

自顾自：擅自，径自。不顾别人，只顾按照自己的意思行事。

回宝门：回答问题，说出问题的来龙去脉。

回笼觉：早晨醒来后，重又蒙眬入睡。

动头皮：① 被人道着短处，牵动身心。② 不体面的，丢人。

动心思：想招、想办法，产生觊觎之心。

后生来：显得年轻。

后首来：后来。反之为"先起头"。

后翻梢：先输后赢。

后艄翘：旧时木船的后艄是往上翘的。借喻在事情进行到最后，本欲收场时却迎来高潮。

污素困：和衣而睡。

烟囱困：站着困。

寻响（音"吼"）势：寻衅闹事。

寻开心：开玩笑。

寻铜钿：挣钱。

寻生活：找工作。

寻物事：找东西。

收骨头：受到约束，予以考验甚至处分。

好户头：老好人。

好话头：① 好说话，一讲就通。② 好的话。

好推头：有充分的理由推托。

有余实：同样体积的物质、同样质量的物质数量多，或以同样价格所购的同类物品的数量多。反之为"呒余实"。

有一手：有一技之长，有一套办法。

有口福：有幸吃美食。

有门路：有办法，有出路。

有立升：实力雄厚，有本事。

有出息：上进有前途，能发达。

有头脑：比喻人脑子灵，有主见。

有长性：有恒心，能持久。

有介事：有这么回事。反之为"呒介事"。

有数脉：指了解情况，有把握，心中有数。

有分寸：说话做事有规矩、有尺度。

有心计：有谋略，有计策。

有心相：很有耐心，专心致志。

有心思：精神集中有耐心，有想干某种事的念头。

有拣息：可供挑选的人或物很多。与"栲栳里拣冬瓜"相反。

有亲头：懂事，有头脑，有分寸。反之为"呒亲头"。

来勿得：不能有，不应有。例：科学研究，~半点虚假。

来得及：还有时间，能顾到或赶上。

来勿及：因时间仓促，无法顾到或赶上。

弄（放）噱头：耍花招，故弄玄虚。

闲操心：考虑那些与自己无关的事情。

闲插花：闲事，正事以外的事。也说"外插花"。

吞头势：样子，含斥责之意。

坍昭尿（音"司"）：丑事暴露出来，或某件事做得实在差劲、丢脸、失面子。昭：明亮、彰显。尿：引申为丑事。也说"坍招势"。

杜做腔：自作主张。

串艓板：牵线搭桥，提供方便。

花糖缸：嘴甜，说得好听。

舛错脱：搞错了。

忒推板：太差劲。推板：差，不好。

呒设法：① 没有办法可想。② 形容不知该怎么办才好。

呒心想：没有耐心，不耐烦，定不下心来。

呒吗用：有什么用？吗：疑问代词，什么。

呒淘成：① 没出息，放荡。② 形容程度深。③ 派不了用场。

呒料划：事物单薄，不经用或不经吃。

呒意思：① 无聊。② 没有趣味。

呒搭头：没法友好相处，不值得理睬。

呒话头：没啥可说。

呒弄头：①（人）难相处，不好对付。② 不值得做，没法做。

呒啥好：一点不好。

呒花头：看不上眼，没一点可取之处。

呒想头：① 没有希望。② 无利可图。

呒出典：原指在典籍上找不到根据，查不到出处。现也指行为、言语等没来由。也说"呒一出"。

呒清头：① 言行没有分寸，不知轻重。② 也指不守规矩，做出出格的事。

呒卵用：没什么用。

呃勿转：特别伤心，哭得上气不接下气。

呃哴哇：呼痛。金家庄人说"呃一哇"。

听壁脚：隔墙偷听。也说"听壁说"。

肝火旺：情绪急躁，怒气足。

干着急：形容在一旁心里着急而又无能为力。

卵叹气：比喻极度失望。也说"乱叹气"。

麦调面：姑娘换嫂嫂。也说"麦调米"。

沙壳子：前清时私铸的小铜钱。例：～无一钿，哪好出门。

穷开心：① 苦中作乐。② 很开心。

忌一脚：有点惧怕。

乱柴窠：形容头发散乱如乱柴一般。

鸡头混：一时发昏，偶然失误。

硬头货：一般指家里的木器家具。

拣落残：人家挑选后剩下的残次物品或劣等工作。

学哩舌：别人说什么，也跟着说什么。

拆冷崩：事情做错了，搞砸了。

拆台脚：用破坏手段，使事情不成功，或使之倒台。意同"拆棚脚""拆墙脚"。

拆人家：一般指使人家夫妻分裂的行为。

殿烂污：敷衍了事，不负责任，不计后果。也说"拆烂污"。

拎勿清：不明事理，不领市面，不知世情。例：人家找对象，关你啥事体，要你瞎起劲，真是～。

苦恼子：很可怜、苦得可怜。例：伊是～人，侬要看过只眼，照顾点。

直肚肠：形容心直口快。

担肩胛：负责，承担责任。也说"担肩架""搁肩架"。

卸肩胛：推卸责任。

板煞数：可预见到的，肯定的。也说"板是"。

农家春色

吭勿落：疲劳到极点，难以忍受。吭：支撑，忍受。

卖关子：到了关键之处故意不说下去或不做下去。

明打明：① 明明白白，显然。② 公开的，正大光明的。

明当当：公开不隐蔽。

迷迓冕：指小孩游戏"躲猫猫"。也说"避野猫"。迷、迓：躲。冕：目。

耍滑头：① 开玩笑。② 故意捣乱，调皮捣蛋。

耍花腔：用花言巧语骗人。

耍花枪：变换手法骗人上当。

怪不得：① 表示明白原因，对某种情况就不觉得奇怪了。② 不能责备，别见怪。也说"怨不得"。

软口湴：接受私情后，不能坚持公正言论。意同俗语"吃了人家的嘴软，拿了人家的手软"。

软调脾：态度温和而手段狡猾。也说"软皮调"。

软硬劲：① 介于用力和不用力之间的劲。② 软中见硬的劲。

抬饭碗：旧时农村里在吃饭时捧着饭碗到外面去吃，边吃边跟人说话。

侪勿像：都不是，都不像。侪：全。

图死日：泛指极不负责任。意同"拆烂污"。

挂名头：滥竽充数，不做实事。

定洋洋：形容呆视的样子。

空劲头：白起劲。

空过门：没什么名堂。过门：指戏曲中连接上下句的曲调。

话把戏：很不像样的结果，给人提供话柄。例：倷弄弄就要弄出～来。

伋办法：无可奈何的办法，没有办法的办法。

转弯子：比喻说话拐弯抹角，不直爽。

转念头：① 思考，动脑筋。② 打别人的坏主意。

咬不啮：咬不动。啮：鼠、兔等动物用牙齿啃或咬。

活显世：当众出丑、丢脸。

垫刀头：替死鬼，无辜受过。

挖墙脚：断人后路，拆台。

相脚头：想干坏事前的勘察（含贬义）。意同"踩点"。

嚅嚅嘴：牵动嘴巴暗中示意。

响勿落：无话可说，想勿通。

轻僄僄：① 轻薄，比喻人说话和行事轻率、轻浮，没有责任感。② 轻便敏捷。

轻骨头：言行轻佻、轻浮，不自重的样子。

轻飘飘：① 形容人轻得像要飘起来的样子。（动作）轻快灵活，（心情）轻松自在。② 指说话随便，说不负责任的话和空话，使人不能承受。

看山势、看三四、看山水、看山色：察言观色。

看冷铺、看好看：幸灾乐祸。

看冷谱：不动声色地冷眼旁观。

看豁边：看错。

看吃碰：窥测而行，欺得就欺，欺不上就歇。

保身价：爱惜自己的身体、性命。

拿手戏：原指演员擅长的剧目，现泛指擅长的本领。也说"拿手好戏"。

拿人法：用吸引人、掌控人的方法。

挏扳账：发现吃亏、上当后，重新跟人算账。

倒拔蛇：本指蛇入洞后揪住它的尾巴将其拖出，是十分费力的事。现比喻事已成定局，很难挽回。

哭唠叨：一边哭一边诉说往事或边哭边骂。

砌墙头：指打麻将。

挴勿转：① 头颈落枕，难以转动。② 固执己见，转不过来。

起花头：① 没事找事。② 出歪点子。③ 比喻玩弄手腕。

起黑心：指有了做坏事或害别人的心思。多指侵占别人的利益。

捉冷齿：出其不意，冷不防给人暗损或打击。也说"捉冷刺"。

捉落空：乘人不备。也说"捉落档"。

捉冷铺：乘人不便，乘虚而入。

捞横塘：获取不正当的钱财。民间有顺口溜：今朝捞横塘，明朝敲竹杠，底子是个小流氓，绰号就叫拆白党。

恶作剧：形容玩笑开得过分让人难堪。

恶死做：恶作剧，不讲道理，耍赖皮。

真家货：① 真有本事（含感叹意）。② 真货。也说"真家实货"。

顾勿得：见不得别人好，有眼红病的意思。

鸭屎臭：① 出丑，丢脸，不光彩。② 鸭屎有一种说不出的臭味，引申为内心有一种说不出的苦恼。

戳鸟窠：挑拨离间，拆散恋人或夫妻。

罢勿得：免不了，少不了。

笔立直：一点都不弯曲、歪斜。也说"笔笃直"。

借由头：找借口。

捧大卵：拍马屁。

掉勿落：丢不下，放心不下。例：眼泪索落落，两头~。

掉枪花：耍花招。也说"掉花枪"。

掂斤量：原指把物体放在手里，估量物体的轻重。现常指测试、品评某人的优势及实际能力。

够掐够：（时间、钱、材料等）刚够、正好，不多不少。也说"扣掐扣"。

够意思：① 相当有意思、有趣味。② 达到水平，符合标准。③ 有义气，有交情。

捩耳朵：拧耳朵（一般大人对不听话的小孩或厉害的女人对不听话的丈夫使用）。

探口风：试图引出对方的话，探听他对某人某事的态度和看法。也说"探口气"。

盖屁股：① 擦屁股。② 比喻帮他人收拾残局、烂摊子，或扫尾工作。

接翎子：明白、理会别人的意图。

掮木梢：① 比喻受人哄骗或愚弄上当，误接人家不愿干或难度大的事情。② 别人干了坏事，自己去承担责任、代人受过。

捱过来：换位。例：~捱过去，俫也有道理。

爽勒宕：特别爽快。

做手脚：暗中耍花样，作伪、作弊。

做人家：节省，节约。

做生活：干活，劳动。

做生意：经商，做买卖。

艾里中心商业综合体

磨夜作：夜间干活不睡觉。

偷使乖：做事虚以应付，不肯出力或偷工减料。也说"偷乖使"。

粗晓僮、粗光趟：①衣着基本上整齐、合身。②（做事、干活）八九不离十。

兜得转：比喻办事有门路，从容自如。

脚缱（音"欠"）筋：脚抽筋。缱：缩也。

脚碰脚：①关系密切。②利益相关。③差不多。

脚脚僭（音"荐"）、脚脚沾：处处想占便宜，处处想得寸进尺。例：我让让伊，伊倒~起来。

脚脚尖：①少量渣滓，挑剩下来的落脚货。②比喻整个过程中的最后段。

脚色倌：叫不出名字的那个人或对所熟悉的人的俏皮称呼。

随路住：淀山湖镇属水网地区，旧时农家人出门靠船行水路。如当天回不了家，就在途中找个地方过宿，即"随路住"。现引申为比较随便，顺其自然。

淀山湖畔

胔（音"支"）腻相：见到变质的、不卫生的食物的厌恶感觉。胔：指腐烂的肉。

替手脚：替当事人做掉一些"生活"，一般指孩子能帮大人做事。

搭手脚：非但帮不上忙，反而妨碍别人干活、做事。

跑单帮：个人往来各地贩卖货物。

跑龙套：① 在戏曲中扮演随从、兵卒等。② 指做着无关紧要的事。

凿大腿：行贿。

揎肚肠：把往事从头诉说，一般指人的负面往事。

强架劝：拉偏架。也说"伴架劝"。

困出瞪：睡过头。

困晏觉：早上起床迟。

僻便宜：以较少的钱买到原有的东西。也说"僭便宜""占便宜"。

装榫头：硬按罪名。也说"硬装榫头""硬装斧头柄"。

湿布衫：比喻摆脱不掉的麻烦事。

血布衫：危险的行当。

喇叭腔：批评人们违反生活常规的言行，不合常规的、使人哭笑不得的行为，说大话而办不到，办事马虎，用次品冒充合格产品，等等。

赧（音"难"）为情：① 脸上下不来，不好意思。② 面子上过不去。赧：愧也。现常用"难为情"。

像不同：差不多。

像肚皮：① 一厢情愿。淀东人也说"肚皮像到背心上"。② 作谦辞，礼仪之用。

戤牌头：依靠别人的权势，冒牌图利。

脾气艮：脾气倔强。

摸鸡棚：原指趁晚上去人家鸡棚里偷鸡。20 世纪 90 年代，乡镇企业的业务员利用晚上上门走关系，戏称"摸鸡棚"。

摸卵手：赌博手气差。比喻人运气不好。

塌势诈：耍赖皮。

掼纱帽：比喻因对工作不满而甩手不干或辞职。

想勿穿：现实生活中执着于某种想法而不图眼前。

想穿点：想开点，不把不如意的事放在心上。

想勿到：出乎意料，没有料到。

想当然：凭主观推测，认为事情大概是这样或应该是那样。

驳面子：不给面子。

赖㖿皮：耍无赖。

麭面孔：不要脸面。

掰蟹脚：强求分享他人所得。

装孙子：装可怜相。

装胡羊：装样子，装糊涂。也说"装糊样"。

摆噱头：耍花招。

照牌头：依仗，借重于。

意勿过：过意不去，心里不安。

搭死掼：① 工作懒散拖沓。② 工作不负责任，做到哪里是哪里。

碰饭篮：碰钉子。

碰着法：① 心血来潮。② 碰巧成功。

鵈鵈板：① 滑滑梯。② 也指顺势下坡。

暗地里：暗地，私下。

暗落落：① 偷偷地。② 不动声色。

暗触触：① 隐藏不露。② 秘密动作。也说"暗戳戳"。

愔（音"印"）落落：悄无声息，干净利索，达到目的。愔：默默无言，安静无声。

路道粗：门路广。

熬欢喜：很想，很喜欢。多为反语，意即勉为其难。

歃鼻头：原指亲吻，现比喻两船或两车相撞。

歃面孔：亲吻别人的脸颊。

塞嘴丫：① 行贿以塞住他人的嘴。② 也指自己或亲朋好友说或做了自己原本极力反对的话或事，导致难以回答或处理。也说"涩嘴丫"。

跷梢头：矫情，赌气。

踃（音"肖"）地光：小孩躺在地上耍赖。其本义为犬发狂。也说"天滚

地"，即因极度悲伤或着急而躺在地上打滚。

跟蹡（音"良姜"）头：不正好，或多点、少点，或长点、短点。

敲木鱼：原指做佛事时敲击木鱼，现多形容经常叮嘱、提醒。

敲竹杠：借某种口实或利用别人的弱点抬高价格、索取财物。

精打光：比喻一点也不剩。

榻屎做：① 泼皮相。② 赖皮，耍赖。

越（音"豁"）虎跳：双手先着地，侧身向下翻转360度。

撑市面：维持表面的排场。也说"撑门面"。

撑家当：添置家产。

撮戏法：变魔术。

横得头："摇头"的戏称，表示不同意。

横撑船：比喻从中作梗，设置障碍，使事情不能顺利进行。

横戳枪：① 比喻说话或办事第三者插入干扰。② 比喻节外生枝。

瞎起劲：① 多管闲事。② 高兴得太早。

瞎卵抖：没有了解人家的背景、实力偏要斗上一斗，或做某件风险很大且有生命危险的事。

瞎和调：① 瞎胡闹。② 跟着别人嚷嚷，自己没主见。

瞎乱上：胡来，瞎干。

瞎七舛：瞎弄。

頔（音"坳"）门痛：多用以比喻难于自辩或宣泄的痛苦。頔：头凹也。

嘖（音"亏"）得伊：幸亏。例：这个家~才支撑住，否则难说了。

趨苗头：看苗头，跟人家比高低。

䔢（音"音"）天响：发出的声音高而大。

臀塌桩：身体失去平衡，屁股着地的一种摔法。也说"屁股墩"。

翻行头：经常不断地更换服饰。

翻花头：变换花样。也说"翻花样"。

戳壁脚：① 背后使坏。② 挑拨离间。

镶笼苏：两手相插在两个袖筒里。

㿹冷拳：① 指乘人不备时，出其不意地暗打几拳。② 也指暗算别人。

譀（音"捷"）譀譀：多言且话语表达不清。"譀"与"喀"同。

瞁（音"血"）歷（音"历"）尖：极尖的样子。比喻眼光精准，比较精明。

第二节　四　字

扫码听音频

一个眼眨：一不留神。

一门心思：一心一意，专心致志。

一天世界、一摊世界：形容乱七八糟。

一无是处：没有一点对的或好的地方。

一五一十：形容叙述时清楚有序且无遗漏。

一搭二用：一样东西两样用。也说"一出两用"。

一时半会：短时间内。例：这场雨～不会停下来。

一时头里、一时头上、一时上头：指较短的时间。例：这钱～是凑不齐的。

一表人才：形容人相貌英俊，风度翩翩。

一抹生僵：比喻做事不顺畅或做事还没有头绪。例：场子末开拉哉，生活做得～，走阿勿好走。

一塌刮子：所有，全部，通通，总共加在一起。

一拍两开：事情彻底解决，再无缠绕。

一板三眼：① 戏曲术语。比喻按部就班，循规蹈矩。② 亦指做事过于顶真。

一点一划：形容做事认真踏实，循规蹈矩。

一深黄昏：深夜。

一塌糊涂：形容乱到或糟到不可收拾。

一钵醪糟：一下子统统说了出来或抖落了出来。醪糟：汁渣混合的酒，即酒酿。

十恶不赦：① 形容罪大恶极，不可饶恕。② 言行低级下流，不上品位。

七丁八倒：① 指东西的放置颠来倒去，极不整齐。② 指把事物或真相完全颠倒，混乱之极。

七歪八褰（音"欠"）：① 东西摆放不正、乱七八糟的样子。② 穿戴不整齐。

七知八搭：胡乱牵连，把不相干的事和物混为一谈。

七盅七盏：比喻事情做得细、好，干净利落。

七弗老芡：① 干了不体面、不正当的事。② 不成体统，不伦不类，不像样子，不合常规。

七荤八素：原指传统的十五道菜肴，现常形容头脑昏乱。

七更八调：对什么都不满意。也说"七梗八调"。

七窍生烟：形容极度气愤。七窍：指两耳、两眼、两鼻孔和嘴巴。

七停八当：把事情安排得十分妥当。

三角碰转：① 有棱角的，摆不平。② 形容难以管理、成事不足败事有余的人。

刁钻促狭：为人奸猾、刻薄，专出点子搞恶作剧伤害别人。例：此人～，所以没有人缘，无人肯帮他。

人头偫偫：形容人很多。偫：人众貌。也说"人头㟐㟐"。

人来客去：泛指亲朋好友之间的交往。

上上零头：堆到最高的限度，不能再高了。

大轰大嗡：形容不注重实际，只有形式上的轰轰烈烈。

大卵阔气：一般指出手阔绰。也说"大卵脾气"。

大红大紫：形容非常受宠或受欢迎，走红（多含贬义）。

小心（音"即"）伶伶：小巧玲珑，多用来形容人。

小题大做：比喻把小事当作大事来办，但又不值得这样做或者有意扩大事态。

小头关目：① 小么事，小事情。② 不大的数目。

小肚鸡肠：形容气量狭小，只计较小事，不顾大局。

小家排气：形容人的举止、行动等不大方，缺乏大家风范。

小手小脚：① 形容言行不大方。② 形容做事放不开手脚，没有魄力。

小菜一碟：小事一桩，形容事情轻而易举或微不足道。

千中难板、千中难得：极其偶然，千载难逢。

千嫌百比：百般挑剔、苛求。

千多万谢：深表感谢。意同"千恩万谢"。

千叮万嘱：形容反复地叮嘱。

千端百正：样样准备停当。

万不得已：实在没有办法，不得不这样。

三长两短：指意外的灾祸、事故，特指人死亡。

三亲六故：泛指亲戚和故旧。

三生有幸：客套话，表示难得的好运气。三生：佛教所谓的前世、今生、来世。

口轻飘飘：说话轻率随便，说得轻松，不知轻重。也说"口轻呆呆"。

无声无息：背地里，悄悄的。

无事端端：① 无事生非。② 平白无故。

扎筋扎脉：很兴奋起劲，全身心地投入。也说"捉筋捉脉"。

挨一挨二：① 数一数二。② 按着顺序来。

挨三挨四：一味拖延。例：做点事体，今朝拖明朝，明朝拖后日，连拖地板也要~，还要勿要迭个家。

骨碌山姆、搁落三姆：全部，统统。例：这次搬家，不管有无用场，~都带来了。

五花八门：指形形色色，各种各样。

五赫愣墩：人高马大，腰圆膀阔，很壮实，但不耐看。

五音不全：比喻人说话、唱歌不好听，甚至令人生厌。五音：我国五声音阶上的五个级，宫、商、角、徵、羽，相当于现行简谱上的1、2、3、5、6。

五颜六色：颜色多。

五胲（音"海"）六肿：指头部遭打（撞）击而导致面部肿胀淤血，形象难看。

不二不三：指不正派或不规范。意同"不三不四"。

不知鼎董、不识丁董：指人愚昧，缺少知识，不明事理。

木知木觉：感觉迟钝麻木，一无所知。

少有出见：罕见（贬义词）。

少见多怪：见识少而对本来平常的事物也感觉奇怪。

水拖拉滴：物品带水分较多，或把地面与处所搞得湿漉漉的样子。

水淋带渧：特别湿，且水还在不停地往下滴。

火烛小心：比喻十分谨慎小心，丝毫不敢粗心。

火出乓乓：怒气即将爆发或爆发时的情景。

见钿眼开：形容很贪财。

日常世久：① 经常地。② 长时间下去或久而久之。

手忙脚乱：① 形容惊慌失措。② 形容做事慌张、忙乱，缺乏条理。

手呒贼撩：① 指一种行为或一个不起眼的动作违反了做人的规矩。② 指不安稳，两手不干好事（贬义词）。

手眼通天：形容手段高超，善于钻营，与高层人物交往狐假虎威。也说"通天大本事"（带有贬义）。

毛体溻拖：表面不光洁、不干净。例：你这鸭子怎么杀的，你看，~的，怎么吃。

毛疵髩通：一般指物体的表面和边缘都很毛糙、不光滑。髩：头发下垂的样子。也说"毛体髩通""毛梯髩通"。

毛焦火辣：① 无风、闷热天气。② 多指人烦躁不安的感受。

毛手毛脚：① 比喻做事粗心大意、毛糙粗鲁。② 指人喜惹事。

勿入流坯：① 不正派，不遵守社会规范。② 东西杂七杂八。

勿入流品：① 品位低俗。② 不上档次。

勿知勿觉：没有察觉到，没有意识到。

勿着边际：形容言论空泛，不切实际，离题太远。

勿声勿响：意同"无声无息"。

勿哼勿哈：不言语（多指该说的话却不说）。

勿伦勿类：既不像这样，又不像那样，形容不成样子或不规范。

勿着勿落：原形容事情没有着落和结果。后引申为做人做事不正，说话不在理上，举止不当，没分寸。

勿煞勿瘾：不过瘾。

勿尴勿尬：① 不上不下。② 多一点儿或少一点儿，就左右为难，不好处理。

勿上台面：① 不好意思，丢面子。② 拿勿出手，摆勿上台面。

勿忧勿急：懒散、慢慢吞吞的样子。意同"吭要吭紧"。

风出刺刺：形容门窗未关或未关死，四面透风。也说"风赤里里"。

风云气色：指事情的苗头、趋势。

乌里蛮理：① 纠缠不清。② 不爽快。③ 说话粗野，不合情理。

乌龟翻身：比喻比较困难。

乌里八糟：脏乱的样子。

牛觭（音"纤"）马跘（音"旁"）：意为一个好脚不从，一个拐脚难从，都不从的话，事情还要不要做了。觭：本指牛不听使唤，违拗，也引申为人不从。跘：曲足。

牛屎眈眈：形容说大话。眈眈：耳边大的声音。

方棱出角：形容某一事物做得特别好。例：张阿三的麦坨头做得～。意同"有棱有角"。

方方正正：物体呈正方形或正方体，极为方正。引申为做人规矩、正直。

方底圆盖：比喻格格不入，不相投合。

开明见亮：不拐弯抹角，直截了当。意同"开门见山"。

户头好来：脾气特别好。

舌謂乱嘈：①指唠唠叨叨乱说话。②也指纠缠不清的事。

心急火燎：心急得像火烧一样。

心扒搋搔：指事情较多且急，无从着手，不知先做哪一件，心里烦躁。

心灵手巧：心思灵敏，手灵巧。形容人聪明能干。

心手相应：形容技艺成熟，得心应手。

心血来潮：形容突然产生某种念头。

心快力短：心里很想做得快点，但力量够不上。意同"心有余而力不足"。

心惊肉跳：非常害怕的样子。

心到神知：旧时认为只要心意到了神仙就会知道，指做事贵在心诚。

心直口快：性情直爽，有话就说。

心胸狭窄：对不如意的事情想不开。

玉色玚气：晶莹剔透，形容物件的成色相当好。玚：古代的一种玉石。

反贴门神：比喻成为冤家对头。门神：原为保护神，反贴了，就成了冤家对头。

石刮铁硬：①像石头、铁一样坚硬。②做人、做事毫无虚假成分，经得起检验。

石灰叉袋：装石灰的麻袋，只要放在那里就会留下石灰印子，意为每到一地都要留下劣迹。比喻到处生事闯祸，留下不好的影响。

乐门乐恺：大大方方，快快乐乐。

正人君子：指品行端正的人。

正行正经：正经地，严肃而认真地。

正儿八经：很正经，严肃认真。

市面勿灵：①指消息闭塞。②指嗅觉不灵敏。

半山啦尬：事情做至中途，将完未完。

半半日日：好久，好半天。形容时间较长。

半斤八两：旧时的秤十六两为一斤，半斤等于八两。比喻双方一样。

半路出家：比喻原先并不是从事这一工作的，后来才改行从事这一工作。

半生不熟：① 食物没有完全加工熟，果实没有完全成熟。② 不熟悉，不熟练。

东丑西撮、东丑西掼：东西放置不整齐。

四脚朝天：仰卧。

头毛獭光：焦头烂额，束手无策。例：任务实在太重了，~也完不成。

头眩（音"圆"）盲撞（音"上"）：头晕、头眩。意同"晕头转向"。

头重脚轻：上面重，下面轻。① 形容基础不稳固。② 形容眩晕的感觉。

头打八爿：旧时认为人的头颅是由八块顶阳骨拼合而成的。将头打成八块，表示坚决不容许。例：哪怕你把我~，我也不容许。

头腔倒山：头腔颠倒，形容乱七八糟。

出卵弟兄：从小一起长大的好朋友。

出空身体：把身上的事情全部卸掉，专做某事。例：我每天~教伊，到底也烦咯。也说"出空功夫"。

乌里买利：粗野，不通情理。

好声好气：语调柔和，态度温和。例：人家~劝他，他倒不耐烦起来。也说"好说好话"。

好事多磨：好事情在实现、成功前常常会经历许多波折。

好善乐施：喜欢做善事，乐于拿财物帮助人。

好逸恶劳：贪图安逸，厌恶劳动。

好自为之：自己妥善处置（多用于告诫对方）。

加油加酱：增添不实内容或材料。也说"添油加醋"。

龙肝凤胆：比喻珍贵的食品。

扣料掐水：算计得正正好，不多不少。

托牢下巴：① 叫人要说真话，不要说没有根据的话。② 尽瞎说，也说"下巴落忒"。

吼喽呼喽：喉中有痰时的呼吸声。

老街一角

光前裕后：给前人增光，为后代造福（多用来称颂别人的功业）。

阴山背后：① 指偏僻冷落的地方。② 高大建筑物的背面。

西晒日煎：夏季，房屋门窗朝西的一面，午后受日光暴晒后，室温高。

回头生意：① 被商店拒绝接受的服务项目。② 顾客嫌商品价格贵，没有买，但走了几家，发现还是原来那家价格便宜，于是回头再到原来那家去买。这种顾客也叫"回头客"。

亨勃冷打：一共，总共，全部，通通。意同"一塌刮子"。

老打老实：老实，实实在在。

老卵长觍（音"它"）：比喻做事不急不慢，经常那样。觍：下垂。

老茄色气：不谦虚，不收敛。在尊长或陌生人面前乱说乱动，通常用来指未成年人。也说"老茄子"。

老吃老做：对某样事情熟悉、在行，习以为常。常带有调侃之意。

老蚌生珠：原指老年有贤子，后指老年得子。意同"枯树开花"。

地陌生疏：形容对当地情况不熟悉。

地方粮票：原指仅限于发行地区使用的购粮及粮制品的票证。也指一种在系统内有效的文凭。现比喻作用、功能（包括权力）有局限性和区域性。

一般常为"自喻"。

灰毛落拓：① 人的气色很差，灰头土脸。② 情绪低落、垂头丧气的样子。③ 色彩不鲜明。

灰头土面：原指头、脸上沾满尘土的样子。形容神情懊丧或十分消沉的样子。也说"灰头土脸"。

死活勒忒：① 没有一点儿劲或朝气的样子。② 指脾气一点也不爽快，不管做什么事都慢吞吞的样子。

死囫囵吞：① 说话吞吞吐吐、有气无力。② 行动迟缓拖拉。③ 态度不鲜明、坚决。

死皮臭韧：处事不干脆，拖拖拉拉。

死样怪气：① 指人阴险。② 说人干活慢吞吞，没精神。

死样怪牵：装懒样，有气无力的样子。

死猫活贼：形容表面上呆板，背后另有一套。

死蟹一只：形容败局已定。

死心塌地：形容主意已定，决不改变（多含贬义）。

夹头夹面：劈头盖脸。

夹和金刚：指把事或事物搞乱。也说"夹和金刚经"。

夹脚屁股：立即。

夹忙头里：正忙碌、紧张的时候。

夹礤丝白：形容脸色苍白得吓人。

毕端毕正：形容非常端正。例：伊两个字写得～。

光滑撬撬：形容很光滑。例：黄鳝～，捉大勿牢。也称"光滑浬浬"。

当着勿着：说话做事选错时机。该说（做）时不说（做），不该说（做）时瞎说（做）。

当方土地：指当地有势力的人，多指地方官。

丢人现眼：在众人面前出丑、丢人。

肉嘴肉面：脸部丰满多肉，胖乎乎的，为福相。

回嘴百咄：还嘴、顶嘴，不懂礼貌，固执己见。也说"回嘴回舌"。

尚美职工服务中心

吓人倒怪：① 指做的事情不可理喻。② 形容对方怪异。

寻死觅活：指用死来吓唬人。

吃老米饭：比喻失业在家。

吃子孙饭：旧时淀东人有迷信说法，即一个人的功名富贵是命里注定的，如果不安分守命，勉强多求，将会折子孙的福分，好像把子孙的饭都吃掉了。指做坏事，赚不正当的钱。

吃煞勿壮：指吃得再多也不长肉。

行情行市：形容很多很多。

吒（音"握"）求苦恼、吒磨求苦：苦苦哀求。

吆五喝六、呼吆喝六：形容气势汹汹、盛气凌人的样子。

自伙淘里：同伙之间，也指自家人。也说"自窠淘里"。

自觉自愿：自己认识到应该如此而心甘情愿（去做）。

自拉自唱：① 指某人手拉乐器口唱曲。比喻自己的问题自己解决。② 指没有帮手，只能一个人。

自言自语：自己跟自己说话，独自低声说话。

自说自话：自言自语，自作主张。

自食其言：不守信用，说话不算数。

自由散漫：不受拘束、不受限制、随随便便、不守纪律的行为。

自以为是：认为自己的看法和做法都正确，不接受别人的意见。

自作聪明：自以为挺聪明，轻率逞能。

自作自受：自己做的错事，自己承受不好的结果。

自孽自得：（佛教语）指自作自受。

自求多福：求助自己比求助别人会得到更多的幸福。一般多作警戒语。

会做人家：持家有道。

杂七杂八：形容多而杂。

舌佮乱噌：形容说话啰唆且不着边际。含唠唠叨叨、纠缠不清之意。噌：以言难人。

什佮摞樭（音"罗多"）：一般形容乱七八糟、零零碎碎的事情。

舌咕舌咕：嘀嘀咕咕、反复嘀咕的样子。

齐巧正好：一点不差。

齐心着力：大家齐心出力。也说"齐心协力"。

羊牵活狲：形容不安稳，身体动个不停。

关门落闩：① 把话说死，不再改变。② 比喻言行严谨，无懈可击。

汗毛凛凛：形容受到惊吓后紧张、害怕，似毛发竖立的感觉。

汗潽露渧：大汗淋漓。

艮头艮脑：① 脾气倔，不听话。② 所说言语不怕刺伤他人。

妈而哈之：形容某人块头大，走路一摇一摆的样子。

呆木悷㑊（音"弄东"）：愚笨、痴呆的样子。悷㑊：戇、愚蠢的样子。

戏活悷㑊：不晓得什么因果，像木头人一样。

惷头惷脑：难于言清，与众不同，有一种别样的感觉。

叮玲咚珑：原指大铃及鼓声，也形容在人背后说挑拨的话。

赤括拉新：形容东西非常新。例：这件衣服～。

赤脚耙倒：光着脚丫。

束手束脚：形容做事顾虑多，不敢放手去干。

束手无策：形容一点办法也没有。

吞吞吐吐：形容有顾虑，有话不敢直说或说话含糊不清。

花好稻好：比喻故意夸大事物的优点。

花里八啦：色彩刺眼，不得体。

花里八蓝：衣服的颜色杂。例：这件衣服~的，一点也不好看。

花洋镜多：点子特别多。

远弯逗邅：绕远。

来煞不及：迫不及待，急不可耐。

还弥阿勒：还很遥远，还早嘞。

连档码子：互相勾结，串通一气，实施违法犯罪行为。

肚子肺头：两人（一般为男子）关系极好，成天在一起。

敲锣放屁：为不值一提或并不光彩的事大肆宣扬。

闲下里人：指与事无关的人。也说"闲野里人"。

财不露眼：意为随身携带的钱财不要在人前显露出来，以防不测。

呒因呒头：无缘无故，平白无故。

呒大呒小：不礼貌，不知礼仪。

呒不清头：年轻人屡犯错误或偷懒。也说"呒清头"。

呒心呒肺：讥"人不是人"。

呒心瞎数：指心里一点都没有数。一般指准备的东西太多，根本用不了。

呒价话头：微不足道地增加或减少一点点。

呒收摁锣：对某事束手无策、不知所措、毫无办法。

呒老呒小：一般指对老人或长辈不尊重、不礼貌，缺乏教养。

呒陲呒立：指站也不是、靠也不是的一种尴尬相。

呒要呒紧：指不着急、慢腾腾、松松垮垮的样子。

呒轻呒重：指言行、动作较为鲁莽，无分寸。

呒啥话头：① 没有什么话可说的。② 无可挑剔。③ 对某人或某事表示失望。

呒天野地：① 形容多，广大，极其大或极其多。② 指人说话夸张失实。

③指人做事大手大脚，无法收场。④形容小孩极端顽皮。

有板有眼：形容言语、行动有条不紊，富有节奏或章法。

有模有样：① 模样长得不错。② 指做事有条不紊，像模像样。

有头有尾：指做事有始有终，能坚持到底。反之为"有头无尾"。

有气无力：形容没有力气，无精打采的样子。

有眼无珠：比喻没有识别能力。

有口无心：嘴上爱说，心里不存什么。

有口难分：心里有苦难以说出、难于分辨。

有头无尾：只有开头，没有结尾。

有始有终：指人做事能坚持到底。

鸡零狗碎：形容事物零碎，不成系统。

鸡斗百脚：据说鸡与蜈蚣是死对头。比喻双方各不相让、争斗不息。

体拖拉拖：不干练，着装不整洁。

豆腐肩胛：比喻不愿意担责任或缺乏责任心。例：伊是~，靠不住的。

肚肠痒来：对人家所做的看不入眼，恨不得亲自做。

卵子脱骱：比喻做事不认真，时间不抓紧，马虎从事。

卵子夜壶：瞎说，胡说。指人不上心，不认真办事。也说"卵子落脱夜壶里""卵子躢脚""卵子野天"。

没头没脑：① 形容说话、做事头绪不清，缺乏条理。② 毫无线索或没有理由。③ 不顾一切，不问是非情由地指责别人，意同"莫名其妙"。④ 人整个儿没在水里。

没弗透风：一点也不透风。也说"密不透风"。

牢桩拍实：实实在在地干好每一件事，从无虚头。

扭搭扭搭：① 走路时肩膀随着腰一前一后地扭动的样子。例：那女人~地走了。② 物体不牢固，一碰或风一吹就会动。

穷心饭话：急吼吼，把所有急极话、心里话全讲出来。

穷凶极恶：形容极端残暴、恶毒。

穷形极状：形容处世或吃拿的样子很难看。也说"猴形极状"。

穷途末路：形容无路可走。

穷思极想：空思瞎想，绞尽脑汁地思考答案，想尽一切解决问题的办法。

穷家富路：指在家可以节俭，但出门在外要多带些财物，以备不时之需。

极形极状：形容慌张的样子。

极出胡拉：不沉着、着急的样子。

妖形怪状：形容言语或行为奇特而不正派。

诈痴不癫：理亏又斗不过人家，便做出怪异动作应对。意同"装疯卖傻"。

陈年百古：古老，陈旧。例：谁叫他七拐八弯地搬出你这～的老媒人。

陈年隔宿：很久以前的事物。

体（音"笨"）鸟先飞：勤以补拙。比喻能力差的人因害怕落后而比别人先行一步（多用作谦辞）。体：性不慧。

拓干露水：扫清障碍。例：吾拓干仔露水，让伊凑现成。

爬台搁脚：身子伏在桌上，脚跷在凳上。形容坐相不好，形态难看。

拖脚勿动：因体力不济而不想动。多用于形容体弱多病之人或劳累过度之人。

拆天拆地：形容把东西搞得乱七八糟。一般用于大人批评小孩太顽皮。

势坍无休：形容干活太吃力、太累了，毫无力气。

拗口丑舌：捏造事实，污蔑他人；搬弄是非。拗口：不顺口。丑舌：捏造。也说"拗嘴丑舌"。

转弯抹角：① 形容说话做事不直截了当。② 形容路弯弯曲曲。

直括冷打：开门见山，不拐弯。

直拔笼统：① 指没有曲折。② 指人爽直不掩饰。③ 也指东西没有曲线，不美观，不好看。也说"直个笼统"。

直截了当：指说话、做事爽快，不转弯抹角，不拖泥带水。

直拔辣塌：性格很直爽的样子。也说"直拔辣相"。

茅衰草落：指房子等荒芜、衰败。

松勃搂吼：① 装载的东西松垮，不结实。② 讲话不掂斤量，不负责任。

奇出怪样：模样打扮奇异，卖弄风骚，让人难以认同。

兔子眼睛：比喻人得了红眼病或眼红病。引申为见不得别人比自己好，有强烈的嫉妒心。

知心着意：彼此互相了解而情深意切、体贴入微。也说"知情着意"。

知根知底：熟悉最基本的情况、底细。

放心托胆：放心，安心。

卖野人头：指为达到某种目的，以假话、空话糊弄对方。

拣佛烧香：比喻不一视同仁。意同俗语"看人头"。

拣精拣肥：比喻反复选择于自己有利的事物。也说"挑精拣肥"。

雨溇迷迷、雨溇溟溟：小雨带有迷雾状。溇：雨小且密的样子，有渐渍润泽的意思。

呢结固结：形容要好之人讲不完的悄悄话。例：他们两个人只要在一起就是~，不知讲些什么。

的角四方、滴角四方：形容方方正正。

的砾（音"厉"）滚圆：形容很圆很圆。砾：明珠。

昏头昏脑：形容糊里糊涂、颠三倒四的样子。也说"昏头奁脑"。

疙里糊涂：纠缠不清。

拑尿咬卵：对任何人都不服气，总认为自己最来三而最吃亏。

佮屎廝尿（音"司"）：粗俗话。女人间要好得如一个人。今多形容不会有好结果的合伙办事（或做生意）。

狗屎倒灶：斥人小气吝啬。

油头光棍：爱拈花惹草的油滑之徒。

细皮嫩肉：形容人长得白嫩、细气。

细皮薄切：指无孔不入地损害他人的利益（贬义词）。

沸汤百滔：温度极高，烫得不得了。一般用于烧煮水或其他食物。

肩上肩下：① 不相上下。② 指差距极小。

猛省头里、石生头里：突然发生的事件，让人毫无心理准备。也说"陌生头里"。

陌头勒得：因一无所知之事受人指责，闻之一惊。意同"没头没脑"。

指手画脚：① 形容说话时兼用手势示意。② 也形容轻率地指点、批评。

性命攸关：关系到性命的，关系重大，非常紧要。

拼性舍命：不顾一切，连性命都舍得。

挜赊逼讨：地痞、流氓强横诈取钱财之行径。

歪牙咧嘴：① 面容不端正。② 言行让人反感。③ 不照规律办事。

歪把仔欠：勇而少谋，不加思考地蛮干。

歪头赹颈：① 勉强拧扭着头颈、身体干活，使不出全力。② 也指使用蛮力。赹：扭转。

歪门邪道：指不正当门路或途径。

歪眼劣榫：硬凑（用硬劲使合体）。

歪打正着：比喻方法、手段等本来不恰当的，却侥幸得到满意的结果。

眉毛打结：眉头紧皱，形容犯难。

厚滋纳得：① 物有厚重的感觉。② 厚得有些过分。

省油的灯：指不愿多事的人或容易制服的人，常用在否定句中。例：他也不是～。

前吃后空：用钱无计划，入不敷出。

面红气胀：指因争执或其他原因而脸色发红，腹内气胀，内心不平。

面孔扯起：面孔板起，脸色铁青。

面孔䜥（音"时"）起：意同"面孔扯起""面孔板起"。䜥：怒也。

面熟陌生：似曾相识但又说不出是谁。

牵丝绊藤：指人与人之间的关系多而复杂。

牵肠挂肚：形容牵挂之甚。

哇哇咋咋：因遍体鳞伤而痛苦嚎叫甚至半死不活。例：开车一定要小心，假如把人撞来～怎么办。

哗吆天撑：声嘶力竭地吼叫，把天都要撑破了。哗：喧哗，喧闹。

咪哩吗啦：乐器吹奏的声音。

蚀头大来：① 物品缩水很厉害。② 生意蚀本严重。③ 形容说的话与事实差距大，说"伊讲闲话蚀头大来"。

活里活络：原指物体摆放不平或不牢固，后引申为对事情的态度不明确。

活狲骚牵：坐立不定，像活狲一样动来动去。

活灵活现：形容描述、模仿的人或事物非常逼真。也说"活龙活现"。

活络门闩：比喻靠不住的话。

洋盘滴答：常常上当、吃亏，又不吸取教训。

浓油赤酱：赞誉菜肴烧得好。多指红烧鱼、红烧肉之类的色泽深浓的菜肴。

神咒胡咒：原意为说希望人不顺利的话。现指糊里糊涂，做事不假思索；忘乎所以，肆意妄为。也说"神知胡知"。

神气活现：自以为比别人优越而表现出得意或傲慢的样子。

神采飞眵（音"阳"）：指人的面部、眼睛的神情光彩照人。眵：美目。现都用"神采飞扬"。

绕天世界：到处都是东西，或到处走。

挖空心思：形容费尽心机（贬义词）。

顺嘴胡诌：随口瞎编。

结果陼鵇（音"罗都"）：原指累累果实垂满枝头，后引申为东西、事物很多很多。

要样吭样：比喻要什么没什么。意同"家徒四壁"。

要能弗能：指要做什么却不能做或做不到。

要啥有啥：要什么有什么。

胆托心宽：① 放心托胆。② 安安心心，没有一丝顾虑。

伶俐乖巧、玲珑乖巧：指为人聪明乖巧（多指小孩）。

郑重其事、慎重其事：谨慎地对待某一件事，待事严肃认真。

圆格隆咚：形容人长得矮胖或衣服穿得太多的样子。

骨碌滚圆：形容很圆。

热昏顶倒：形容人说话、做事没有次序和头绪，颠三倒四。

热天热暑：形容天气非常炎热。

恶里恶搭：作恶，使坏，让人难堪、难受，说话做事都不在理上。

恶形怪状、恶形恶状：形状怪异，使人厌烦。

恶訾恶掐：说人坏话，做损人的孬事。訾：说人坏话。

格里糊涂、格里糊辩：啰唆，纠缠不清。

格格不入：有抵触，不投合。

破袱簏籔：衣服褴褛不整。

破镜重圆：比喻夫妻失散或决裂后重又团圆。

贼吭空手：①小偷每次出门都要偷东摸西，比喻本性难移。②也指总不能闲着。

贼忒嘻嘻：以嬉笑、逗趣之态应对他人的责备。

贼形怪状、贼头贼脑：行为鬼祟、不正派的样子。

贼骨牵牵：贼头贼脑的样子。

贼皮偝脸：一脸嬉笑、顽皮的神情。

乘风人情：①指将人家送的礼再转送出去。②顺便的、不用花费的人情（指精力、物质）。也说"春风人情""顺风人情"。

借鸡殴（音"拆"）蛋：利用他人之优势使自己得益。当年淀山湖的乡镇企业搞横向联合，与上海一些大企业合作联营，淀东人戏称"借鸡殴蛋"。

掐头去尾：除去前头、后头的部分，比喻除去无用的或不重要的部分。也说"去头掐尾巴"。

候分掐数：不多不少，恰好。

候分候寸：准确无误，分毫不差。

梏出梏进：按规定既可进亦可出的状况。也说"拨出拨进"。

朒缩抖抖：①形容做事放不开手脚。②小气，吝啬。

逢场作戏：原指卖艺人遇到适合的场所就开始演戏，后引申为随意凑趣或随俗应酬、凑凑热闹。

拿手好戏：指某人特别擅长的一种本领。

拿人戏法：① 指拿人的方法。② 招人喜欢，使之为我利用的方法。也说"拿人法"。

迺挤勿得：① 这也不行，那也不好。② 胡乱多动。

狼吞虎咽：形容吃相难看。

钻天觅缝：比喻想方设法找门路。

家反宅乱、家翻宅乱：吵得乱糟糟，全家乱作一团。

谈啊勠谈：似"不行""办不到"之类的回答，语气非常硬。例：你想冤枉好人，~。

绢光滴滑：十分光滑。

剥光鸡蛋：形容皮肤光滑白嫩。

哭出乌拉：形容悲哀欲哭未哭的样子。

哭屎啦脸：一副哭丧脸的样子。

倚老卖老：仗着年纪大、资格老，卖弄老资格。

烟烀缕缕：烟气腾腾，但没有火光。

烟尘抖乱：尘土飞扬的样子。

趸五趸六：形容莽撞、冒失的样子。也说"斟五斟六""投五投六"。

侪手侪脚：手脚大幅分开之睡相、坐相。

堂堂埒埒：大面积的区域中有许多处与其他地方不一致的情况。例：迭块地田里~有杂草。埒：地之区处。也说"宕宕埒埒"。

推板勿起：① 吃不起亏。② 马虎不得。

推三托四：以各种借口推托。

领头发讲：引导带头鼓动人去干事、起哄等（常为贬义）。也说"引头发讲"。

添枝加叶：形容在叙事或转述别人的话时添上原来没有的内容。

黄勃拉爪：① 指脸色不好。② 也指物的颜色有点黄，不鲜艳。

黄牛肩胛：比喻不肯担负责任。

雪白粉嫩：形容儿童或年轻女性的肌肤。

雪白滚壮：形容人长得又白又胖。

眼花胪（音"陆"）花：眼花缭乱，看不清事物的面貌。

眼白睖瞪：眼睛瞪着，一副呆脸相。也说"眼白睖睖"（"睖"音、义同"定"）。

眼黑睖瞪：① 太黑，睁大眼睛也看不清楚。② 明摆着而看不到，含"视而不见"之意。

眼疲瞌眈：睡眼惺忪、昏昏欲睡的样子。

眼眅（音"攀"）眵牵：看不清或看错。眅：一种眼膜上的疾病。眵：眼睑分泌出的黄色液体。眼有病，又有眼眵遮挡，当然看不清外物。

眼瞎辣搭：形容人眼拙或视力差（多作自谦语）。

眼泪盈盈：眼睛湿润了，但没有流下眼泪。

眼高手低：自己要求的标准高，而能力很低。

眼眍（音"枯"）落潭：形容人瘦得走形走样。

眼疾手快：眼力好、动作快，形容反应敏捷。

偷隐眸隐、偷影蟠影：偷偷地做某一件事，怕人家晓得。也说"偷眸仔"，常作贬义。

得头放屁：比喻一副奉承讨好的样子。

得兹过捏：黏黏糊糊。也说"粚糨过捏"。

得心应手：心里怎么想，手就能怎么做。形容应用自如。

得意忘形：形容浅薄的人稍稍得志，就高兴得控制不住自己。

得不偿失：得到的抵不上失去的。

脚勿跕地：形容一直在奔忙着，停不下来。

脚步乱来：指思绪混乱，动作失样。

脚底揞油：比喻开溜。

脱头落襻：形容做人、做事等不到位，丢三落四，不着边际。

绣花枕头：① 形容徒有外表而无学识、才能的人。② 比喻外表好看而质量不好的货物。

棉花耳朵：比喻耳软，容易轻信他人的话。

清火冷灶：形容冷冷清清的样子。

清汤寡水：形容汤或菜肴里面油水少。

弹眼睩睛：① 怒目圆睁的样子。② 好，好得出奇。例：这家具做得～的。

眯花眼笑：眯缝着眼睛笑，形容乐滋滋的样子。例：老太太抱仔孙子，～。

蜻蜓点水：比喻做事肤浅、不深入。

想方设法：想尽办法。

绯赤生红：形容特别红。

假痴假呆：① 假装糊涂或佯装不知以骗人。② 做事不上紧，又像做又不像做。形容爱理不理或故意不理的样子。

恨气壳翘：① 内心明明喜欢，面上却装出满不在乎的样子。② 自傲、轻蔑的样子。

朝南闲话：打官腔，说敷衍门面的话。

握板接撅：不近人情，斤斤计较，难以沟通。

悺心吊胆：形容十分担心或害怕。悺：心怯也。现常用"提心吊胆"。

握拉勿出：内心的苦楚无法对人言说。也说"话拉勿出"。

娑鬤（音"畔松"）落儿：① 任意、无序地放置物品，满地散乱、一片狼藉。② 又用来形容男、女躺卧时伸脚拓手不注意仪态。娑鬤：仪态不佳。

困思懵懂：犯困、没睡醒的样子，引申为脑子糊里糊涂。

跌脚绊手：形容障碍多，路不好走。也说"跌脚绊倒"。

搜肠刮肚：形容费尽心思，穷思苦想。

意气用事：只凭感情办事，缺乏理性。

黑勃落拓：颜色黑或光线暗。

稀里糊涂：① 糊涂，迷糊。② 马马虎虎，随便。

稀零光冷：① 地里的苗长得稀少。② 脑袋上头发少，意同"稀毛癞痢"。

稀奇勿煞：自认为具有稀罕的东西或因某方面比别人强而感到得意。

稀里哗啦：① 形容七零八落或彻底粉碎的样子。② 建筑物倒地时的声音。

密荠棚荠：植物、作物茂盛繁密。荠：蒙，复也。

密云不雨：满天浓云而不下雨，比喻事情正在酝酿，尚未发作。

惺惺怫怫：念念不忘。怫：心不安也。惺：悟也，静也。

隔夜面孔：① 一夜没睡或没睡醒的疲惫相面孔。② 形容陈旧过时、不合时宜的样子。

装腔作势：故意做作，装出某种神态。

装聋作哑：假装聋哑，形容故意不理睬，装作什么也不知道。

装神弄鬼：① 装扮鬼神（骗人）。② 比喻故弄玄虚。

装模作样：故意做作，装出某种样子给人看。

筋出骨出：形容人很瘦。

筋丝无力：一点气力也没有。

筋筋攀攀：① 东西一条条连着，牵扯不断。② 衣服破旧。

敲叉袋底：指把丑的、隐秘的甚至违法的事全部讲给大家听。

惹火烧身：比喻自讨苦吃。也说"引火烧身""惹火遭殃"。

惹人共火：因一方挑逗、撩拨而使人发怒。

湿贴滑塌：地面潮湿，很滑。

湿骨落脱：形容物体很潮湿。

滑脱（音"塌"）精光：① 形容一点儿都不剩。② 什么也没有。③ 十分光滑。

滑踢滑达：地滑难行。

滑头码子：油滑，不老实的人。

勤扒拉扒：勤奋，认真，很辛苦。语意重点在"辛苦"上。

摇头晃脑：形容自得其乐、得意扬扬或漫不经心、自以为是的样子。也说"摇头颔颈"。

摇手颔（音"额"）脚：手舞足蹈、得意扬扬的样子。颔：行不稳。

摇头鬖尾：① 很顺从的样子。② 犬恋主人状。

塌塌潽潽：① 指人很高大、很胖。例：这人坐在藤椅里，～一藤椅。② 很满的样子。例：装了～一船。

搞七捻三：瞎搞八搞，往往含有关系暧昧的意思。

塘塘嗒嗒、荡荡嗒嗒：到处都是，所有的地方。

碴碴凼凼：形容路不平，难走。碴：水塘。

矮勃楞墩：个子虽矮但看上去很壮实。

痴头怪脑：言行反常，装疯卖傻。例：酒是人喝的，可你喝了酒后老是～，成何体统。

痴癫不刺：比喻人疯癫。

满打满算：全部算计在内。

暗房亮灶：旧时建造的理念，即"房间要暗，灶间要亮"。现比喻该公开的一定要公开，不该公开的一定不能公开。

暗出墨测：光线太暗，使人看不清楚。

觭觫觭觫：谓人多动。例：侬个小人～勿要停格。

路勒嘴边：原指出远门不认识路，只要勤于询问，自有人会指路。现比喻只要肯向人请教，生活不会迷茫，总能找到出路。

窸辘窸辘：因风行快速而发出的响声，或人喝粥时发出的声音。

鉴貌辨色：通过神态、脸色，了解内心世界。比喻善于见机行事。

雾里看花：比喻对事物看不真切。

零零星星：零碎不成整数或整体。

零零落落：形容分散不集中。也说"零零碎碎"。

滴溜滚圆、滴粒滚圆：形容非常圆。

赫赫有名：形容名声很大。赫赫：显著，盛大。

甄里砅砎：组织或物体四分五裂，无法拢到一块，也可指人事或器物。甄：指器皿破碎。

甄头炮仗：半成品的炮仗，比喻事情尚未做好。

碧卜松脆：形容食物非常脆而爽口。也说"括拉松脆"。

鼻涕蠎蛛：任其拖着鼻涕的邋遢样子，形容面容不整洁。蠎蛛：拖带的样子。

碧绿生青：绿得十分鲜明，似滴出油来。

蜡赤焦黄：黄颜色非常鲜明，大多形容烧鱼时的颜色。也说"蜡板焦黄"。

镂尸挖骨：费尽心机，不择手段。

算计划策：做事想得比较全面、周到。

疑心疑惑：疑惑，怀疑，不明白。

疑注疑惑：犹豫，拿不定主意。也说"疑惑疑注"。

敲钉转脚：比喻说话、做事妥帖牢靠或紧追不放。

精光滴滑：指非常光滑。意同"精光削滑"。

滴括三响：硬邦邦，做事干脆利落。

缩缩势势：① 形容畏缩、害怕的样子。② 因寒冷而发抖的样子。也说"簌簌忾忾""缩缩黏黏"。

缩头缩脑：① 形容畏缩。② 形容胆小，不敢出头。

缩手缩脚：① 因寒冷而四肢不能舒展的样子。② 形容做事顾虑多，不大胆。

尰玺勿动：原意是因病、因伤、因老而行动困难，后引申为干活太吃力、太累了。意同"势坍无休"。

尰藤亲眷：指远亲。

靠官托势：依仗别人的势力或财力。也说"靠牌头"。

噗噗嗦嗦：人长得虚胖、无力气。

橡皮图章：比喻只有其名而无实权的人或机构。

墨黑隆冬：① 完全不懂或不知道、不清楚、不明白的意思。② 形容天色、环境一片漆黑。

墨腾黢黑：非常黑。

懊闷肉痛：一时激动，故作大方地散了一些钱物，事后懊恼、后悔，觉得心痛。

嬉皮笑脸：形容嬉笑而不严肃的样子。也说"嬉皮笑脸"。

掼台落凳：拍桌子，掼家具。有时仅指拍桌子发火。

嘴上光鲜：指嘴上讲得好，实际做不到。

嘴花野迷：嘴上说得好，但心不在干事上，花言巧语，信口雌黄。

默默测测：悄无声息地。也说"聴聴瞽瞽"。

犟头赵颈：形容不肯听人劝说，持对立的态度。也说"犟头倔脑"。

缲拳挦臂：准备出手打架（或干活）时的架势。

馘令喤冷：形容声音很大。

揩支揩支：形容干活或学习极为勤奋、努力。

齷里齷龊：形容特别脏。

傾伋弗煞：急不可耐。

戇搭戇搭：不正大光明，通常指男女之间的暧昧之情。

皱皮阿衲：原指人的衣服皱得不成样，也形容物体表面多皱褶、不光滑，后泛指物品皱得不成形。淀东人也说"皱皮卵脬"。

镬里鹞鹰：原指烹饪用具，一种铁制长柄的两爪钩，用于从油锅或热汤中钩捞块肉、整鸡等。后引申为詈语，责怪那种等不及食物被盛起端上台，而直接从锅中抓来吃的人。常用来骂小孩。

翻花石榴：比喻物体（多指帽子）破损，形似绽开的石榴。也指伤口大。

翻花手心：暗地里耍花招、使诡计。

嚼舌头根：背后议论，搬弄是非。

谰话三千：指所说的话不作数、呒用场、不当真。

第四节　五　字

扫码听音频

一本三正经：认真对待。

一个圈圈花：一会儿，一瞬间。

一个突头呆：一时间来不及做出反应。

一似一脱式：完全相同。

一掐一包水：① 常形容女人或小孩的皮肤好。② 也比喻果蔬新鲜。

人熟礼弗熟：指人再熟悉，也得按礼数办事，礼不可省。

人多遮眼暗：① 人多挡视线，不易看清。② 多人掩盖真相，容易一时混淆黑白。多含贬义。

人生地不熟：指初到一个地方，对那里的情况和当地的人都不熟悉。也说"人地生疏"。

七人八张嘴：七嘴八舌，各说各的无法统一。

七岁教八岁：指外行教内行。

十步九回头：形容难舍难分，不愿离开的样子。

三人六样话：形容意见不统一，不晓得听谁的好。

三考里出生：指通过正规途径培养的人，基本功扎实。三考：指科举时代三级考试。

大好八成账：再好也好不到哪里去，也就是一般般。

大意失荆州：借用关羽的典故，指因大意而造成重大损失。

口气轻飘飘：说话随便，不掂分量，不把事情当一回事。

水到下缺口：水已经流到缺口下处了，想要收已经来不及了。意指事情发展到了难以挽回的程度。

心定自然凉：指保持心神清静，即使"三伏"酷暑，也觉得凉爽。心定：

心神安静。也说"心静自然凉"。

勿受人待见：不让人喜欢。淀东人常说"勿受人待气"。

疑心生暗鬾：怀有疑心，看什么都似乎有鬼附身一样。① 指疑心重的人对一切都疑神疑鬼。② 也指多疑者都不信任别人。

长线放远鹞：长远打算。

打蛇打七寸：击中要害。

牙齿筑筑齐：给予警告，不能瞎说，说了要负责任。

鸟叫六棵齐：鸟叫一声的工夫，已插好了六棵秧。形容手工插秧速度特别快。比喻人动作敏捷。

老牛拉破车：比喻人做事拖拉、低效。

自有自便当：指钱、物等自己有了就方便，不必去麻烦别人。

自病自得知：指自己有什么毛病本人最清楚。也说"人有自知之明"。

自肉割弗深：从自己身上割肉，下不了手。比喻不能深刻认识自己的缺点和错误。

自听自为准：人家的话要听，但主意要自己拿。

回汤豆腐干：比喻回到原处重操旧业。

死店活人开：事在人为。

死人活卵话：事前不发表意见，事后说风凉话自证"高明"。意同"事后诸葛亮"。

有奶就是娘：比喻贪利忘义，谁给好处就投靠谁。

有吃呒看相：旧时比喻卖相不怎么样，实际很不错。意即物不可貌相。也说"好吃难看相"。

有鼻头有眼：形容把虚构的事物说得很逼真、活灵活现。

有天呒日头：① 指天空没有太阳（阴天）。② 比喻社会黑暗腐败，无处可以讲理。

吃瓜不留种：指只顾眼前，不考虑将来。

吃力不讨好：① 工作没有做到家。② 自己觉得已经尽力了，但主人要求过高，还是不满意。

吃惯糟卤汤：占人便宜成了习惯。

倒冠头雄鸡：形容一个人垂头丧气的样子。也说"斗败咯雄鸡"。

家狗朝外吠：护家。意同"臂膊朝里弯"。

开口见喉咙：① 对方一开口就知道其用意。② 直言相告，意图明显。

杀鸡用牛刀：大材小用。

竹筒倒黄豆：① 直爽。② 干脆利索，不藏不掖。

西天出日头：指不可能实现的事。也说"太阳从西边出"。

一朵好荷花：事物完美，事情圆满。

嘴话勿动身：光说不做。也说"动嘴勿动手"。

动嘴勿动手：大人劝架小孩，可以动嘴吵，不可动手打。

好马不用鞭：指品性好的人不用去督促。

好肉上生疮：自寻痛苦，没事找事折腾自己。

好狗勿挡道：原指机灵的狗不会卧在路当中，现比喻知趣晓事的人绝不妨碍别人行事。

好人多磨难：① 有作为的人总不免经受许多坎坷。② 维护正义的人往往会受到无理的攻击，遭受种种磨难。

阴沟里翻船：比喻在不该出问题的地方出了问题。

抠心挖肚肠：① 绞尽脑汁，挖空心思。② 不说假话，交代彻底。

两头勿着港：比喻两面都落空。也说"两头勿着实"。着港：靠着一边，指获得、得到。

两眼墨赤黑：原指不认识字，后引申为对情况一无所知。

呒风勿起浪：比喻事情不会凭空生出。也说"事出总有因"。

呒用黑心人：指贪婪而没有本领的人。

呒巧不成书：原指没有巧合的情节就不能构成故事，现指凑巧。

呒脚蟹㞗㞗：① 比喻缺胳膊少腿、无法动弹的人。② 比喻没有帮手。意同"光杆司令"。

呒牛狗拉犁：比喻没有合适的人或物就用其他来代替。含有硬凑之意。

但便伊去歇：随他去。

穷人养娇女：旧时富人讽刺穷人家爱护孩子。若自己说，则有自谦之意。

穷推富勿要：没钱人想要要不起，有钱人则因看不起而不要。意思是没有人愿意接受。淀东人还说"人推豗不要"，比喻人品恶劣至极，无人与其交往。

屁眼里长毛：形容社会经验很足、门槛很精。意同俗语"老屁眼"。

胆大弗小心：既托人办事又不放心。

担错赔不是：指承担责任过错，赔礼道歉，有时也有勉强之意。

陈年挖臭屁：斥重提多年前的事。

陈年宿古董：陈旧的东西，多年以前的事。

青肚皮活狲：容易遗忘，记勿牢。

盲人骑瞎马：指做事无方向、无目标，全凭乱闯，极端危险。

空心大佬倌：嘲讽外强中干的人。

刻坏木头人：形容长相丑陋。

枇杷叶面孔：枇杷叶一面光、一面毛，比喻人的情绪变化快，要翻脸就翻脸。

拆穿西洋镜：比喻事情的真相被揭穿了。

拆恭老寿星、拆空老寿星：失望时说的一句话。指事情落空，情况不妙。

照样画葫芦：照葫芦的样子画葫芦，比喻纯模仿，不加改变。

买卖野人头：做做表面文章，也指说大话、空话。

夜壶扳脱錾：比喻为获取理想效果而固执己见、盲目坚持，最终吃了大亏。錾：器物上的捏手柄。

版版六十四：旧时铸钱币的模具，每版六十四枚，多不出、少不了。比喻死板，不知变通，不能通融。

春天无烂路：① 雨止即好走。② 也比喻人运顺时，条条路走得通。

面红滋堂堂：脸色红润，气色很好。

捱卖弗值钿：强行卖给别人家的东西不值钱。

轻拳撩重拳：常指弱小者主动招惹强者，遭反击而吃亏。

蚂蚁啃骨头：比喻靠一点一点不断苦干来完成一项巨大的任务。

狮子大开口：比喻要价或所提条件很高。

弯扁担不断：看似病恹恹的，却活到高寿。

逆水里撑篙：尽管十分困难，依然勉强坚持。

逆风摇柴船：比喻费力难见效，也指不进则退。

养煞十八斤：形容长不大。

活狲勿贼财：将好东西随便糟蹋了。

浑身勿搭界：完全没有关系，毫不相干。

洞里赤链蛇：比喻某人表面看不出，暗地里阴险毒辣，令人防不胜防。

客气当福气：把人家的好意当作应当的。

家和万事兴：家庭和睦，事业兴旺。

骨头也酥了：① 周身瘫软。② 也形容被迷惑的深度。

嘴硬骨头酥：指嘴巴很强硬，但实力不行。

借拳头打人：比喻利用人家的势力为自己做事。

捏鼻头做梦：犹如白日做梦。

悗（音"闷"）声大发财：不声不响地做生意、赚钞票。悗：默不作声。

换汤不换药：比喻名称或外表虽已改掉，但实质未变，还是老一套。

真人不露相：指真正本领高强的人轻易不会显露高超的技艺，也指道德高尚的人一般常常不为人知。如作贬义词，比喻蓄意伪装，掩盖丑恶面目。

烟焞火勿着：光看见冒烟，看不到火苗。意指处事拖拖拉拉、磨磨蹭蹭，看不见明显成效。

趤脱面颊骨：① 形容不怕坍台。② 形容不要脸面。

烧香望和尚：假借某个机会达到另一种目的。

推板一眼眼：相差一点点。

萝卜不当菜：小看人。

救急勿救穷：经济上的支持和救援只能解决突发的急难问题，脱贫致富还得靠自己。

聋聋隔壁听：① 此话靠不住。② 戏称对耳背之人大声说话听不见，有时轻言一语倒听见了。

蛇头接尾巴：蛇的头尾挨个连接，形容一个挨一个，接连不断。比喻人或车马众多。也说"老鼠接尾巴"。

银样镴枪头：① 比喻中看不中用。② 也比喻外表强硬，内心虚弱。

眼饱肚中饥：指眼看着喜爱的人或物，却无法拥有。

眼大勿关风：比喻粗枝大叶，不经心。

眼睛地牌色：形容两眼发呆、束手无策的样子。地牌：牌九中的一张牌，两点，状如双眼。也说"眼睛像地牌"。

眼睛睐（音"剡"）白色：形容呆状。睐：视也，迎视，远视。

眼睛里放光：形容见到特别想要的东西时的神态。也说"眼睛里放出火来"。

脚摞背心浪：原指跑得快，后指非常愿意或积极地去做某事。

野鸡躲格头：据说野鸡逃走时常常钻进草丛，但尾巴露在外面，还是很容易被人捉住。比喻怕事情败露而匆忙遮掩，终必穿帮。

喉咙三板响：说话声音很大。

就地十八滚：躺在地上打滚，意指耍赖皮。

谢谢一家门：在弄清了自己受骗或吃亏之后，表示与之断绝往来的愤怒话。

隑米囤饿煞：米囤了很多却饿死了。比喻不善于利用自身的资源。

惹厌当知己：讽刺不知趣、不识相、不明事理的人。别人明明讨厌你，你却把他当作知己看待。

摸不着头脑：比喻弄不清底细或缘由。

零碎驳垄当：指积少成多，集腋成裘。

路远八只脚：相距很远，八只脚也难以追到。

路极吭君子：路上如遇到窘竭的时候，就没有君子风度了。比喻人遇危

急或穷途时都不文明谦让了。

搣空捏鼻头：指人谎话连篇、无中生有，把假的说成真的。

像煞有介事：① 很张扬，很显摆，很做作。② 装腔作势，态度傲慢。

娃小一点点：很小很小。也说"细小一点点"。

稳吃酥桃子：十拿九稳，很有把握。

越在马背上：骑虎难下，不干也得干。

瞎子趁淘笑：盲目跟着别人显露表情。

瞎舛三官经：胡搅蛮缠。错把甲事扯到乙事而纠缠不清。三官：天官、地官、水官。现常写作"瞎缠三官经"。

嘴浪贴封条：形容闭口少语，少表态。

嘴翘鼻头高：形容不满意、生气的样子。

懒人挨死担：一味追求单位（单个）效率而忽视数量积累的效果。死担：超重的担子。也说"懒人揭死担"。意与"小担勤挑"相反。

树倒活狲散：比喻有权势的人一垮台，依附他的人就散伙了。

第五节　六　字

扫码听音频

一动弗如一静：没有把握或看不清形势的事不做为好。意同"多一事勿如少一事"。

一句天，一句地：形容说话不着边际。

一角安，四角安：① 形容局部带动全局。② 比喻榜样引领的作用之大。

一是一，二是二：形容办事顶真，毫不含糊。

一眼乌珠瞡足：全部看到，而且看到实质。

一朝生，两朝熟：一回生，两回熟。

七里缠勒八里：形容思想混乱。

人比人，气煞人：比上不足，比下有余，告诫人不要盲目攀比。真所谓"他骑马我骑驴，仔细思量我不如人，但头下还有推车人"。

人吓人，吓煞人：形容被人吓得厉害。

人算不如天算：人有千虑，总逃不过老天安排的命运。

八十岁学吹打：晚年学艺，虽努力亦无效。

八字呒不一撇：比喻事情毫无眉目，未见端绪。

三勿罢，四勿休：无休无止，没完没了。

三对头，六对面：指当事双方或与见证人会面，把事情讲清楚。

三钿勿作两钿：不计成本、便宜地出让出售。也说"三钿勿作两"。

上气不接下气：指喘不过气来。

开眼吃老鼠药：明知不可信、不可行，但还是信了、做了。

日头从西边出：形容不可能或极其难得的反常现象、行为、举动等。也说"西天出日头"。

牛头勿对马嘴：事情或说话两不符合。意同"前言不搭后语"。

长一码（音"脉"），大一码：形容人个子高大。

勿怕凶，独怕穷：人到穷极之时，什么凶狠、下作的行为都做得出来。含"穷寇莫追"之意。

勿看风云气色：不懂得观察、研究、判定情势。

勿吃苦，不成人：多吃苦是人生最好的教育。也说"不磨不难不成人"。

勿怕笨，只怕混：不怕人勿聪明，只怕天天混日子。

不出血，不罢休：原指打架致对方出血才停手，后引申为要让对方付出一定的代价才罢休。也指非要到不可收拾的地步才罢休。

气得阿豼（音"铺"）阿豼：形容极度气恼的样子。阿豼阿豼：生气时的呼吸声。

欠仔一屁股债、殿仔一泡烂污：欠债多。

六月债，还得快：旧俗借债至七月初一，算是欠了半年，所以六月所借的债也得赶在七月初一前还清。隐喻做了坏事报应来得快。

打呢（音"尼"）光，不肯放：形容很对胃口，特别好吃，吃仔再想吃。

东刺刺，西刺刺：① 时常惹事。② 不停地干活，但无头绪。

头困拉青氋里：① 当事人并不知情或并未参与某事，却被指责、处罚。比喻莫名蒙冤、受屈。② 异想天开。

扚（音"滴"）脱头格苍蝇：失魂落魄的样子。

有一句，说一句：① 说的都是真话。② 言无不尽。

有个早，嚹个晏：指本来可以或可能很早完成的工作，因磨蹭或其他原因而拖延了时间。嚹：慢、缓慢，做事磨蹭。

死马当活马医：指想尽一切办法救治病入膏肓的人。也比喻事情反正濒临失败，想方设法做最后一搏。

死翘翘，活袅袅：① 扭扭捏捏，做事不爽快的样子。② 正好，碰巧。

吃饭像奋砻糠：形容吃饭速度快，一般形容男人、男孩。

吃饭像拣米虾：形容吃饭速度慢，一般形容女人、女孩。

吃只空心汤圆：空欢喜一场。

吃家饭，殿野污：吃自己家里的饭，做别人家的事（一般为贬义）。

吃歪空笤箕饭：指不当家，不负责任，混混而已。笤箕：饭篮。歪空笤箕饭：饭盛在笤箕里悬挂在空中。

吃啥饭，当啥心：指身在其位，应尽心尽责地做好工作。也说"吃家饭护家人"，吃谁家的饭为谁家操心干事。

吃啥饭，当啥枪：靠什么技艺谋生，就要用好相应的工具。

吃着一记闷棍：挨闷棍。比喻受到一次突如其来、不明不白的批评。

吃勿饱，饿勿煞：指勉强能维持生活。也比喻企业、商店等勉强能过日脚。

先做人，后做事：指立身为先。

先君子，后小人：指先讲明道理，解决不了问题再采取强硬措施。

先小人，后君子：指合作办事时，事前斤斤计较，把利害关系讲得一清二楚，有约可依；事后可以相互谦让，皆大欢喜。

多栽树，少栽刺：指多做好事，少树冤家对头。

自趄（音"差"）篷，自落篷：意同"自上马，自落马"。自己挑起的事端，自己找台阶平息。

自作孽，不可逭（音"换"）：自己作的孽，只有自己来承担。逭：逃也。

百烧不及一滚：强调干活做事要讲究技巧。滚：焖。

话啦看，勿啦算：自己说过的话，并不记在心上。也说"说话不算数"。

艮到底，苦到死：死硬没好处。

远水弗救近火：比喻缓慢的措施、迟来的救援不能满足急切的需要或当前的困难。意同"远水不解近渴"。

戏要曲，人要直：戏要讲究曲折，做人贵在正直。

买块豆腐撞煞：讥讽某人没本事。

红眉毛，绿眼睛：比喻人一副凶恶的样子。

杀鸡给活狲看：意同成语"杀鸡儆猴"。

弄堂里拔木头：直来直去（亦可作歇后语）。

求人不如求己：求助于别人，不如自己努力来得可靠。

百孝不如一顺：百善孝为先，孝敬老人最要紧的是顺着老人的心意。

肚皮里格蛔虫：比喻了解别人心思的人。

肚皮里打官司：比喻有想法不直说，而是在心里琢磨、盘算。

肚皮里做功夫：① 指城府深的人。② 比喻性格内向。

肚肠浪打个结：告诫自己或别人要长记性。

进婆门，像婆身：指受婆婆的影响，行事风格也像婆婆了。

生看见，熟呒份：看得见，吃不着。

识字勿如识人：对各种人的识别往往比文化更重要。

识得破，忍不过：明知这事对自己没有什么好处（看破了），可是仍忍不住要去做。理智和感情发生了矛盾。

运气好，㾾起早：指勤不如巧。

青竹头掏茅坑：指将以往的丑闻再拿出来辩解，影响更坏，越辩越臭。

苍蝇见仔热血：形容非常急切地想得到或拥有。比喻十分贪婪。

苍蝇扚忒仔头：形容受了打击，手足无措的样子。泛指办事没有头绪。

邻舍好，赛金宝：乡邻日常关照、相助，胜过远道亲戚。也说"金乡邻，银亲眷"。

烟搭桥，酒铺路：借助烟酒结交朋友，好办事。

一招鲜，吃遍天：有一手过硬的本领，就可以走遍天下。

贪只嘴，蓬渡水：冒雨赴宴。比喻贪便宜者反而吃亏。

明理勿用细讲：很明白的道理，用不着仔细去讲。

奈何桥上善人：按乡间迷信传说，善良之人皆走金桥、银桥，恶人才走奈何桥。善人：指伪君子。

洋勿洋，相勿相：不三不四的样子。

浊富不如清贫：宁可清贫也不要不义之财。

油一路，水一路：油和水不能相容，比喻小人和君子各有各的追求，工作品德不同，行为相异。

怨张三，怪李四：把责任推向别人，自己撇清关系。

说勿出，话勿出：满腹懊恼，有口难言。

轻勿得，重勿得：说轻了不管用，说重了怕受不了。

智将不如福将：做事情也需要运气。

请将不如激将：用激将法请人"出山"。

热灶勿怕柴湿：比喻人在顺利的时候即使有些问题也无关紧要。

挨着勿如轮着：碰运气。

洿酒问拎酒人：指要想拥有想要的东西，就问拿这个东西的人是从哪里得来的。比喻办事要找对门路。

臭猪头引苍蝇：物以类聚，人以群分。

家有老，是个宝：教人尊老敬老。老人阅历广、经验丰富，是不可多得的宝贵财富。也说"家有一老，胜过一宝"。

饿煞鬼投个胎：讥笑有些人吃东西时狼吞虎咽的形象。

圈里猪，篗中蟹：比喻事情十拿九稳，容易办成。

啃棺材黄鼠狼：比喻贪得无厌且很精明、千方百计地削尖脑袋谋取私利的人。

菩萨面孵贴金：比喻好上加好。

猪头肉三弗(不)精：猪头肉肥肉不肥、精肉不精，又非五花肉之夹精夹肥，所以称"三弗精"。比喻人什么都会一点，但样样不精通。大多用作自谦。

船到岸，勿要乱：上船下船、起货卸货，自有一定的秩序，切勿争先，徒增纷扰。

脚对风，请郎中：逆风午休，寒气容易渗入内脏而患病。

眼中疔，肉中刺：比喻心中最痛恨和厌恶的人。

睁着眼，闭着眼：看见装作没看见，比喻对出现的问题容忍、迁就，不加干预。

袋袋里做输赢：指暗中操作。

嵌拉格子眼里：指本分的事一定得干，推也推不掉。

敬字识仔怕字：不明事理，人家敬重你，不是怕你。

嗔（押）拳不打笑脸：意指伸出愤怒的拳头也难打赔着笑脸的人。也指和气可以化解怨恨，和气待人不吃亏。嗔：愤怒，对人不满。"嗔"与"瞋"同。

掟勿着，搭勿够：比喻力所不及。意同"鞭长莫及"。

想自身，慳他人：以己度人，总认为别人的想法跟自己一样。

矮子里拔长子：比喻挑选余地小，只能短中取长。

蜡烛勿点勿亮：指人做事很被动，拨一拨，动一动。

魂灵勿勒身浪：指做事思想不集中，失去常态。也含有"魂不附体"的意思。

孵生弗如孵熟：与其换一个新的地方或新的行当，还不如在原来的地方从事老行当。

墙头草，随风倒：形容善于随情势而改变立场的人。

横弗来，竖弗来：怎么也不行。

㸗落脱，先拾着：讥人窃物。例：别人～，俫倒先拾着哉，要么是偷来的。

㸗屙屎，先呼狗：大便还未拉出来，就先招呼狗来吃。比喻事前虚张声势来制造混乱、纷扰。

嘴浪呒没闸门：指某人嘴不严，该说的不该说的随便乱说。

犟到底，苦到死：脾气太倔、不听劝会吃苦头。

鳖哭到老坟浪：① 完全没有想到，毫无思想准备。② 太让人失望。

落水鳖，骗下水：指受骗上贼船。

第六节　七　字

扫码听音频

一双空手见阎王：死时什么也带不走。意指人生在世用不着刻意追求、斤斤计较。

一丈水退脱八尺：① 兴趣或激情大幅度减弱。② 事情到了尾声。

一门生意两样做：指同一种货物卖两种价钿，贬斥生意人无诚信。

一粒螺蛳顶只壳：每个人都有自己的岗位，缺一不可。意同"一个萝卜一个坑"。

一代鲜鲜一代蔫：旧时称父子两代人不会同样兴旺发达，盛衰交替是自然规律。

一年年纪一年人：人随着岁数增加，身体和精神状态等都不如以前。

一钿勿落虚空钿：① 很节约，一分钱掰成两半用。也指很小气。② 指责铜钿寻来是用的，不用铜钿，要铜钿来做啥。

一家勿知一家事：家家有本难念的经。

一番生活两番做：批评不会安排工作的人，多做无效劳动。生活：指某一项工作。

一跤跌进白米囤：交好运。也说"一跤跌拉米囤里"。

一跤跌勒青云里：突然之间交上好运。

一口吃弗成胖子：比喻凡事不能操之过急。

一嘴莫生两舌头：戒搬弄是非。

二八月里乱穿衣：春秋季节气候多变，穿衣没什么规律。

人到中年万事休：人到了中年，人生基本成定局，再要创业已晚了。这是一种消极心态。

人老珠黄不值钱：人老没用处，被嫌弃。这是一种自嘲的说法。

人生难得遇知音：指人生在世最难得的是知心伴侣或朋友。

人无笑脸休开店：做生意讲的是和气生财，笑脸迎客是生意人的基本功。

人争闲气一场空：人若不能自立、寄人篱下，就不要再争什么。比喻人要有自知之明。

三斤打勒二斤浪：比喻不放在心上或不当一回事。

三只鸭子六道游：比喻人少还不团结（各走各的路）。

小人嘴里出真言：指小孩一般不会说谎，所以从小孩嘴里能得到实情。

万宝全书缺只角：指人总有不足之处。一般用来调侃他人。

门槛精来九十六：精明至极（一般含贬义）。

上场容易下场难：指办一件事开头容易，圆满结束难。

上有横梁下有槛：做人要有规矩。

风中之烛草上霜：指人年事已高，经不起打击、摧残。

无缝鸡蛋弗生蛆：① 指坏事的产生是有原因的。② 指已变坏了的人吸引其他坏人过来同流合污。

开弓朊没回头箭：做事认定方向，决不反悔。

勿贪便宜勿上当：指一般情况下，不去贪便宜就不会上当；上当的人大多想占便宜，结果反而吃亏。

勿出麸皮勿出面：比喻做事要有先后顺序，循序渐进。

勿到黄河心不死：指一定要到了绝境才明白。

勿碰鼻头勿转弯：嘲讽固执己见、不知随机应变的人。意同"勿撞南墙勿回头"。

勿见真佛不烧香：比喻不摸清事实真相，绝不轻易表态或贸然行动。

勿到西天勿识佛：比喻不身临其境就不明白事情的原委和真相。西天：传说中佛祖居住的地方，因此不到西天就不知道佛的形象。

认错不失真君子：为知错即改点赞。

心底无私天地宽：指无私之人心胸豁达。

引线吙拨两头快：指精明过头、欲望过高不可能实现。

打狗也要看主人：① 比喻做事要看背景、后台。② 给自己留有余地。

打碎水缸隔壁泅：指语言带刺，暗中伤及他人。

打碎砂锅问到底：比喻对问题追根溯源。问：原为"璺"，即陶瓷等器具上的裂痕。

仙人勿识李纯阳：自家人不识自家人。

圣人也有三分错：人人都有错误，意为对人要宽容。

老虎头唥拍苍蝇：形容胆大包天。

有钱难买背后好：与其有面前之誉，不如无背后之毁。

百样生意百样做：① 指生意不同，做法自然也不同。② 也指不同的问题用不同的方法解决。

百日阴雨总有晴：比喻人生的道路上不会永远黯淡无光，终有阳光灿烂的日子。意指遇到挫折不要灰心丧气。

吃得咸酸耐得淡：① 比喻生活节俭，对饮食要求很低。② 也比喻适应能力强。

吃仔东家谢西家：搞错仔人哉。

吃仔新米讲陈话：重提过去的事。意同"吃仔新鲜饭，殿啥老陈屁"。

吃酒勿啦浅满唥：指接下工作任务后多点、少点无所谓。

出拳容易收手难：意同"上船容易下船难"。

男人黠咂女逍遥：比喻男人有出息，女人也光彩、快活。

会做媳妇两头瞒：为了减少矛盾，对某一件事不向双方挑明。

会捉老鼠猫勿叫：中性词，有真人不露相之意。

舌头舔勿着鼻头：形容紧迫的程度，多指经济困窘状态。

自做郎中药勿灵：医生有病仍须求别的医生诊治。

自家笨拿别人恨：指凡事都把责任推到别人身上，不从自身找原因。

杀人勿怪怪磨刀：指错怪了人。

各人头浪一爿天：① 指每个人只要努力，自己也能创造出一片天地。② 也指谁都有自己的生活空间。

羊毛出勒羊身浪：① 比喻拿对方的钱，办对方的事，亏了本对自己无损失。② 也指别人为你花的钱，最后还是由你来承担。

好话一句三冬暖：听到和气的、体贴人心的话，即使在严冬中也感到浑身暖和。反之为"恶语半句三伏寒"。

好人勿生肚脐眼：讽刺那些自诩没有缺点的人。

好曲子弗唱三遍：即使好话也不能唠叨、烦人。

好心当仔驴肝肺：人被误解之后的怨愤之词。本是好心，却被当作恶意。

好马勿吃回头草：比喻有志气的人一旦认定了方向，便一意向前，绝不中途反悔，走回头路。

行百里者半九十：比喻做事愈接近成功愈困难，愈要坚持、抓紧。

买个炮仗别人放：指自己出钱或出力却让人家得利。

买西瓜要看皮色：买瓜者善于从瓜皮花纹挑选，形容处世应善于察言观色、见机行事。

死个说出活个来：形容口才了得（贬义词）。

花花轿子人抬人：人与人之间要相互理解、相互尊重，社会才能和谐。

两个肩胛扛个头：① 形容只剩一个空身人，一无所有。② 嘲讽某人穷得精光。也说"两只肩胛扛张嘴"。

两只眼睛替换眨：形容束手无策、无可奈何的样子。

吹牛皮勿打草稿：① 随口胡说八道。② 形容特别会吹牛的人。

吹牛皮吹豁仔边：说大话露出了破绽。

辛苦铜钿快活用：挣钱虽然辛苦，但因为是自己挣来的，花钱时要图个快活（开心）。

肚皮贴勒背心哴：形容饥饿到极点。

私盐越禁越好卖：揭露一种社会反常现象，即越是禁止的生意越好做。

低头不见抬头见：乡里之间天天碰头相见，应和谐相处。

闲人只说闲人话：① 指事不关己，说些风凉话。② 也指对周围人的闲言冷语不当真，不用理会。

闲时备来忙时用：凡事预则立，有备无患。

破船还有三千钉：指某东西还有回收的价值，人无完人，也不会一无是处。也说"好牛勿生勒一只浪，破船还有三千钉"。

远来和尚好看经：指有些人做事、处世不相信身边熟悉的人，而盲目信奉外人的话。也说"远来和尚好念经"。

阴世天里晒被头：比喻办事不看时机、条件。

卵子趄拉冰缸里：① 比喻对人、对事冷漠，不上心。② 无动于衷，不做任何反应。

穷人自有穷人乐：自寻乐趣，各有所乐。

穷祸闯来野豁豁：指闯的祸很大，无法收场。

穷人无灾便是福：指穷人生活艰辛，只要没有大的灾难，就是福分。

饭店门前摆粥摊：看不出三四（看不出山水），勿懂经营之道。

迟来和尚吃厚粥：为后来者得福，轮着为数。

杨树弗蛀长穿天：旧时嘲富户颓败。

拔出萝卜带出泥：比喻连累他人。常用于查案、破案的过程。

拍拍屁股一走头：形容不负责任，撒手就走。

拎错秤钮看错星：指一错再错。

抱着小囡寻小囡：人急昏了头。意同"灯下黑"。

拍脚拍手拍屁股：一般指事后追悔莫及的样子。

狐狸尾巴囥勿没：狐狸装人样，最终因尾巴露出来而败露真相。指迟早会被拆穿。

贪强买格瓠落货：贪图便宜，买不到好东西。

狗肉上不了台面：常比喻素质差的人经受不起别人的抬举。

货傍三家弗吃亏：勿怕勿识货，只要货比货。眼力因比较后而进步。

性急要起蒲罗绉：欲速则不达。蒲罗绉：结或疙瘩。

画虎勿成反成犬：比喻模仿不成，反而坏了事。

皇天不负苦心人：勤奋的人最终必定成功。也说"皇天不负有心人"。

咸吃萝卜淡操心：责人好管闲事、爱操闲心。

兔子勿吃窝边草：原指兔子留存窝边草，借以遮藏身体。现比喻某些坏人不在乡里作恶，或不侵犯周围人的利益。

挃卖私盐勿值钿：供过于求，自然就卖不出高价了。

逆风吹火自烧身：悖道作为，事与愿违。

蚂蟥叮牢螺蛳脚：蚂蟥紧紧咬住螺蛳不肯放，螺蛳受叮后收缩将蚂蟥吸住。比喻两败俱伤。意同"蛇吃黄鳝活憋煞"。

鹭鸶脚上劈精肉：比喻贪婪、刻薄。鹭鸶：指一种长脚鸟。

急水也有回头浪：比喻哪怕顺利的事情也会遇到挫折。

前世冤家活对头：指仇人、怨恨很深的人。

活叫花子死皇帝：不要认为是"叫花子"就轻视他，他的生命与其他人一样贵重。

说嘴郎中呒好药：夸夸其谈的人大多不能办实事。

酒盅虽小淹煞人：告诫人们不能贪杯，酒醉容易失德。

起头容易收稍难：比喻做事只开个头很容易，收好尾却很难。

砻糠搓绳起头难：万事开头难，有了开头就可以继续下去。

烧仔灰我也认得：① 比喻互相之间非常熟悉、了解。② 也指对仇人铭记于心。

请神容易送神难：比喻收留、挽留一个人容易，想打发走就难了。泛指事开个头容易，要收好场就不简单了。

酒肉朋友佾弗长：不以道义为本的朋友不会长久。

家眼勿见野眼见：指不正当的行为，虽遮得住家人的眼睛，却难避旁人的视线。意即做了坏事隐瞒不了。

黄瓜茄子顶倒长：比喻晚辈说话、做事、为人等，超越了自己的身份，得罪了长辈。顶倒长：指自上往下长。

黄梅勿落青梅落：这是一副对联的上联，下联是"白发人送黑发人"。形容老年长辈痛失子女的哀伤心情。

黄狗出角变麒麟：① 比喻不可思议，不能发生。② 讥讽小人得志，神气活现的样子。

救仔田鸡饿煞蛇：① 顾了一面，顾不了另一面，左右为难。② 照顾别人后却给自己带来了难处。

眼是勺（酌）钩手是秤：比喻眼睛像钩子一样犀利、看得准，用手掂量则像秤一样准确。

眼睛里放出火来：形容十分羡慕（"眼热"的夸张写法）。

眼里扎不得粒屑：形容某些人气量小，看不惯别人比他好。

眼睛望到陆家浜：早先昆山陆家浜的鼓手闻名江浙沪，谁都想要亲眼看看、亲耳听听。这里指做事不专心，眼睛看在别处，心不在焉。

馋唾也能颎煞人：恶意污蔑也能置人于死地。意同"铅笔头能绕煞人"。颎：头没水中。

殿场尿自家照照：专对缺乏自知之明的人讲。意即自己要晓得自己值几个铜钿，有几分本领。

铜钿银子关心经：指钱财关系到人的切身利益。

铜钿银子轧大淘：钱还往有钱人家进，比喻钱多了会越来越多。

棉花耳朵风车心：形容人没有主见，容易听信别人。

棺材门前戆讨好：指生前不孝，等人死了去说好话，假仁假义。

黑心黑肺黑肚肠：比喻一个人心太黑，自私到极点。

黑字落拉白纸上：白纸黑字，证据确凿，无法抵赖或无法挽回。

道士和尚夜来忙：比喻干事者白天不出力，夜来装着忙。也说"尼姑道士夜来忙"。

裤子下头着上去：情况应从下往上层层反映。

强盗碰着贼爷爷：门槛精者碰到了个更厉害的。

隔层肚皮隔重山：比喻不是亲生的子女，感情上总是有隔阂。

摇煞苏州佘上海：淀山湖到苏州和上海的距离差不多，但去苏州因水流是自西往东，所以一路都是逆水，而去上海有潮汛，可以乘势而行。这是本地人根据地理、水文总结的经验之谈。比喻相似的事情客观条件不同，采取的方法不同，各自的负担也不同，不能一概而论。

曙光路对接上海复兴路

矮老孵鸡勤生（音"拆"）蛋：淀东人认为母鸡脚短者善生蛋。世界万物存在即合理，各有各的长处，各有各的用场。

瞎猫捉牢死老鼠：比喻侥幸，凑巧获得。

横挑鼻头竖挑眼：百般挑剔，寻衅。

嘴不让人皮受苦：骂人者受人打，引申为嘴凶无好处。

戳勿通咯鼻头管：指顽固不化，冥顽不灵。

第七节 八字

扫码听音频

一方曲蟮,吃一方土:比喻不同地方的人,各自利用当地的资源工作、生息。

一搭一档,一吹一唱:合伙吹牛、骗人,二者搭档,配合极好。多用作贬义。

一日捉鱼,三日浪网:比喻勤奋的时候少、懈怠的时候多,没有恒心。意同"一曝三寒"。

人人要面,树树要皮:羞恶之心,人人都有。也说"人要面孔树要皮"。

人有一技,终身有靠:学好一种专门才能,靠它维持生计,可以一世无忧。

人要衣装,佛要金装:指仪表很重要。

人穷出力,山穷出石:人穷时别无长物,只有一身苦力。山上没有树木,只露着石头。

八仙过海,各显神通:指每个人各自施展自己的才能。

三八廿三,各人算惯:比喻各人有各人的打算和套路。

三日勿罢,四日勿休:指胡搅蛮缠,无休无止。

三分本事,七分家生:讲工具之重要。

三岁没娘,说来话长:比喻倒苦水、叹苦经。

三婶婶嫁人心勿停:拿不定主意。

三寸舌头害六尺身:① 贪吃生病。② 话多容易招祸害。

小以成小,大以成大:原指木匠门下无弃材,后引申为量才录用。

大人爱抬,小人爱财:越有地位的人越喜欢溜须奉承,而市侩小人只贪图钱财。

大仔块头，呒仔清头：虽然人高马大，行事却不守规矩。比喻虚有其表。

大难不死，必有后福：灾难之后的安慰话，指这次事故或重病之后定会有福气。

上床夫妻，落地君子：意为睡在床上时卿卿我我、亲热恩爱，白天相处则像君子间交往一样，相敬如宾。

上得厅堂，下得厨房：一般指妻子很能干，对内能做饭、烧菜、做家务，出门在外，又能招友待客，里里外外都是一把好手。

才大招嫉，树大招风：指人的名声大、地位高，容易惹人注意。

与人方便，自家方便：为人家着想、给人家方便的人，自己也会得到别人的帮助和方便。意同"我为人人，人人为我"。

千补万补，弗及食补：吃各种补品，弗如吃有营养的食物。

千错万错，劝人勿错：就算有千错万错，今日里劝人和好，总归不错。

千人所指，无病而死：言为恶之人，遍受指责而身败名裂。比喻众怒难犯，恶人没有好结果。

马马虎虎，香烟屁股：不就是香烟屁股大的事（也说"屁大的事"），马马虎虎算了。不要较真，该饶人处且饶人。

马兰头开花老来俏：马兰到老了才开花，指老年妇女打扮得比较时髦。

火要空心，人要实心：火心空才能烧得旺，人心实才能相处得好。

心比天高，命比纸薄：指人虽有远大的理想目标，但因命运不济而无法实现。

心有两行，必有一荒：同时做两个行业，总会有一个做不好。

手臂膊拗不过大腿：本质上处于劣势，再努力也没有胜出的可能。

公不离婆，秤不离砣：夫妻相随，就像秤不离砣、砣不离秤一样，相辅相成。

风作雨来，人作祸来：无理取闹总会惹出事端。作：没事找事，无理取闹。

不气不愁，活到白头：不生气，不忧愁，身体好，能长寿。

不怕一万，就怕万一：指不能大意，要防止万一的情况。

不经一事，不长一智：不经历那件事，就不能增长关于那方面的知识。

日长事多，夜长梦多：时间长了事情容易起变化。

六十年风水轮流转：天道轮回，一个甲子六十年，阴阳盛衰周转一遍，比喻运势六十年里会周转返还。含"三十年河东，三十年河西"之意。

龙门要跳，狗洞要钻：比喻在顺境、逆境中要能屈能伸，要以积极态度应对命运变化。

只有廿九，呒拨三十：事情停于"研究"（"廿九"的谐音），没有落实之时。

白吃白壮，开爿典当：节俭能致富。

半路郎杀出程咬金：指中途出现了意外情况。

头纽二纽也搞勿清：普通秤上头纽称分量重的东西，二纽称分量轻的东西。形容脑子很笨，拎不清。

出手打人，低人三分：先出手打人者理亏。

出门一里，勿及屋里：指人外出多有不便之处。

老米饭捏勿成饭团：比喻两个人的感情已经破裂，已无法再捏合在一起。

死藤瓜碰着饿食汉：有总比没有好。

有事有人，无事无人：用得着时，就想着有你这个人；不需要时，再也不记得你了。讽刺只想利用别人的人。

当断勿断，反受其乱：遇事必须当机立断，否则反遭祸患。

吃人一口，还人一斗：指还敬的一定要比敬的多。

吃得做得，挑得垄得：指人很能干，什么都会做。常指年轻力壮，勤劳舍力。

吃一搛二看三说四：形容极其贪心。也说"吃勒碗里，眼睛看勒镬里"。

会寻会用，勿寻必空：善赚钱者也善用钱，如不去赚则必坐吃山空。意同"能挣会花活神仙，坐吃三年海要空"。

会哭的小囡多奶吃：会嚷嚷的人不吃亏，占的便宜多。

先生难应，师傅难当：指师傅、先生不好当。

各有各法，只要得法：办法不必强求统一，只要能解决问题就好。

多年的媳妇熬成婆：从以前听人吩咐到自己做主，地位发生了很大转变。也指要取得成功，必须付出时间的代价。

多一事勿及少一事：比喻明哲保身，不多管闲事。

关门打狗，要咬极口：比喻困兽犹斗。

讲话经常关门落闩：比喻讲话常没有商量的余地。

寻开心，只怕上认真：① 指有些人经不起玩笑。② 呒心个只怕有心个。上认真：顶真。也说"吹牛皮只怕上真账"。

好马勿骑，好人勿欺：强调不要欺压老实本分之人。

好记性勿及烂笔头：记性再好，不如用笔记录下来，才不会忘却。

红漆马桶里打翻身：这辈子过好日子没希望了，寄希望于下世吧（旧时妇女生孩子大多生在马桶里）。

时运不济，卖盐出蛆：指运气不好时，老是倒霉。

走的路多，吃的苦多：指经过的事情多，受罪、吃苦也多。

豆腐水做，阎王鬼做：指本来就是这样，没有什么了不起的。

两手一摊，屁事弗关：形容啥也不管，不负责任。

男轧男道，女轧女道：男女之间不要乱交朋友。

男有刚强，女有烈性：不论男女，都要有骨气和坚强的性格。

男做女工，越做越穷：男人应做男人该做的事，要去闯荡、挣钱；如若去做女人做的家务之类的小事，就难以成就大事，家道就会衰落。

佛格能敬，贼格能防：对某些居心叵测之人表面上不妨恭敬、客气些，但内心要提防着点。也说"佛恁梗敬，贼恁梗防"。

君子绝交，不出恶声：指有道德的人，即使绝交也不互相诋毁。

冷水汰卵，越汰越短：比喻收益或效益越来越少。

诚信做人，用心做事：诚信是立身之本，用心是做事的钥匙。"天下无难事，只怕有心人"也是这个道理。

物以类聚，人以群分：指同类的东西常聚集在一起，人因志趣相同聚集。

话得好听，见得平常：嘲讽言过其实。

细水长流，吃着弗愁：指平时开销节省，基本生活就不用发愁。

畁（音"不"）仔面子还要夹里：指争议中人家退让了，还不罢休，不识抬举。畁：给予。

雨后撑伞，贼出关门：为时已晚。

雨伞虽破，骨架还在：指虽然不做官了，但一套规矩仍在。

草头方，气煞好郎中：民间偏方也能治大病。意指比较简单的办法往往也可以解决棘手的问题。

种瓜得瓜，种豆得豆：比喻做了什么样的事，就得到什么样的结果。

面皮老老，肚皮饱饱：比喻只有脸皮厚，才能混得好。

将心比心，便是佛心：设身处地的换位思考是一种好心态。

要得公道，打个顶倒：劝人倒过去想，要换位思考。

省吃俭用，一世不穷：劝人勤俭持家过日子，就一世不致受穷受累。

咬卵咬不着咬只膀：指找不到或不敢找该针对的对象，随便找个现成的出气、发泄。

说人话人弗如别人：比喻只会评论别人的人还不如人家做得好。

树摇叶落，人謞（音"爻"）财散：举止宜庄重，坐勿摇膝，行勿摇身，话不謞言。謞：言不恭谨也。

留宿不宿，敲门投宿：不受抬举，自失机会。也说"有凳弗坐讨凳坐"。

捉贼捉赃，捉奸捉双：强调要有真凭实据。

病从口入，祸从口出：指人的病大多是吃出来的，灾祸大多是因为说话不谨慎所致。

晒晒着着，烘烘赤脚：湿衣、湿鞋、湿帽等要靠太阳晒，烘烤容易毁坏衣物。比喻要注意方法。

虱多勿痒，债多勿愁：身上的虱子多了，反而不觉得痒；负债多了，再愁也没用，索性不愁了。比喻麻烦多了，当事人反而觉得无所谓。

被头里的事瞒不住：天不藏奸，坏事迟早会暴露。

眼睛生拉额骨头浪（上）：比喻眼界高，看不起别人。

眼眼调碰啦罅罅里：指偏偏、恰好碰着不如意的事。罅：缝档。

眼见为实，耳听为虚：凡事不可轻信人言，必须亲自审察，加以核实。

做伊主着，田荒地白：常比喻派不着用场的人或不干事情的人。意同"炒熟的黄豆做勿得种"。

阎王好做，小鬼难当：当个阎王发号施令容易，当个小鬼跑腿应差却十分难。比喻上司、头目好当，下级办事人员难办。

情愿湿衣，不肯乱步：指循规蹈矩。

若要俏常带三分孝：指衣着打扮要漂亮，在色彩上一定要有一点素色来搭配才显得美观。

港直不深，人直不富：意同"仁者不富"。这种说法难免偏颇。

朝天屙尿（音"司"），扑盖屙污：撒尿拉屎若姿势不当，则造成自身有污渍。比喻办事要讲究方式方法。

越吃越馋，越歇越懒：好吃懒做时间长了，形成的习惯就很难改正。

棉纱线扳倒石牌楼：棉线虽细，多了照样有很大的力量。意指只要团结一心，再大的困难也能克服。

强龙敌勿过地头蛇：比喻外来者虽然实力强大，但也压不住当地势力。

楝树花开，张眼勿开：楝树花开的时候是人最犯困的时候。比喻人在特定的条件下（如纸醉金迷的环境中），容易迷失方向，犯昏、犯错。

锣鼓听声，闲话听音：指听人说话要能听得懂言外之意、弦外之音。

檐头水渧勒原凼里：比喻在同一个地方犯了同样的错误。也指走老路。

福无双至，祸不单行：指幸运不会连续来到，祸事却会接踵而至。

敲锣卖糖，各涉一行：① 各做各的行当，互不影响、互不干涉。② 也有"隔行如隔山"的意思。

熟能生巧，巧能生精：指巧妙的技能都是从熟练中产生的。

嘴上吭毛，办事不牢：指年轻人没经验，做事不牢靠。

第八节　九　字

扫码听音频

一好二好，三好俋到老：指大家都和气、讲道理，就能和睦相处。

七石缸，有不得"引线眼"：小漏能沉大船。也说"七石缸经不起沙眼漏"。

三角钿白糖一蘸蘸光：指有了一点进步、成绩，别人一称赞就骄傲自满。

上得了台面，吃得了苦：指既能过好日子，也能吃苦、过穷日子。

牙齿搭舌头也要相打：比喻好朋友也有磕磕碰碰的时候。

叫花子手里抢冷馒头：指日子过得连叫花子也不如。

自家头发，不能自家剃：比喻谋事不能自荐，须有旁人介绍。

苍蝇飞过，看得出雌雄：形容人善于观察事物，有敏锐的洞察力。

呒不也要做出有个来：比喻死要面子，硬撑场面。

讲张全清，夜壶当油瓶：斥眼高手低、会讲不会做之人。

拜菩萨勿计较蒲团破：比喻诚心做事，不计较小的得失。

就有就有，初一到廿九：老赖拖延时日，不肯还债。意同"千年不赖，万年不还"。

跌得倒，碌得起，真英雄：人生路上，犯错误难免，能及时改正再有作为，可谓"真英雄"。

赢得起，输勿起，烂小人：只想赢、不肯吃亏的烂小人，谁都不会和他交往。

鞋子蹭着着，落仔个样：目的没达到，却落下个坏印象、坏名声（第一个"着"意为穿）。

嘴话一声，杨湘到度城（音"铎场"）：说话轻飘，说大话空话，不现实。

嘴话一声：泛指说来容易做到难。杨湘、度城为淀山湖的两处地名，相距约3千米，一声闲话的功夫就到是不可能的事。

第九节 十字

扫码听音频

一条鳑鲏鱼,爊仔三碗汤:形容用极少的本钱办成很大的事情。

一张床浪说弗出两样话:比喻夫妻同心,思想一致。

一只碗弗响,两只碗砯砰:比喻吵架、争执等双方都有一定的责任。

一人肚里出勿出两人智:一个人的智慧是有限的,要集思广益。

人生路不熟,到处叫阿叔:嘴勤客气,自会有人指路。

人情留一线,以后好相见:做人不要做绝,为自己留点后路。

人情一张纸,世情一杯水:意为世间人情淡薄。

人情不弃礼,一礼还一礼:有来有去。

人争一口气,佛争一炉香:强调人要有自尊。

人活一张脸,树活一层皮:以树喻人,说明人活着脸面、尊严很重要。

人多吃勿好饭,猪多吃勿好食:人多了就吃不到精细的饭食,就像猪多了不会有好食料一样。

刀钝石上磨,人钝人前磨:与人交往,处处是学问。

上头放个屁,下头一台戏:上级布置一句话,下面忙得团团转。

三个臭皮匠,顶个诸葛亮:做事要集众人智慧。皮匠:"裨将"的谐音,裨将在古代指副将。

三日不吃青,眼睛冒火星:不吃绿叶菜,人就会不舒服。

三日不开口,神仙难下手:闭口不言者深浅莫测。

千做万做,蚀本生意勿做:原指商人经营之道,后引申为不论做什么事都要思前想后、慎重考虑。

万恶淫为首,百善孝为先:好色淫欲是恶事的开头,诸善之中以孝为先。

乡下大姑娘,好吃难看相:比喻东西的卖相(外表)虽不怎么好看,但很有用或很实惠。

五样六样，勿及螺蛳炖酱：一桌子的荤素菜肴，还是不及螺蛳炖酱的味道好。比喻主意出了很多且听上去蛮有道理，可没有一个派上用场，倒是一个普通、平常的点子解决了问题。

日里嚓咚咚，夜里吓老公：指做事拖拉，不能按时间来安排工作，有讽刺之意。

天好酒肉饭，雨落钉鞋伞：有本事的人常被邀聘，随处有吃有用。

天打人，要问问当方土地：绝不鲁莽。

不想送人情，只想吃喜酒：不尽义务，却想得到权利、好处，世上哪有此等好事。

勿曾当家，勿晓得柴米贵：当了家才知道生活的艰难。含"子女小辈要体谅家长的难处"之意。

勿是一家人，勿进一家门：指生活在一起的人，脾气、作风往往都差不多，志趣也都相投。

欠仔小人债，一日讨到夜：也说"小人债，勿隔夜"。这里的"小人"并非小孩，而是格局小的人。

风箱里的老鼠，两头受气：指两边不讨好，都被人埋怨。

风吹树头动，雨落阶沿湿：指事做得再隐蔽，总会留下一定的痕迹。

火到猪头烂，钱到公事办：旧指只要舍得花钱，就能办好事情。

世情看冷暖，人面看高低：社会情势可以从人的态度冷淡或热情中看出来，人的脸色好坏因对方的地位高低而不同。

让人勿会低，让路勿算痴：让人一步自己宽；对人谦让，利人亦利己。

钉煞拉格秤，生煞拉格性：指人的性格定型后很难改变。

生出来志气，教出来惹气：指人本身的聪明最好，教出来的难免不自然。

白虱大肚皮，蛮张自有理：形容蛮不讲理。

打人不打脸，骂人不揭短：吵相骂也要把握分寸，不要使对方太难堪。

只恰个日头，勿恰个灶头：平生只在一个日头底下生活，并无其他交往。

叫人勿蚀本，舌头讃（音"衮"）一讃：指见面向人招呼，既没有损失，又有益于人际交往。

外行看热闹，内行看门道：指外行人只看表面，内行人才知底细。

年三十发咒，年初一照旧：嘲意志不坚者，只隔一夜就故态复萌了。

有钱像条龙，呒钱像条虫：有钱可呼风唤雨，无钱只能任人宰割。也比喻有些人身处贫富下的不同心态和表现。

有仔圆里方，百事好相商：钱为万物之媒介。圆里方：指铜钿。

吃个盐和米，讲个情和理：讲情、讲理是做人的基本要求。

吃个籼米饭，发个糯米嗲：生活很差，但情调十足。

吃个新米饭，勿讲陈年话：在新的年代，把老皇历翻过。

吃饭打冲锋，做事打瞌睡：形容懒汉只知吃饭，不想干事。

吃苦勿记苦，老来呒结果：吃了苦要吸取教训，不要好了疮疤忘了痛。

吃食看来方，着衣看门方：指要量入为出。

吃人家嘴软，拿人家手短：劝人不能随便吃、拿，免得日后办事理不直、气不壮，难以主持公道。

老鼠搬勿穷，叫花讨勿穷：① 积极谋生。② 多做善事，无损于家业。

老鳖勿脱手，脱手勿老鳖：精明的人到手的东西不会轻易给别人拿去。

行船呒快慢，只差一顿饭：前后两只船很难分清谁快谁慢，就差一顿饭的工夫。比喻只要同样努力、不停地工作，各自的进度相差不了多少。含"行稳致远"之意。

衣裳新的好，娘子旧格好：告诫男人不可喜新厌旧，夫妻要白头偕老。

多下及时雨，少放马后炮：指事前多提醒。

多人弗添菜，只要添点饭：指主人好客热情，准备的菜肴丰盛。

好种出好苗，好树结好桃：基因好，结果也好；父母好，子女也好。

好马拨人骑，好人有人欺：比喻人软弱、温和，易受人欺负。

好事不出门，恶事行千里：做好事不一定有人知道，做坏事一定臭名远扬。

好仔看弗过，穷仔看弗起：你好了，人家就嫉妒你；你不好，别人就看不起你。

当愁勿愁，六月吭拨日头：不必要的担心，含"杞人忧天"之意。

伸头一刀，缩头也是一刀：比喻反正一死，不如拼了。亦含"无能为力"之意。

来说是非者，便是是非人：指喜欢在背后说人是非的人，大多是搬弄是非的小人。

闲言未必真，听言听三分：外面传来的话未必当真，若有三分真就不错了。

针大的洞，透过斗大个风：指一点小问题可能会酿成大灾害。

花有重开日，人无再少年：时不再来，人生没有回头路。

吭酒勿成席，吭丑勿成戏：宴席上没有酒就算不得宴席，戏剧中没有丑角就称不上戏剧。比喻某事不能缺少某人。

穷人出卵惯，顿顿白米饭：① 指穷人虽穷但不吝啬，一般出手都很大方。② 也指偶然为争面子不惜把钱花光。

秀才碰着兵，有理说勿清：文人遇见蛮横之人，再有理也没法跟他讲。指与蛮横之人不可能以理沟通。

金山配银山，石头配河滩：双方条件要匹配。意同"门当户对"。

跳板啷困困，困到床啷哉：形容得寸进尺。俗称"脚脚上"。

乖乖乖，脚浪剩只破草鞋：比喻聪明反被聪明误。

泥帮泥成墙，人帮人变强：比喻能团结必有好处。

单丝勿成线，独木难成林：比喻单凭一个人或单方面的力量办不成大事。也说"单丝勿成线，独木难成桥"。

雨落千家事，何用一家愁：指涉及众人的事，用不着一个人发愁。

肩勿能挑担，手勿能提篮：比喻娇生惯养，不能干力气活。

势败奴欺主，树倒活狲散：为首的垮下来了，随从也就随之散去，有的甚至反过来欺主。

说出口的话，泼出去的水：指人说话必须讲信用，话一出口就要负责。

要人话句好，一世苦到老：一生一世修苦行、守苦节，才能赢得好名誉。也说"若要身后留个好，一世苦到老"。

要知心里事，但听口中言：要知道心里事只需听其口中言语，即言为心声。

带泥萝卜吃一段揩一段：比喻事情繁多，难以周密安排，只能做一点是一点，得过且过。

浇花要浇根，交人要交心：指交朋友不能只甜在嘴巴上，要以交心为重。

草屋绳来䈽（音"拔"或"襻"），倒有陈米饭：住在用草绳扎的茅草屋里的农民粮食富足，去年的米还没吃完。意为不要小看种田人。陈米饭：用去年的米烧成的饭。

临时抱佛脚，越抱越蹩脚：指临时慌乱，效果更差。

烂污拆得大，有得官来做：比喻胆子大的人可能会有好运气。

药医勿死病，佛度有缘人：药物只能医治不该死的病，佛也只能度有缘的人。无论是人还是神，起死回生都是有限度的。

看见粪担也要醮醮咸淡：形容处处占小便宜。也说"看见粪担也要尝尝咸淡"。

恭可平人怒，让可息人争：倡导为人要谦恭、谦让。

拳头朝外打，臂膊朝里弯：指自家人帮自家人。

造屋要余地，做人要余情：凡做一事，总要留有余地，这样不但自身能享福，还可留与子孙后代。

偌敬我一尺，我敬偌一丈：人应互相尊重。

海底点得够，人心点勿够：比喻人的心思是无法猜测和摸透的。

热天晒太阳，冷天吹风凉：形容工作在户外，十分辛苦。

做人家，先学做人慢做家：修身才能养家，提高自身的道德修养，才能兴家立业。

着袜着蒲鞋，暗里拆人家：穿袜子穿蒲鞋，袜子容易破。比喻得不偿失。

绳锯木头断，水滴街沿穿：比喻细微之力积久而大有作为。

清明断鹞，小乌龟（音"举"）放卵鹞：清明过后，农事开始，不该再放风筝了。比喻不务正业，瞎折腾。

铜钿银子，断亲眷，坏朋友：批评某些人见利忘义。以钱财为媒的亲眷、朋友好不长。

揩台揩四边，扫地扫壁角：比喻做事要考虑周到，照顾到方方面面。

量小非君子，无毒不丈夫：指肚量小、不能容人容物的人，算不得品德高尚的真君子；对敌人没有狠毒的手段的人，算不得敢作敢为的大丈夫。

勤是摇钱树，俭是聚宝盆：俭能积存，勤能创收。既能创收又能积存自然就能致富。

塘泾杨家角，走路操趄（音"着"）角：指图省力、走捷径是人的本性。塘泾、杨家角是淀山湖镇的两个自然村。两村之间虽近但没有直通的路，村民来往时，在两村之间的田野里踩出了一条人为的路。故有此话。

乡村一角

撑仔三年木簰（音"排"），磨钝性子：久经磨炼可改变人的脾性。

靠人侪是假，跌倒自家爬：指不要依赖别人，即使受挫也要自力更生、自强自立。

纸包弗住火，人包弗住错：人有错瞒不住，好比纸包不住火一样。

第十节　十一字

扫码听音频

一代亲，二代表，三代路浪人：指老亲戚一代比一代远。

一只牪牛开勿出一部油车：强调一个人的力量是单薄的，需要配合协作。

只有剩粥剩饭，呒不剩力气：比喻力气没有剩余的，鼓励该出力时要出力。

只听楼梯响，却不见人下来：① 指许诺别人却不见兑现。② 也形容造声势造得很大，却不见实际行动。

自家仔跌跤，怪人家户槛高：自己犯了错，不自检，却找客观原因。

会选选儿郎，勿会选选家当：人比物重要。

困难九十九，难勿倒两只手：只要勤奋肯干，就能克服任何困难。

时来运来，豆腐里吃出肉来：形容人交了好运，生活变好了。

郎中开棺材店，死活都要钱：形容不管别人是死是活，只要收钱。

蒲鞋勿打脚，偏偏脚打蒲鞋：自家有过错，偏要责怪他人。谴责不知自责者。

钟勿敲勿响，蜡烛勿点勿亮：指对某些不自觉的人，必须施加压力或使用强硬手段。

新来慢到，弗晓得坑缸镬灶：比喻人地生疏，对情况不熟悉。

差东走西，叫伊掇凳去搬梯：指人不听话或拎勿清。

算来赅团团，单剩个井栏圈：精明过头的人，效果适得其反。

增客勿杀鸡，筷头浪拨拨稀：多一个客人来吃饭，只要把菜肴多分一份就可，不必再煮新菜。意同"添人不添菜"。

勜养过小囡，弗晓得肚皮痛：指没有亲身经受过的事情，就不知道其中的甘苦。

第十一节 十二字

扫码听音频

人情像逼债,背仔镬子沿街卖:人情是百姓的沉重负担。意同"来是人情,去是债"。

上气勿接下气,夹忙头里断气:指办事紧急时,却被阻挠。

上半夜忧人富,下半夜怕自穷:患得患失者的写照。

上交不谄,下交不渎,平交不争:君子交朋友之道。谄:谄媚。渎:轻慢,不敬。争:争夺,争抢。

上场搬到下场,难为三日饭粮:动迁总不免有些损失,这是旧时代安土重迁思想的反映。难为:花费,支出。

小鸡踏勿碎瓦,泥鳅翻勿起浪:小人物干勿出什么大事,翻勿了天。含蔑视之意。

千日天好勿见,一日落雨就厌:形容人往往讨厌下雨。含"身在福中不知福"之意。

天要落雨,娘要嫁人,爷要讨亲:比喻事物发展有其客观规律,不以人的意志为转移。

勿怕身隔千里,就怕心差毫厘:不怕距离遥远,就怕互不贴心。

勿识字,苦一时;勿识人,苦一世:识字很重要,识人更重要。

只有大意吃亏,呒拨小心上当:做事不要粗心大意,要小心谨慎。

年轻苦,风吹过;老来苦,真个苦:年轻时吃的苦,算上不什么;年老时吃苦,才是真的苦。

老牛肉有嚼头,老人话有听头:老人话是经验之谈,多听听对自己有益。另有"不听老人言,吃亏在眼前",亦含此意。

后生不看《水浒》,老来不看《三国》:《水浒传》详言梁山好汉打打杀杀；《三国演义》多写谋士军师善用机谋。意为怕人学坏。

官勿打送钱略，狗勿咬拆污咯：讽刺封建官僚贪财。

行业多，不涨家；儿子多，不养爷：行业贵精，生养子女贵好。

有例不可坏例，无例不可起例：这是旧时衙门办案的规矩。泛指做事要遵循先例，既不能违背老规矩，也不能另搞一套。例：指从前有过，后来可以效仿或依据的事情、规矩或标准。

男想女，隔座山；女想男，隔层纸：男追求女不易，而女追求男容易。

伲子做官回，勿如丈夫讨饭归：夫妻情总比母子情来得深。儿子发迹，未必会给母亲带来好处。

闲话越讲越多，坑缸越掏越臭：越唠叨越遭人厌。

冷粥冷饭好吃，冷言冷语难挡：比喻不能忍受闲言碎语。

冷雨虱背心，爷做郎中呒药医：指人淋冷雨后，身体会受到极大的伤害。

现成闲话好讲，现成头饭难吃：指空话好说，但不能白吃人家的饭。

种田勿着一熟，凑天勿着一世：要遵循自然规律办事。凑天：天时（机遇）。也说"种田勿着一熟，讨娘子勿着一世"。

看自家一朵花，看别人豆腐渣：自以为了不起、最好，看不起别人。唯我独尊，目中无人。

送佛送到西天，摆渡摆到江边：比喻帮人要帮到底，做事要有始有终。

养人养只狗，回转身来咬一口：比喻忘恩负义的人。

家不和，防邻欺；邻不和，防外欺：强调家庭、乡邻和睦的重要性。

脚踏西瓜皮，滑到哪里是哪里：做事毫无计划、算计，浑浑噩噩度日。

铜钿银子，生勿带来，死勿带去：钱是身外之物，不要看得太重。

做事要顺人心，讲话要凭良心：强调实事求是的处世准则。

船老钉出，树老根出，人老筋出：指人终会老的，如同一样东西用得久了终会坏的。

眼弗见，嘴弗馋；耳弗听，心弗烦：指远离贪念，自然就没有烦恼。也说"眼弗见为净，耳弗闻心静"。

若要钱钱上串，必须步步自行：托人办事难免要有开销，亲自践行才会收获多。

聋子勿怕大炮，瞎子勿怕大刀：指不知者无畏。

第十二节　十三字

扫码听音频

一张嘴两爿皮，翻来翻去侪（音"暂"）是伊：指说话反复无常。

吃啥饭当啥心，敲啥木鱼念啥经：立足本职岗位，做好本分工作。淀东另有一语"匠人师傅护东家"，意思相似。

吃自家头惺惺，吃别人家甜津津：嘲讽爱吃白食的人。头惺惺：头昏或头晕。

花对花，柳对柳，破扫帚对齉畚箕：人与人、物与物很相当，很般配。对：匹配。带点贬义。

覅看小姐出嫁，要看老太婆收场：寿终被孝方称福。

鞋有样，袜有样，先要生得脚有样：徒恃装扮亦无用。

老天落湿老天晒，不要拿老天骂：做事不顺时自己调整，不要无端责怪无关的人。

第十三节　十四字及以上

扫码听音频

一菜难合百人味，一人难中百人意：众口难调。

十个厨师十样烧，十个囡吾十样嫁（十房媳妇十样讨）：厨师烧菜、女儿出嫁的方式方法多种多样，不可能强求一样。

人心勿足蛇吞象，世事犹如螳捕蝉：比喻欲望太高，祸事会接连而来。

人情如纸张张薄，世事如棋局局新：人心叵测，世事难料。

儿孙自有儿孙福，莫为儿孙作马牛：一代人管好一代人的事，儿孙之事自有儿孙自己管。管多了不一定管得好，也没必要。

三日勿吃咸菜汤，脚里有点酸汪汪：① 形容咸菜汤好吃。② 形容乡情深厚。

山外青山楼外楼，强中自有强中手：指人不能骄傲，世上高手很多。

小钱经勿得长算，蒙花雨落没田岸：告诫人要节省，细水长流。

大风吹倒梧桐树，自有旁人说短长：双方不必争辩，旁人自有公论，以明曲直。

大人话错话话过，小人话错打屁股：旧时官场上的常见景象。

少管闲事多吃饭，多管闲事要落难：少管闲事少有是非，多管闲事会惹上麻烦。

天作孽来犹可活，自作孽来勿可活：自己作践，无可救药。

天啷星多月勿明，地上人多心勿平：人心难平，众口难调。

为人容易做人难，开头容易收场难：人来到这个世上很容易，做一个什么样的人全靠自己，做好人很难。

观音娘娘勿贪财，香勒蜡烛哪里来：人皆有贪欲，只是程度、时机、手段各异。

勿怕别人看勿起，只怕自己勿争气：自强不息，别人不会看不起你。

勿用镜子照自家，专用电筒照别人：不找自己的缺点，专寻别人的不足。

勿会种秧看上埭，勿会做人看大妈：比喻不会的要多看、多学，向会的人求教。

勿开善门勿修福，菩萨也要香和烛：讽刺世人多爱受贿。

只道穷人肚皮大，穷人口里无杂粮：穷人鱼肉荤腥吃得少，又无杂粮补品，只能多吃粥饭以填饱肚皮。意同"有米娘娘勿吃饭，呒米娘娘死饱饭"。

未曾吃饭终算早，未曾做亲终算小：一时间有一时间的说法，一时期有一时期的景象。

打开天窗说亮话，关起门来讲真言：指说话要分场合，注意内外有别。

当方土地当方灵，自做郎中药弗灵：人、事都有局限性。

在世买点爷娘吃，寒食清明祭啥坟：祭而丰，不如养之厚，提倡"厚养薄葬"。

有钱要想呒钱时，莫等呒钱想有钱：告诫人们要精打细算、积谷防荒。

有仔千钿想万钿，做仔皇帝要成仙：指欲壑难填，贪欲之人永不满足。

你要斯文我要省，你要心胸我要抢：见机行事，因人而异。

远来和尚好念经，本地胡椒勿辣人：舍近求远、喜新厌旧的心态。

好男弗吃分家饭，好女弗穿嫁时衣：不依赖祖宗和父母的遗产，兢兢业业、自立自强。

呒界新妇要新妇，有仔新妇骂新妇：说明未得媳妇和已得媳妇的不同心理。形容旧时婆媳、夫妻关系的尴尬状态。新妇：媳妇。也说"呒界媳妇嗷媳妇，有仔媳妇气煞婆"。

言多语失皆因酒，义断情疏只为钱：告诫酗酒会惹事，贪财丧情义。

含勒嘴里怕烊忒，捏勒手里怕碎忒：多形容对孩子的喜爱、疼爱。

青壳鸭蛋白壳大，上门女婿老婆大：形容男人入赘女方，老婆当家作主。

年纪活仔七八十，风云气色看勿出：活到年纪很大了，还不懂社会人情世故。

穷人讲话呒人听，富人放屁有人闻：人的地位不同，说话的分量也就不同。

根深勿怕风摇树，人正勿怕影子斜：站得稳，不怕风言风语。

卖油娘子水梳头，卖扇娘子手遮头：指穷人为了生计极度节省，生动刻画出旧社会穷人的苦难生活。

买进来畚箕畚畚，卖出去戥子秤秤：旧时形容中药店买进药材很便宜，而卖出去很贵。现比喻善经营、会赚钱的能人。

命里有时终会有，命里无时莫强求：这是宿命论，讲的是人宜安命，毋生妄想。

要吃要着嫁老公，吭吃吭着揪啥空：旧时女子嫁人就是为了吃好、穿好。指嫁人要嫁个能让自己衣食无忧的人。

杨树参天空长大，木槿花虽小满园香：谓事情不能只看外表，要看实质。

拨囡弗要千亩田，只要女婿出人前：嫁给富豪家的纨绔子弟，不如嫁给人品好、有出息的穷女婿。

画虎画皮难画骨，知人知面难知心：人心难测。

临崖勒马收缰晚，船到江心补漏迟：告诫遇事应早做防范。

种田不着一年荒，养子不好一世荒：教育子女是百年大计。

种田人不离田头，开店人不离店面：做任何事情都要认真、实干、勤劳。

是非只为多开口，烦恼多因强出头：祸从口出，出头椽子先烂。

屋里贱只金饭碗，手里拿根青竹头：① 讽刺富人装穷。② 也指有福勿会享。

婆讲媳妇吭人赞，媳妇讲婆自出丑（臭）：指婆媳之间相互揭丑，都是不受人欢迎的。

枯木逢春犹再发，人无两度再少年：勿错过美好年华。

读书人只怕赶考，种田人只怕耘稻：以读书人为备考寒窗苦读来形容耘稻之辛苦。

读书人识不尽字，种田人认不尽草：学无止境，精益求精。

宜兴夜壶好只嘴，苏州饭箩好只口：比喻只有嘴巴说得好听。

酒勿醉人人自醉，色弗迷人人自迷：指贪酒、贪色的责任全在不能自控，而不在酒、色本身。

神仙本是凡人做，只怕凡人心弗坚：神仙原本也是凡人，人生在世只要心坚，总有成仙之时。激励人奋发有志。

青菜萝卜朝上长，茄子黄瓜朝下生：不同的事物有不同的发生规律，不同的生物有不同的生活方式。告诫人们处理不同的问题，要用不同的方法。

衔牢奶头嫡嫡亲，有仔娘子黑良心：指斥儿子亲新娘、忘老娘的忘恩表现。

阎王若判三更死，决不等到五更天：凡事皆由命定，不可强求，亦不必有顾虑。

雪中送炭真君子，锦上添花是小人：赞扬救人急难的爱心表现，反对送礼、行贿等腐败行为。

裁缝师傅脱纽襻，木匠师傅脱户槛：为了生计而自顾不暇。

新箍马桶三日香，过仔三日臭膨膨：①对新的东西开始存有新鲜感，过几天就生厌、不喜欢了。②也比喻兴趣难以持久或做事不能坚持到底，有始无终。

暴躁格人跳勒叫，智慧格人坐拉笑：展现了两种不同性格的人的行为表情。带有否定前种人的倾向，主张待人处世要宽容。

一家勿晓得一家事，铜勺勿好铲饭糍：各家有各家的事，各人有各人的难，不能随意替代。

十人见仔九摇头，阎罗王见仔酷舌头：指某人不受欢迎，都不喜欢他。意同"十人九勿要"。

眼睛像矅眹，筷头像雨点，牙齿像轧剪：形容嘴馋的人吃东西时速度很快的贪吃相。

豆腐心肠越烧越硬，铁打心肠见火就烊：用不同的方法解决不同的问题，方法失当是达不到预期目的的。

白米饭好吃田难种，鲜鱼汤好尝网难张：指生活艰难不易，好日子要靠辛勤劳动得来。

依得王法，一捧就要打杀；依得佛法，蚂蚁弗能踏杀：谓处事应灵活变通，不能墨守成规。也比喻处于两可之间，无所适从，难以抉择。

只认衣衫勿认人，嫡亲娘舅陌路人，无权无势断六亲：讥讽世态炎凉。

女大一，黄金堆屋脊；女大二，白米铺满地；女大三，粮食堆满山：旧时攀亲对女方年龄的说法。

人心不知足，有了五谷想六谷；人心不知安，做了皇帝想成仙：欲望是无止境的，无欲则心平，心平则气和。

门口立根讨饭棒，至亲好友勿上门；门口拴匹高头马，勿是亲来也是亲：贫困时，亲友不来串门；富有时，上门的人就多了。讥讽世态炎凉。

第八章　众说纷纭歇后语

第一节　一画

扫码听音频

一桨扳足——势头忒足

一世做寡妇——老手（守）

一家十五口——七嘴八舌头（指人多口杂，各有主张）

一根筷子吃藕——专挑眼眼

一锅粥煮三年——难熬

一分铜钿一分货——货真价实（值）

一缸黄鳝搭条鳅——不得安宁

一个柴稞四面拨——快咯

一涸水滴在油瓶里——真巧（好）（也说"眼眼调碰啦刚刚朗""眼眼调碰啦罅罅里"）

一只筷搛菜——挑拨

第二节 二画

二两棉花四张弓——细谈（弹）

二只手敲两面锣——呒手耍锣（比喻束手无策）

二流子敲鼓——吊儿郎当

七仙女做梦——天晓得

七窍通六窍——一窍不通

七个人困两头——颠三倒四

七石缸里淘芝麻——难觅

八尺舢板搁一丈沟——够勿着（舢板：长条形的木板，是助人渡过不能到达之处的用具）

八十老人出主意——老点子

八仙桌上第九位——轧勿上

八月半咯月亮——正大光明

九曲桥上散步——走弯路（也说"九曲桥啷荡白相——走弯路"）

十月里的桑叶——没人睬（采）

十二月里咯茶壶——独出一张嘴

十三页篷赵（音"扯"）足——势头忒足

十五样小菜——七荤八素

十五块布做衣裳——七拼八凑

十五个人相骂——七嘴八舌

十五只吊桶吊水——七上八下

刀切豆腐——两面光

刀切香葱——两头空

人身上的默——去仔还会来

人前说人话，人后说戆话——阴一套，阳一套

第三节　三　画

扫码听音频

三角碌砖——摆勿平

三毛加一毛——时髦（四毛）

三月里个芥菜——早生心（或"早有此心"）

三月里格桃花——红一时

桃　园

三十夜里的月亮——朊望

三亩竹园一只笋——独子（枝）

三亩油菜一根苋（音"见"）——少见（苋）（或"少有出见"）

三九天吃葡萄——寒酸

三夹板上雕花——刻薄

三亩棉花三亩稻——晴雨都好（或"晴雨侪好"）（棉花要晴，水稻要雨）

三年不种花——道地（稻地）

三个铜板放两头——一是一，二是二

三只指头抓田螺——有把握（也说"三只指头拾个田螺——稳笃笃"）

三个铜钿买条臭咸鲞——越看越勿像

大海里捞针——无寻处

大老爷升堂——吆五喝六（或"五吆六喝"）

大闸蟹过街——横行霸道

大姑娘坐轿子——头一趟

大年初一见面——尽说好话

大年夜打糨糊——贴对（联）（贴对：正对面）

大年夜看皇历——呒日脚

大年初一看皇历——日脚长着呢

大年初一揸（音"筑"）狗尿——独作（揸：拾）

大水冲倒龙王庙——自家人勿认自家人

大舞台（旧时上海的娱乐场所）对过——天晓得（商店名）

大市人上昆山——悝配一日（大市离昆山比较远，大市人到昆山，起码要一天的时间。悝：料到，准备）

小囡吐馋唾——一沰还一沰（比喻以其人之道还治其人之身）

小碗吃饭——靠天（添）

小囡吃瓜子——哭（壳）勿出

小囡吃泡泡糖——吞吞吐吐

小河里屙尿——随大流

小庙里个菩萨——齁见过大世面

小和尚念经——有口无心

小鸡跟仔鹅啦跑——跟勿着道（或"赶淘勿上"）

小葱烧豆腐——一清（青）二白

小葱炒大蒜——亲（青）唪加亲（青）

上吊揩脚——要命

上朝勿带奏折——忘本

上吊之前搽粉——死要面子

门缝里看人——看扁人

门角落里尿污——勿图天亮

土地公公放屁——神气（或"傲慢"）

丈八高的灯台——照远勿照近

丈二和尚——摸勿着头脑

丈母娘见女婿——越看越欢喜（或"有趣"）

飞蛾扑火——自取灭亡

飞机上吊蟹——悬空八只脚

女娘娘坐板凳——有板有眼

口传的家书——言而无信

乡下人撒尿——开头硬

卫生口罩——嘴上一套

叉袋里咯钉——里戳出

马桶坯子——难改（做马桶的坯子是片状、弯弯的，不能改作其他家什。意指这个人没救了，不可能改好了）

第四节 四 画

扫码听音频

六月里困觉——勿要面皮（棉被）

六月里结亲——麳面皮（棉被）

六月里着棉鞋——日（热）脚难过

六月里格鳓鲏——搁勿起（或"放勿起"。鳓鲏鱼容易烂肚皮）

六月里孵小鸡——坏蛋多

六月里冻煞胡羊——垰头长（指日子长）

六月里吃薄荷——凉勒心里

六月里烘膏药——服帖（伏贴）

六十岁学大夫——不合时宜

六十岁生（养）倪子——赶淘勿着（指来不及）

木匠拉大锯——有来有去

木耳烧甲鱼——毕静（鳖蕈）［木耳：真菌类食品，淀东人叫"蕈"（音"静"）］

木匠戴枷锁——自作自受

木头人摇船——勿推板

月亮头里看书——寻事（字）

月亮里提灯——有名无实

月亮里点灯——空好看（或"空挂名"）（指徒有虚名）

月亮里看影子——自高自大

太岁头上动土——惹祸（也说"太岁头上动土——胆子勿小""太岁头上动土——冒犯"）

太阳照到墙洞里——光钻空子

太湖里捎马桶——野豁豁

水沟里的泥鳅——兴勿起大浪

水上咯浮萍——勿扎根

水豆腐打翻竹排浪——了（撩）勿起

水牛跌到井里——有劲没处使

水里放屁——奓（音"炮"）头大

乌龟爬户槛——但看此一番

乌贼鱼打喷嚏——墨墨黑

牛屁股上受粪料——等死（屎）

牛魔王请客——侪是妖怪

风头里咯蜡烛——寿命勿长

风箱里咯老鼠——两头受气

书箱里咯老鼠——咬文嚼字

火车开到马路上——越规（轨）

日里借勿出油盏——小气（指吝啬）

手里捏块朝板——死板

王婆卖瓜——自卖自夸

王小二过年——一年不如一年

王母娘娘开蟠桃会——聚"精"会"神"（精：精怪；神：神仙）

孔夫子摆褡裢——两头输（书）

孔夫子搬家——全是输（书）

孔夫子的卵胖（音"抛"）——文绉绉

开水淘饭——做作（粥）

斗败格雄鸡——垂头丧气

长生果过酒——省来完（指要节约反而浪费）

无事献殷勤——非奸即盗

毛豆子烧豆腐——原是一家人（或"都是一家人"）

第五节 五 画

扫码听音频

四金刚摇船——大推板

四金刚腾云——悬空八只脚（指脱离实际或没有着落；也说"飞机上吊蟹——悬空八只脚"）

四金刚殿污——大阵场

四金刚扫地——大材小用

四脚蛇（壁虎）咯尾巴——节节活

石灰船浪火着——吼救（救火一般用水，但水遇石灰会把船涨崩）

石臼格面皮——厚皮（或"皮厚"）

石匠碫磨子——走老路（碫：修理）

石头啷掼乌龟——硬碰硬

石浦人吃三朝饭——候等候（三朝饭：指小孩的满月酒。此歇后语指石浦人性急，已经迫不及待地等着）

叫花子打算盘——穷打算

叫花子殿污——穷祸一场

叫花子出灯——穷欢

叫花子吃三鲜——要样吼样

叫花子吃死蟹——只只鲜

叫花子打难民——穷人欺穷人

叫花子唱小调——穷开心

叫花子吃鲜鲜饭——头一趟（难得）

叫花子不留宿食——无远见

叫花子拉胡琴——苦差事（扯丝）

白布落勒染缸里——洗勿清白

白墙头上画白马——白话（画）

白墙头上刷石灰水——白说（刷）

白骨精演讲——妖言惑众

白娘娘斗法海——精打光（意为一无所有、一点儿不剩）

白狗混啦羊道里——装样（羊）

白娘娘吃雄黄酒——现原形

白米虾煎蛋——性命交关

白露里格雨——到一爿坏一爿

对仔镜子打拳——自打自

对仔灰堆打喷嚏——碰一鼻头灰

对牛弹琴——一窍不通

对着窗口吹喇叭——名（鸣）声在外

包公断案——铁面无私

包脚布里的白虱——脚色（虱）

东说太湖西说海——瞎讲（正确位置是太湖在西，海在东）

东洋人开店——蚀本（日本）（东洋人：指日本人）

半夜里偷瓜——揩藤摸瓜（或"连藤起"。意同"斩草除根"）

皮球落在油缸里——又圆又滑（用于戏谑油腔滑调的人）

头发丝搓绳——勿合股（或"合勿拢""恰勿拢"）

卡车进仔小弄堂——转勿过弯

正月半贴门神——过时（贴门神是过年前该做的事）

出头橡子——先烂

出家人化缘——多多益善

出棺材碰着讨娘子——有哭有笑（讨娘子：娶媳妇）

田里格泥鳅——滑

田鸡跳到池塘里——不懂（扑通）

丝篮罩苍蝇——眼泪出（眼里出）

丝瓜烧豆腐——清清白白

打肿面孔——充胖子

打碎醋罐头——酸气冲天（形容妒忌、吃醋得厉害）

司马昭之心——路人皆知

台子底下打拳——出手勿高

外甥点灯笼——照旧（舅）

半个铜钿——勿成方圆（或"呒不方圆"）

半夜里呼猫——阿咪咪（指不急，辰光还早嘞）

甲鱼敁蛋——隔江望

冬瓜缠拉茄门里——瞎搞

奶娘抱小团——勿是自家咯

第六节 六 画

扫码听音频

老和尚的袈裟——拼拼凑凑

老和尚念经——句句是真言

老和尚敲木鱼——句句（记记）着实

老鹰屙尿——天下全知

老太太格嘴巴——吃软勿吃硬（老太太没牙齿，只能吃软的）

老牛拖破车——慢慢吞吞

老愚公家里——开门见山

老草根揩臀宫（肛门）——擦出血来（比喻因贪小便宜而受到伤害）

老太婆屙尿——滴沥沰落（意为唠叨不停）

老病鳖开药店——带吃带卖

老鸦窠里火着——天败

老寿星唱戏——老调

老寿星学吹打——寿长气短

老矮子跫围墙（或"矮子跫楼梯"）——高攀

老九咯兄弟——老实（十）

老春华看报——煞里煞足（老春华是淀山湖金家庄人，高度近视，看报时常将报纸紧贴眼睛，故称"煞里煞足"）

老虎嘴里拔牙齿——找死

老虎头上拍苍蝇——胆大包天

老婆鸡生疮——毛里的病

老母猪吃大麦——有嚼无嚼（指说话随便）

老鼠咬断饭篮绳——挑只狗（让狗占便宜或吃到现成的）

老鼠做亲——小打小闹

老牛打水——团团转

老娘娘织布——有来有去

吃家饭，屙野污——弗像自家人

吃仔对门谢隔壁——弄错地方

吃仔灯草灰放屁——轻飘飘

吃粥铲饭糍——硬争气（饭糍：锅巴）

吃仔薄粥看戏——啥个算计（旧时农村人看戏是件快活、开心的事，通常会在看戏前改善伙食，再节省也不会"吃薄粥"）

灯草做拐杖——靠不住（或"弗作主"）

灯草搭桥——白费劲

戏子的胡须——活络格（也说"戏台上的胡子——假格"）

网船浪夫妻——一夜勿脱离（形容夫妻恩爱）

网船浪做亲——两凑凑（或"两头候"。指互相配合）

买只炮仗别人放——憨大

买豆腐弗拿家生——朝伊看（或"吭脑子"。指事前准备工作没做好）

羊头钻进篱笆里——进退两难（羊头上有角，钻进篱笆不易拔出。比喻事情一经插手，即陷入进退两难的地步）

死人头皮爿——推不动

死人额骨头——呆板

死柴虾提汤——勿鲜

刘姥姥进大观园——开眼界

刘备借荆州——有借无还

刘备掼小囡——收买人心

刘备招亲——弄假成真

刘备编草鞋——内行（刘备曾以编草鞋为业）

关云长卖豆腐——人硬货不硬

关公面前耍大刀——献丑

肉骨头敲鼓——昏（荤）懂懂

肉馒头打狗——有去无回

肉骨头滚豆腐——软硬不调匀

竹筒里倒黄豆——勿保留（或"爽气"）

竹篮打水——一场空

丢忒西瓜拾芝麻——为小失大

佘忒舣板撩门闩——丢仔大头抓小头（意同"捡了芝麻丢了西瓜"）

爷两个补一只镬子——疙瘩（或"偘错"）

芝麻里拣黄豆——小里拣大（也喻为"差里拣好"）

夹铜洋钿——吃伊勿准

夹忙头里髈牵筋——要急急勿出

有喜娘子过独木桥——铤而走险

阴水天晒衣裳——难看（难干）

行灶里烧稻柴（或"灶肚里烧硬柴"）——当着勿着

芋艿叶子揩屁股——滑进滑出

过河的卒子——只进勿退

过街老鼠——人人喊打

西风头里扬乱柴——一半淘成（或"半把着账"）

匠人吊线（或"木匠弹线""泥水匠吊线"）——眼开眼闭

江北驴子学马叫——南腔北调

江西人钉碗——自顾（箍）自（瓷器多出自江西景德镇，意指自己箍自己的碗；另意钉碗时，用牵钻在碗上打眼，拉动牵钻时，会发出"自顾自、自顾自"的声音）

年初一吃了虾糟——年糟糟（指稀里糊涂）

曲嘴汏鼻涕——顺路

曲蟮剥脱皮——不剩啥（或"呒啥啥"）

好雨落唥荒田里——白白浪费（或"呒用场""用场不大"）

孙子娘子哭太婆——悠着呒，做做场面（指并无真情，摆摆样子。悠着：控制着，不使过度）

孙子背大大——上有老下有小

汤罐里焐鸭——独出一张嘴

吊煞鬼讨命——用圈套

当家和尚——苗（庙）头

第七节　七　画

扫码听音频

寿星插草标——卖老（旧时卖儿女时，在孩子背上插根草做标记）

豆腐店里的镬子——不敢（盖）

豆腐船翻勒河里——汤里来，水里去

豆芽菜炒藕——勾勾搭搭

豆腐落勒灰堆里——吹勿得，拍勿得

豆芽菜碰着廊檐——老嫩

豆腐皮掼啦肩胛唥——死快哉（办丧事要吃豆腐）

冷水打浆——面熟麦（陌）生

冷水泡茶——无滋味（或"慢慢来"）

冷水里汏卵——越汏越软（指经营不善，资本越来越少）

芦席上到地上——差煞勿多（也说"芦席浪地皮上——呒啥差别"）

肚里吃仔萤火虫——心里亮（或"肚里明白"）

肚皮里撑船——内行

肚皮里打草稿——福高（腹稿）

弄堂里跑马——勃勿转头（指头脑简单）

弄堂里拔木头——直来直去（或"直拔直"）

弄堂里打狗——一窜头

驴子跟马跑——望尘莫及

坟头上倒田——笨（坌）棺材（倒田：坌地）

屁股里塞人参——后补

屁股头的镖子——作死、诈死（斫屎）（镖子：镰刀）

屁股里夹薄荷——凉飕飕（嘲讽冷眼旁观者）

坑缸棚上挂招牌——出丑（臭）

坑缸棚上装烟囱——臭气冲天

坑缸棚浪竖牌坊——臭架子

吭事烧纸钱——引鬾上门（或"引鬾哆亡人"）

吭不弦线个琵琶——勿能弹（或"谈啊嫑谈"）

张家湾里的木头——吭好货

张天师畀娘打——有法吭用处

张公养鸟——死多活少

张果老骑驴——倒退

快刀切豆腐——两面光

快刀斩乱麻——干净利落

两只脚伸进氅里——寸步难行

两个哑子困在一横头——吭啥话头

两只手捏两面锣——吭手耍锣（意指没有办法，拿不准主意。耍：① 玩，表现。② 施展，耍弄）

两个哑子相打——是非难分

赤卵着长衫——了（撩）不得

赤虾撞桥脚——不自量力（赤虾：小虾米）

阿巧格姆妈碰着阿巧格爷——巧上加巧

阿尹师傅剃头——一把死手（阿尹是淀山湖金家庄的剃头师傅，他剃头时下手比较重，域内便有了这个歇后语）

阿元戴帽子——完

花花轿子——人抬人（或"人待人"。意指人与人之间相互尊重、和谐相处才是正道）

花果山的猴子——无法无天

花好稻好——样样好

陆婶娘嫁人——心勿定

陆直泾师娘（巫婆）——半真半假（陆直泾是千灯镇南面的一个自然村，从前村上有个巫婆道艺勿精）

鸡吃西瓜皮——点子多

针尖对麦芒——针锋相对（尖对尖）

饭店里回葱——不佮算（指花了大价钱或冤枉钱。回：买）

坏脚抬轿——吃力勿讨好

麦柴管吹火——小气

抓着荷叶摸着藕——追根究底

杉木扁担——宁折勿弯

灶头上的抹布——揩油

沙地浪走路——一步一个脚印

沙锅里摊面饼——厚实

卵毛里咯跳虱——吃客

坛子里捉乌龟——手到擒来

苏北人撑船——船艄上前

汰脚布揩面孔——勿分上下

杨五郎做和尚——半路出家

饭箩里出烟——淘（逃）气

走路打算盘——手不停，脚不停

财神菩萨讨饭——装穷

苍蝇躲在净糖（饴糖）上——脱不了身（脚被饴糖粘住了）

床底下放鹞子——勿高

初三夜里咯月亮——有忒呒一样

第八节 八 画

扫码听音频

枇杷叶面孔——半爿光来半爿毛（指要翻脸就翻脸）

驼子着长衫——前长后短

驼子背纤——呒力有样

驼子跌跤（或"驼子困啷埞埝浪"）——两头不着实

庙门前旗杆——全靠自立

和尚庙里买木梳——走错大门

和尚梳头——呒法（发）

和尚相打——抓勿着辫子

和尚的木鱼——合不拢嘴（比喻开心）

和尚困勒露天——呒事（寺）

狗污里个落苏——睬（采）也勥睬（采）（嘲讽不值得搭理）

狗头上生角——装样（羊）

狗眼乌子欺穷人——势利

狗斩脱尾巴（或"狗蹩脱尾巴"）——团团转

狗捉老鼠——多管闲事

狗撵鸭子——呱呱叫（撵：① 驱逐，赶走。② 追赶）

狗咬吕洞宾——不识好人心

苦瓜结在枯藤上——苦上加苦

泥菩萨看人——有眼无珠

泥菩萨过江——自身难保

青竹竿当扁担——吃弗起重

青竹头捣粪缸——越捣越臭

周其奎开店——赚少蚀多（周其奎为淀山湖金家庄商人，不善经营）

周瑜打黄盖——两厢情愿

放屁怕腰痛——懒

放屁吹灭火——碰巧

放高升一响头——笨（嘭）

空肚皮罗汉——呒心呒肺

空棺材出丧——目（木）中无人

抱仔金元宝跳井——舍命不舍财

担钩绳穿引线——意（引）勿过（指不好意思）

狐狸吵相骂——一派胡（狐）言

狐狸精放屁——怪气（奇怪）

卷仔舌头念经——含糊不清

炉子翻身——倒霉（煤）

肩胛上生疮——担当勿起（或"搁勿起肩胛"）

盲人骑瞎马——乱闯（指做事无方向、目标）

线穿豆腐——提勿起

贪官碰着荒年——油水勿人

板刷呒不毛——有板有眼

郎中开棺材店——死活有进账

顶仔石臼做戏——吃力勿讨好

罗汉请观音——客少主人多

斧头吃凿子，凿子吃木头——一码吃一码

夜壶里挓水——稳成（肯定成功）

陌生人吊孝——死人肚里得知

拉个虱来头里搔——自寻麻烦

宜兴夜壶——好只嘴（宜兴生产的夜壶口部光洁，以此讽刺能说会道而不做实事的人）

炒熟咯黄豆——勿做种

雨落头里挑灰担——越挑越重

兔子尾巴——长不了

卖蟹专业户——发横财

卖布不带尺——存心弗良（量）

卖鸭蛋断扁担——完蛋（或"呒不一个好"）

第九节　九　画

扫码听音频

厚底鞋子——蹩脚

砂锅里炖肉——熩（忒）熟（比喻知识掌握牢固，相当熟悉）

眉毛上火燂——就在眼前

城隍老爷戴孝——白跑（袍）（或"白走了一趟"）

城隍、猛将——面孔两样

城外头开米行——外行

城头上放鹞子——高飞

城头唧出棺材——远弯兜遭（或"远兜远转"）

城头唧吹风凉——出风头

皇帝叫伊娘——太厚（后）

皇帝剃头——勿要王法（发）

草上露水——勿长久

草船借箭——满载而归

独眼龙相亲——一眼看中

独眼龙看戏——一目了然

韭菜面孔——一拌就熟（比喻善于交际）

韭菜炒百叶——勿清勿白、勿明勿白

养媳（音"新"）妇上桌——看面孔吃饭

养媳妇叫（喊）吃饭——大家来（新媳妇怕羞，喊不出公婆一类的称呼。"大家来"又有一起出席、共同负责的意思）

养媳妇做媒人——自身难保

养媳妇死脱婆——出头年

哑子拜年——呒啥话头

哑子告状——有话难讲

哑子讨娘子——好来话不来（或"好得说不出"）

哑巴吃黄连——有苦说勿出（或"呒话"）

姜子牙封神——没自己的份

姜太公钓鱼——愿者上钩

带仔绢筛撒尿（或"厩尿张绢筛"）——小气到家

带仔锯子出门——绝路

活狲赤膊戏——只有这点本事

活狲戴帽子——像煞格人（指煞有介事）

活狲捞月亮——一场空

逆风摇柴船——惹住（或"不进则退"。指效果不大）

逆水里撑篙——硬撑

歪嘴吹喇叭——一股邪（斜）气

歪嘴吃鳗鲡——弯弯顺

柳树开花——呒结果

临时上轿穿耳朵——来勿及（指手忙脚乱）

拾芝麻凑斗——积少成多

拾着鸡毛当令箭——借势吓人

秋后咯石榴——点子多

秋后撩稗——赛过卖柴

香蕉皮揩屁股——越揩越邋遢

剃头师傅带徒弟——从头做起

种田人耥稻——有来有往（或"有来有去"）

看戏卖麻团——一心二用（也说"看戏卖芝麻糖——一心二用"）

烂河泥堵缺口——只顾眼前（或"图眼前"）

烂痔髈上踢一脚——雪上加霜

枯庙里个菩萨——没人敬奉

枯庙里旗杆——独一根

弯弓射箭——直说（射）

修船匠敲花榔头——穷嗒嗒渧（或"穷来嗒嗒渧"）

挑仔铜匠担荡街路——走到哪里响到哪里

挑泥填海——白费力气

咸菜烧豆腐——有言（盐）在（侪）先（鲜）

胡（喉）咙头把脉——客（揢）气

胡琴掼啦背心朗——挨勿着（拉胡琴，本地人称"挨胡琴"）

胡萝卜敲锣——越敲越短（比喻做生意的本钿越盘越少）

相打淘里借拳头——不看三四（三四：指情势）

点仔灯火等天亮——有福勿会享

虾有虾路，蟹有蟹道——各有门路

南江潭（溇潭）里学摇船——兜圈子（南江潭是淀山湖金家庄南面的一处供停船的水潭）

钥匙挂在胸口头——开心

钥匙挂在眉毛浪——开眼界

挂羊头卖狗肉——遮遮世人眼（指外表和实质不一样，里外不一）

茶馆店搬家——另起炉灶

牯牛身上拔根毛——小意思

药店里咯揩台布——全是苦

药店里咯甘草——百搭

浓粪浇棵死桑树——呒用场

树丫枝比本身大——本末倒置

蚂蚁蓬山——难得到

蚂蚁搬家——小来小去（指数额不大的小生意）

差人个面孔——要板就板（常指翻脸不认人。差人：衙役。板：一点表情也没有）

穿钉鞋走泥路——一步一个脚印

砌墙的砖头——后来居上

既讨媳妇又嫁女——双喜临门

炮仗放勒屋顶浪——响勿落（响后没落下来）

珍珠弹麻雀——得小失大（或"为小失大"）

浑水里汏白萝卜——越汏越龌龊

第十节 十画

扫码听音频

热水瓶里放盐——水平（瓶）有限（咸）

热锅上的蚂蚁——团团转

热水瓶无盖——呒说（塞）头（或"呒啥可说"）

热水袋放在心口头——焐心（指开心）

臭豆腐浪浇麻油——外香骨子臭

鸭子走路——左右摇摆

鸭背上的水——一来就去

鸭吃砻糠——空欢喜（或"空开心"）

鸭吃螺蛳——囫囵吞

鸭蛋呒黄——全白（指没本事或一点本事也没有）

鸭蛋呒脚（或"鸭蛋勿生脚"）——滚（蛋）

蚊子放屁——小气

蚊子叮菩萨——看错人头（或"认错人头"）

盐卤淘饭——苦到底

盐店里咯老板——专管闲（咸）事

盐卤点豆腐——一物降一物

秤砣落水——沉到底

秤砣落辣棉花里——一声勿响（或"呒回音"）

秤钩打钉——一曳直

砻糠搓绳——起头难

砻糠里榨油——呒花头

高山上倒马桶——臭气冲天

铁匠店里个镦头——讨打个命

酒桌上许愿——勿算数（也说"酒口里闲话——勿作数"）

凉帽呒不边——顶好

捏鼻头做梦——空想

桂花树种勒坑缸边头——香臭不分

被头里绕小脚——缠不清爽（绕小脚：缠足。缠足用的带非常长，在被窝里摸索着，自然理不清楚）

被头洞里厾屁——独吞

圆顶帐子——呒不门

浴缸里放屁——后翻泡（比喻晚年发迹）

烟囱里挂钩——钓（吊）火（指惹人生气）

破扫帚搭鬶畚箕——贴配

造屋请箍桶匠——勿对路

娘舅忒外甥摇船——看啦铜钿面啷

娘两个嫁爷两个——一门心思（亲事）

桩头上的乌龟——一拨头

绣花枕头——一包草（指好看不好用）

缺嘴汏鼻涕——顺路

烧香望和尚——一得两便当（或"一出两便当"）

拳头上点火——着（煮）手

蚕宝宝做茧子——自困自

轿子里跌出牌位来——勿受人抬举（戬）

跳板（踏板）浪蚊子——勿在账（帐）里（指不在计划内）

第十一节 十一画

扫码听音频

做梦讨娘子——尽想好事

做梦游西湖——好景勿长

做贼被狗咬——呒话处

蛇吃黄鳝——活憋煞（或"硬撆煞"。指旗鼓相当，两败俱伤）

蛇畀（音"不"）蝎螯——一个比一个毒

蛇吞老鼠，鹰叼蛇——一物降一物

船老大坐船艄——看风使舵

船头啷跑马——兜勿转

船艄上前（指妇女当家）——勿顺（一般都由男人当家，女人做主属反

常，观点较片面）

黄狗赶鸭子——呱呱叫

黄连水淴浴——从头苦到脚（淴浴：洗澡）

黄连汤淘饭——兜底苦

黄连木做图章——刻苦

黄鳝轧辣河鳅里——滑头滑脑

黄牛角、水牛角——各归各（角）

黄连树下吹喇叭（或"黄连树下弹琴"）——苦中作乐

黄连树下念佛——叹苦经

黄鼠狼给鸡拜年——勿安好心

黄鼠狼躲啦鸡棚头嘟——勿吃也是吃

黄鼠狼看鹅——渐渐消没（看：指放牧）

眼睛生勒头顶心上（或"眼睛生在额骨头上"）——眼界高

阎王殿浪——侪不是人（都是鬼）

阎罗王开店——死人交易

阎罗王开饭店——鬼也不上门（讽刺生意清淡）

阎罗王个爷——老鬼（指门槛、经验很精深的人）

阎罗王娘娘有喜——身怀鬼胎

阎罗王拨鬼埋怨——不晓得自家几斤几两

阎罗王屋里贼偷——老鬼失匹（窃）

脚底揩油——溜走

脚炉盖当镜子——看穿

脚馒头上打瞌睡——自靠自

脚踏西瓜皮——滑到哪里是哪里

脚桶里泡鸡——全白（或"挣光"。指呒用场、一点用也没有）

猪鼻头插葱——装像（象）

猪八戒照镜子——里外不是人

猪八戒娶媳妇——想得美

猪头肉——三勿精（指略懂一些技艺，但都不精通）

野鸡毛当令箭——神气活现

梁山上的兄弟——勿打勿相识

梁山上的军师——无用（吴用）

麻皮落勒坑缸里——死皮臭韧

麻雀打雄——越小越凶（指责年少气盛者。打雄：交配）

麻子搽粉——蚀煞老本

麻雀躲啷糠囤上——空起劲

麻叉袋绣花——底子太差

麻叉袋里个钉——里戳出

捧牢仔卵子过桥——把细（指过分小心、太谨慎）

捧勿起咯刘阿斗——软弱无能

脱底棺材——吭收作

脱裤子放屁——多此一举

脱柄茶壶——吭捏手（指碰着难以处置的事，没法下手或吭抓手）

清水粪坑照面孔——献丑（臭）

铜勺吭不柄——拓熟（托勺）

着仔蓑衣救火——引火烧身

弹子落勒铜盆里——当当响

断脱链条格活狲——吭人收管

假雅头，勿吃猪头肉——贪嘴，要面皮（讽刺伪君子。假雅头：① 做假头。② 伪装，假意）

猫哭老鼠——假慈悲

聋聋咯耳朵——装装样（或"摆摆样"）

婆媳妇戴孝——吭工（公）夫

窑浪大姑娘——有趣吭看相

梭子里夿纱——空来往

祭祀勿用筷——戤喰喰（用手抓菜吃，叫"喰小菜"。戤喰喰：指男女间的不正当行为）

第十二节 十二画

扫码听音频

棉花店打烊——勿谈（弹）了（勿谈了：① 不去说它了。② 好得没话说）

雄鸡戴帽子——官上加官（冠上加冠）

雄鸡头上滑水——交关（浇冠）（意即非常多。交关：非常，很）

裁缝师傅的戒指——顶真（针）

裁缝师傅买田——千真万真（针）

落坑鸡提汤——到底不鲜吉（或"到底不鲜洁"）

落地水银——无孔不入

粪桶改水桶——臭气还在

棺材横头画花——死讨好

棺材里伸出手来——死要

等雄鸡尉蛋——吃不指望

隘米囤饿死——死脑筋（或"不转弯"）

蒋阿毛耖田——大家省力点（典故源自淀山湖金家庄。以前50多岁的村民蒋阿毛驾牛犁田，由于年老体衰、跟不上，于是气喘吁吁地对牛说："牛啊牛，走得慢点，大家省力点。"此事被乡邻听到后，就当作趣闻在村里传开了）

隔年蚊子——老口

隔年蚕做茧——吃心思（新丝）

腊月里的萝卜——动（冻）了心

趁汤下面（或"趁汤下馄饨"）——凑嘞喻

提着灯笼拾粪——寻死（屎）

第十三节 十三画

扫码听音频

矮子爬楼梯——步步高升

矮子着长袍——拖拖拉拉

雾露里摇船——心中呒数

蒲桃里格肉——勿敲勿出（嘲讽吝啬者，不施加压力不肯出资。蒲桃：核桃）

蒲鞋肚里点灯——末等（灯）

塌鼻头戴眼镜——靠不住

嫁出去的囡，泼出去的水——收不回

第十四节 十四画

扫码听音频

蜻蜓吃尾巴——自吃自

瘦狗殿硬污——硬要面子（或"死要面子"）

瘦人食量（胃）大——能吃

鼻头上挂咸鲞——休（嗅）想（鲞）

墙壁上刺绣——戳壁脚

敲锣卖糖——各干一行

慢娘拳头——早晚一顿

雌狗坐啦灶头啷——狗屁到灶（斥人小气、吝啬）

第十五节　十五画

扫码听音频

瞎子拜丈人——有眼勿识泰山

瞎子唱花脸——眼勿见为净（净：戏曲角色，通称"花脸"）

瞎子赵篷——摸索（赵：扯）

瞎子打秤——勿啦心（星）唧

瞎子舀油——勺里有数

瞎子吃馄饨——心里有数

瞎子磨刀——快哉

瞎子看戏——眼里呒人

瞎子爬扶梯——瞎上

瞎子煨山芋——摸熟

瞎子点灯——白费蜡

瞎子走路——目中无人

瞎子上街唧——棚摸

瞎子帮忙——瞎忙

瞎子摸在稻田里——走投无路

鞋里呒袜——自家的脚晓得（指难处自己知道）

鞋底上擦油——滑得快

鞋面布做帽子——高升

踏碎皮球——一包气

鹞子断忒仔线——杳无音信

横切萝卜竖切菜——总归一样

额头上搁扁担——头挑（指第一）

瞌眈碰着枕头——求之不得

稻柴人救火——引火烧身

熟透格桑果——红得发紫

橄榄棚（音"活"）凳台脚——活里活络（横弗好，竖弗好）

第十六节 十六画及以上

扫码听音频

嘴巴上贴封条——闭口勿谈，开口勿出

嘴上揢石灰——白说

擀面杖吹火——一窍勿通

薄皮棺材——橙子大

螃蜞裹馄饨——里戳出

螺蛳屁股——绕头多

螺蛳壳里做道场——兜勿转

霜打洋葱——心勿死

蟑螂配灶鸡——一对好夫妻

戴仔箬帽亲嘴——够勿着

癞痢头伲子——自称好

癞痢头撑伞——无法（发）无天

癞痢头郎揢浆——得法（发）

癞痢头上拍苍蝇——来一个死一个

癞痢头绕辫——兜勿转

癞痢头郎咯虱——眼对落眼（指明摆着）

癞痢头当和尚——巧头（或"现在成"）

癞痢头上剥痂（音"盖"）——噱（血）头噱（血）脑

癞痢头剃头——乐得好推头

癞蛤蟆髧台脚——硬撑（指勉强凑数）

癞蛤蟆想吃天鹅肉——痴心妄想

癞团吃刺毛——一团惛懜（或"一团狠劲"）

癞团（田鸡）跳在戥盘里——自称（秤）为王

龅牙齿吃西瓜——刻薄

镬子里滚铜板——跑不出去

魔术师格本领——弄虚作假

齆鼻头叫阿嫂——恰好

主要参考文献

［1］中国社会科学院语言研究所词典编辑室. 现代汉语词典［M］. 7版. 北京：商务印书馆，2016.

［2］吴连生，骆伟里，王均熙，等. 吴方言词典［M］. 上海：汉语大词典出版社，1995.

［3］闵家骥，范晓，朱川，等. 简明吴方言词典［M］. 上海：上海辞书出版社，1986.

［4］叶祥苓. 苏州方言词典［M］. 南京：江苏教育出版社，1993.

［5］钱乃荣. 上海话大词典［M］. 2版. 上海：上海辞书出版社，2018.

［6］朱大可. 常熟方言词汇［M］. 扬州：广陵书社，2015.

［7］孙楼. 吴音奇字［M］. 苏州：江苏省立苏州图书馆，1939.

［8］胡文英. 吴下方言考［M］. 北京：中国书店，1981.

［9］范寅. 越谚［M］. 上海：上海文艺出版社，1987.

［10］翁寿元. 无锡、苏州、常熟方言本字和词语释义［M］. 苏州：苏州大学出版社，2014.

［11］胡祖德. 沪谚外编［M］. 上海：上海古籍出版社，1989.

［12］陈国宾. 吴方言中的冷僻本意字［M］. 苏州：古吴轩出版社，2016.

［13］平湖市政协文教卫体与文史委员会. 平湖方言汇编［M］. 北京：中国文史出版社，2014.

［14］吴连生. 吴方言词考［M］. 上海：汉语大词典出版社，1998.

［15］姚伟宏. 昆山民族民间文化精粹·语言卷·老囝嫁人：昆山歌谣［M］. 上海：上海人民出版社，2012.

后　记

　　《淀东老古话》一书的编纂经历了漫长的时间。自 2008 年淀山湖镇组建班子，开展对历史文化的挖掘工作以来，整理淀山湖方言就被列为一项重要任务。2010 年出版的《风水宝地淀山湖》中已对方言有所涉及，各村村志中也有相关内容。2019 年出版的《家在淀山湖》一书中，"淀山湖方言"占据了大量篇幅。在此基础上，淀山湖镇史志办全体成员历时三年，为了让后人能够了解先人的生活用语，收集、整理各类资料，挖掘淀东口语、谚语、俗语等，夜以继日，不辞辛劳，终于成就了这本沉甸甸的《淀东老古话》。

　　"淀东"是一个区域概念，以淀山湖东面一带为主；"老古话"，指古人流传下来的方言、俗语、谚语等语言的总称。

　　乡愁难解，乡情难舍，乡音难改。方言是语言的变体，是一门专门的学问，它源远流长、博大精深。整理方言是一项非常烦琐的工作。最难的是语音部分。如果按照方言学的要求，用国际音标规范，将语音记录下来，并标明其读音、变调等，可能会因阅读对象的年龄、对方言认知水平的差异等，出现无法阅读、不能理解等问题。如果遵循《汉语拼音方案》进行注音，难免与方言的语音有差异。《淀东老古话》一书中的部分字词采用音韵相似的方言汉字注音，虽达不到"实名"，但也不失为一种较为有效的方法。

　　本书所列举的方言字词以诠释字义、词义为主，读音仅供参考。用字范围不局限于《新华字典》和《现代汉语词典》中的汉字及普通语料库中的文字，还参考了《康熙字典》等古籍，借鉴了《简明吴方言词典》《吴方言词典》等工具书。对于生僻字采取"字根拼组法"进行展示，并标注了与其方言读音一致的字。为了便于读者理解，除了对部分字、词标明其意义外，还举了例句，并提供音频二维码，供读者学习、参考。

此外，我们还特邀年届耄耋的昆山市委办公室原副主任、昆山市政协原秘书长徐永明老先生担任本书的顾问，他不顾年迈，连日费心动笔帮着谋篇布局、遣词造句、修正音义等，使本书得以完善。另外，此书中的许多生僻古字是需要部首拼接而成的，为此，顾志浒做了大量的工作。在此向他们表示衷心的感谢！

此书的编纂，得到了淀山湖镇党委、镇政府的高度重视，以及相关单位、部门的全力支持，这也为编纂人员营造了良好的工作环境，保证了本书的顺利出版。

《淀东老古话》涵盖内容多、时间跨度大，加之编者的知识水平和能力有限，书中难免有不足之处，恳请学者及广大读者斧正。

淀山湖镇史志办
2024 年 10 月